Experiencing Jesus' Joy through Obedient Discipleship

Hindi Edition

Dr. James B. Joseph
"Brother James"

आज्ञाकारी शिष्यता के द्वारा यीशु के आनन्द को अनुभव करना

Experiencing Jesus' Joy through Obedient Discipleship
Hindi Edition

DR. JAMES B. JOSEPH | "BROTHER JAMES"
डॉ. जेम्स बी. जोस्फे ''भाई जेम्स''

आई.एस.बी.एन. (ISBN): 978-0-9898256-8-9

लेखक की वेबसाइट : www.injesusservice.com

Winston-Salem, NC USA
विन्सटन-सालेम, एन.सी. यू.एस.ए.

परमेश्वर को महिमा मिले!

प्राक्कथन

मसीह ने प्रार्थना की कि उसके अनुयायी उस आनन्द को अनुभव करें जिसे क्रूस पर पूरा किया गया था। परमेश्वर प्रत्येक पीढ़ी के प्रत्येक व्यक्ति को उसके अनन्त संगठित पवित्र परिवार का सदस्य बनने को उसके साथ जुड़ने का निमंत्रण देता है। स्वीकार किये जाने पर, प्रत्येक सदस्य को दूसरों की सहायता करने को कहा जाता है जो अभी भी परमेश्वर को जानने और उसके अनन्त परिवार और राज्य से जुड़ने से अलग होकर रह रहे हैं। पवित्र आत्मा के द्वारा, परमेश्वर अपने परिवार के सभी सदस्यों के हृदयों में प्रेम बढ़ाता है और प्रत्येक को पृथ्वी पर उसका प्रतिनिधि होने का कार्य सौंपता है। मसीह के समान, उसके अनुयायी उस प्रत्येक व्यक्ति के लिए महान आनन्द का अनुभव करते हैं जिसे स्व-केंद्रियता, स्वार्थ और शैतान के धोखे से बचाया गया है।

आज्ञाकारी शिष्यता के द्वारा यीशु के आनन्द का अनुभव करने की यात्रा पर, परमेश्वर को अधिक पूर्णता से समझने और उसके परिवार में अपना स्थान जानने में यह अनुभव आपकी सहायता करेगा। सबसे जटिल विषय यह है कि अनन्तकाल के इस ओर रहने पर प्रत्येक को यह निर्णय लेना है कि वे परमेश्वर के प्रेम की ओर लौटेंगे या नहीं और पिता के नियुक्त, मसीहा, की अगुआई के प्रति समर्पण करेंगे या नहीं।

परमेश्वर को श्रेष्ठ रीति से जानने और यह अधिक पूर्णता से अनुभव करने पर कि वह आपसे क्या कह रहा है और शैतान पवित्र आत्मा की अगुआई को मिटाने के लिए क्या कर रहा है, आप आत्मिक युद्ध में अधिक विश्वासयोग्यता से मसीह का अनुसरण करने को स्वतंत्र होंगे जिसके परिणाम में बहुत से परमेश्वर को जानने के लिए आएंगे और उसके परिवार का सदस्य बनना चाहेंगे। अधिक सच्चाई से यीशु के पीछे चलने पर, परमेश्वर को अधिक पूर्णता से जाना जाएगा और पूरा संसार उस पर भरोसा करेगा। आइये उस सर्वोत्तम से न चूकें जिसे परमेश्वर ने हमारे लिए रखा है और उस उत्तेजना, आनन्द और भीतरी शांति को न खो दें जो राजाओं के राजा, यीशु मसीह, के पीछे चलने पर, परमेश्वर के परिवार में बहुतों को लाने के कार्य में मिलकर कार्य करने पर मिलती है!

–यीशु की सेवा में, भाई जेम्स

बाइबल पुस्तकों के लिए संक्षिप्त उपयोग

पुराना नियम

उत्पत्ति : उत्प.
निर्गमन : निर्ग.
लैव्यव्यवस्था : लैव्य.
गिनती : गिन.
व्यवस्थाविवरण : व्यवस्था.
1-2 शमूएल : 1-2 शमू
1-2 इतिहास : 1-2 इति.
नहेम्याह : नहे.
भजन संहिता : भजन.
नीतिवचन : नीति.
सभोपदेशक : सभो.
यशायाह : यशा.
यिर्मयाह : यिर्म.
यहेजकेल: यहेज.
दानिय्येल : दानि.
मलाकी : मला.

नया नियम

मत्ती : मत्ती
रोमियों : रोमि.
1-2 कुरिन्थियों : 1-2 कुरि.
गलातियों : गला.
इफिसियों : इफि.
फिलिप्पियों : फिलि.
कुलुस्सियों : कुलु.
1-2 थिस्सलुनीकियों : 1-2 थिस्स.
1-2 तीमुथियुस : 1-2 तीमु.
इब्रानियों : इब्रा.
प्रकाशितवाक्य : प्रका.

विषय-सूची

1

—

आनन्द और भीतरी शांति को आसानी से नहीं पाया जा सकता

यीशु का अनुसरण करने का विचार करनेवालों के लिए एक कठिन मारणा यह है कि व्यक्ति को अभी और सदा तक परमेश्वर के साथ रहने को अपने 'स्वयं' को मारना है। परमेश्वर अपने लोगों के लिए अपने व्यक्तिगत वचन, बाइबल, से प्रत्येक से व्यक्तिगत खुशी और अभिलाषा को एक ओर रख उसके व्यक्तिगत कार्य को स्वीकार करने को कह रहा है जो तत्काल ही भीतरी शांति और महान आनन्द को लाता है।

परन्तु वर्षों से मैंने यह पाया कि बहुतों को परमेश्वर के परिवार में सेवा का जीवन जीने में वर्तमान व्यक्तिगत इच्छाओं को छोड़ने में कठिनाई होती है, चाहे वह सेवा स्वर्ग में परमेश्वर के साथ अनन्त जीवन की ओर और वर्तमान के अधिक परिपूर्ण जीवन की ओर लेकर जाती हो। बहुतों के लिए, परमेश्वर की ओर से ऐसे प्रस्ताव को स्वीकार करने में कठिनाई होती है क्योंकि उसमें तत्काल ही कुछ नहीं मिलता। यद्यपि हम यह जानते हैं कि प्रत्येक चीज़ पर परमेश्वर की महान सामर्थ के कारण स्वर्ग सुरक्षित है, तौभी बहुत से अभी भी चीज़ों को अपने तरीके से करना चाहते हैं और परमेश्वर को अपना चरित्र बदलने की अनुमति नहीं देते कि अधिक से अधिक उसके समान बनें और न ही पाप, दुःख व आँसू रहित नये आकाश और पृथ्वी की प्रतीक्षा करना चाहते हैं। वास्तव में, बहुतों का यह मानना है कि यीशु के पीछे चलने पर वर्तमान सांसारिक खुशी और अभिलाषा को छोड़कर एक बड़ी कीमत को चुकाना पड़ता है, चाहे उन्हें वर्तमान की भीतरी शांति और शारीरिक मृत्यु के पश्चात् एक सिद्ध अनन्त जीवन ही क्यों न मिले।

यीशु सभी से उसका अनुसरण करने की कीमत पर विचार करने को कहता है ताकि कोई उस यांत्रा का आरम्भ न करे जिसे वह समाप्त न करना चाहता हो। उसके पीछे चलने का विचार करनेवाले सभी लोगों से वह कहता है कि उन्हें व्यक्तिगत अभिलाषाओं को एक ओर रखने, दूसरों की परमेश्वर को जानने में सहायता करने और एक पवित्र जीवन शैली में परमेश्वर के पीछे चलने की आवश्यकता है, जहां भी वह लेकर जाए। यद्यपि हमारे समय, शक्ति और स्रोतों का व्यक्तिगत निवेश हमें परमेश्वर के परिवार और राज्य में नहीं लाएगा, जब हम दूसरों में अपने जीवनों का निवेश करते हैं तो इससे परमेश्वर प्रसन्न होता है।

परमेश्वर हमारे किसी एक या सभी भले कामों से प्रसन्न होता है, परन्तु वह यह भी स्पष्ट करता है कि हमारे जीवनों में अतीत, वर्तमान और भविष्य का कोई भी पाप हमारे उसके साथ अनन्तकाल बिताने में बाधक होगा (रोमि. 6:23) और कि सभी ने पाप किया है (रोमि. 3:23)। पहली दृष्टि में यह निराशाजनक दिखता है, परन्तु हमें यह स्मरण रखना है कि परमेश्वर ने हमें सदा के लिए उसके साथ रहने को बनाया है। वास्तव में, वह हमारे चुनावों को महत्व देता है और चाहता है कि हम अपने जीवनों में उस स्थान पर आएं जिसमें हम उसके साथ वस्तुओं के लिए नहीं रहना चाहें कि वह हमें दे सकता या हमारे लिए कर सकता है उसे एक निजी न समझकर, परन्तु जो वह है उस कारण : परमेश्वर प्रेम है और हर चीज़ की गहराई से चिन्ता करता है। हममें से प्रत्येक के लिए जो अच्छा है परमेश्वर उसे हमारे लिए करते हुए कार्य करता है। (1 यूहन्ना 4:10-16; 2 पतरस 3:9; तु.क. यूहन्ना 3:14-17; 1 तीमु. 2:4)।

सदा उसके साथ रहने या उसका इन्कार करने का चुनाव किये जाने की स्वतन्त्रता देने को, हमारे स्वर्गीय पिता ने अपने एकलौते पुत्र, यीशु, के साथ एक योजना पर कार्य किया, कि सभी के लिए मरे (प्रेरित. 2:22-36; प्रका. 13:8)। पहले से ही यह जानते हुए कि चुनाव करने की हमारी स्वतन्त्रता हमारे जीवनों का पाप से परिचय कराएगी, परमेश्वर उनके लिए एक मार्ग बनाता है जिन्होंने उस पर भरोसा करना और उसका आज्ञा पालन करना सीखा है कि उसके पुत्र की मृत्यु के द्वारा पूरी तरह से पाप के छुटकारे को पाएं, एक घनिष्ठ दीर्घकालिक संबन्ध को संभव बनाते हुए (गला. 3:13-14; 2 कुरि. 5:21; 1 पतरस 2:24; और कुलु. 2:13-14)।

वास्तव में, परमेश्वर की सुननेवाले उसके परिवार में उसकी ओर से एक तात्कालिक आत्मिक जन्म को पाते हैं जो उचित भीतरी शांति, ईश्वरीय आनन्द, जगमगाहट और सामर्थ को उत्पन्न करता है। पवित्र आत्मा के वास करने के द्वारा, हम परमेश्वर के साथ इस बात की खुशी मनाते हैं कि हमें उसके पास जाने का सौभाग्य और सम्मान मिला है। आइये एक साथ मिलकर यह पूर्णता से समझने को आगे की ओर देखें कि परमेश्वर हममें से प्रत्येक से क्या कह रहा है, और देखने के पश्चात् आप निर्णय लें कि परमेश्वर की इच्छा और कसौटी के अनुसार आप पहले से यीशु के पीछे चल रहे हैं या नहीं या अभी आरम्भ करना चाहते हैं।

जो हमें सिखाया गया उसमें बढ़ना है

जब आप बच्चे थे आपको कठिन परिश्रम करना, उचित शिक्षा लेना, और संसार में अपने लिए स्थान बनाने के बारे में सिखाया गया। जब मैं बच्चा था, मुझे यह बताया गया कि कठिन परिश्रम के साथ-साथ कॉलेज की शिक्षा एक ऐसी उपयुक्त जीविका का आश्वासन देती है जिससे हम परिवार की सहायता करने के योग्य हो पाते, खाली समय की गतिविधियों के साथ-साथ हमारे पास अपने बच्चों की जीवन यात्रा का आरम्भ कराने को

पर्याप्त रूप से खर्च करने को धन होता है। यह सब अच्छा तर्कसंगत दिखता है : कठिन परिश्रम, अच्छे व्यवसाय के बारे में जानना, कठिन परिश्रम करते रहना, और अपने परिवार को शांति व संपन्नता में बढ़ाना।

जीवन जीने के द्वारा हम क्या सीखते हैं

जब हम परिपक्व होने लगते हैं, हममें से बहुतों को ऐसा लगता है कि जीवन उससे कहीं अधिक कठिन है जैसा हमें हमारे बचपन में बताया गया था। अपने बीसवें वर्ष के मध्य में मैंने अपने सैनिक कर्तव्य और कॉलेज की पढ़ाई को पूरा कर लिया था, और मेरी पत्नी तथा मैं अपने परिवार को बढ़ाने और अपने व्यावसायिक मार्गों पर चलने को तैयार थे। कॉलेज में परमेश्वर के अनुग्रह से मेरा एक व्यवसायी से संबन्ध बना था और मेरे स्नातक होते ही यह संबन्ध व्यवसायिक साझेदारी की ओर लेकर गया। जीवन अच्छा था और बचपन में जो मुझे सिखाया गया था उससे बहुत अधिक मिलता-जुलता था। मैंने कठिन परिश्रम किया था और अब परिवार की देखभाल करने, कठिन परिश्रम करते रहने, रविवार को चर्च जाने, और परिवार तथा मित्रों के साथ कभी कभी विश्राम के समय बिताने को मैं तैयार था।

परन्तु, मेरे जीवन में कुछ ऐसा होने लगा जो अधिकांश लोगों के वयस्क जीवन जीने पर होता है। परमेश्वर ने इस अंतिम संसार को सही रीति से समझने में निरंतर मेरी सहायता की कि वह सृष्टि करने की प्रक्रिया में है। उसके वचन को पढ़ने और वो जो मुझे सिखा रहा था उसे अपने जीवन में कार्यान्वित करने पर, उसने एक सिद्ध स्वर्ग और एक अलग किये गए स्थान जिसे नर्क कहा जाता है, इनके लिए अपनी अनन्त योजनाओं को पूरी तरह से समझने में मेरी सहायता की। मैंने यह जाना कि नर्क भेजना परमेश्वर का बुरे व्यवहार के लिए कठोर दण्ड नहीं परन्तु उनके लिए एक विकल्प है जो उसके साथ सदा के लिए रहना नहीं चाहते। मैंने परमेश्वर की भलाई के बारे में अधिक से अधिक जाना और यह समझा कि भौतिक सृष्टि का आरम्भ किये जाने से पहले ही, परमेश्वर ने संपूर्ण सिद्ध नये स्वर्ग में प्रत्येक के अपने साथ रहने के लिए पहले ही एक मार्ग बना लिया था, यदि वे सच में उसके साथ रहना चाहते हैं। जब मैंने परमेश्वर के जीवन के तरीके को और यह समझना आरम्भ किया कि उसके पीछे चलना कितना अच्छा है, मुझमें परमेश्वर को प्रसन्न करने और उसके समान बनने की इच्छा उत्पन्न हुई।

सभी के साथ ऐसा ही है। यदि हम सुनें, परमेश्वर हमें दूसरों की भलाई के लिए अधिक से अधिक ध्यान देने की शिक्षा देता है, और हम उस अनन्त भलाई के विरुद्ध अपने आस-पास की भलाई और बुराई पर विचार-विमर्श करने लगते हैं। एक दूसरे के प्रति आज्ञाकारिता को विकसित करने के द्वारा हम परमेश्वर की निकटता में आ जाते हैं, हम अपने बचपन के सपनों को छोड़कर अपने अनन्त जीवनों के लिए उसकी अत्यधिक परिपूर्ण योजनाओं को स्वीकार करने लगते हैं।

मैं नहीं सोचता कि हमारे प्रारम्भिक बचपन के सपने और जीविका यह निर्धारित करने में अधिक अन्तर उत्पन्न करते हैं कि परमेश्वर और उसके मार्गों को स्वीकार करें या न करें। हममें से कुछ तो किसी भी वास्तविक प्रेरणा के बिना आरम्भ करते हैं परन्तु अपनी और अपने परिवारों की देखभाल ही करना चाहते हैं, अन्यों की खेल से लेकर दवा के क्षेत्र में उच्च आकांक्षाएं होती हैं, और दूसरे संभवतः किसी भी अन्य चीज़ से न जुड़कर सही मार्गदर्शन के बिना ही आरम्भ करना चाहते हैं। परन्तु, सभी क्षेत्रों में जिनमें हम बचपन से ही परमेश्वर की घनिष्ठता में नहीं चलते हैं, मेरा मानना है कि एक ऐसा समय भी आता है जब हममें से प्रत्येक को यह अनुभव होता है कि किसी चीज़ की कमी है।

जहाँ तक मेरी बात है, 5-6 वर्षों में सफलतापूर्वक एक कंपनी को बढ़ाने पर, मैंने यह जानना अनुभव कर दिया कि सफलता और धन की एक निश्चित मात्रा व्यक्तिगत रूप से संतुष्टि देनेवाली नहीं थी, जैसा मैं अब तक मानता आ रहा था। जिस समय मैं अपनी नई कंपनी को बढ़ा रहा था, परमेश्वर मुझे बढ़ा रहा था। वचन, बाइबल, के नियमित स्पष्टीकरण और पवित्र आत्मा की अगुआई में, जिसने मुझे दूसरों की सेवा करने को उत्साहित किया मैं दूसरों की जैसे निराश्रितों और बंदीगृह में रहने वालों की अधिक चिन्ता करने लगा था। मैं यह जानने लगा था कि दूसरों के साथ संबन्ध रखना ही अनन्त महत्व की एकमात्र चीज़ थी। बाकी सब चीज़ें इसके बाद आती थीं।

जब मैं परमेश्वर की सुनने लगा, तो उसने मुझमें दूसरों के प्रति प्रेम को बढ़ाया और दूसरों की परमेश्वर के साथ संबन्ध में बढ़ने में सहायता करने पर मुझे बड़ा आनन्द मिलता। मैं यह जान गया था कि प्रत्येक व्यक्ति के लिए परमेश्वर के साथ सही संबन्ध रखना आवश्यक था, और जिन्होंने मसीह की सुनना आरम्भ किया था उन्हें संसार में परमेश्वर को प्रस्तुत करने का बड़ा आदर व सौभाग्य मिला था। समय बीतने के साथ-साथ, मैं यह जान गया था कि परमेश्वर मुझे अपनी व्यवसायिक गतिविधि को सीमित कर दूसरों की सेवा करने का निमंत्रण दे रहा था। जीवन में एक ऐसा समय आया जब मैंने जाना कि परमेश्वर मुझसे मेरे बचपन के सपनों को छोड़कर मेरे लिए उसके अच्छे कार्यों की योजना को ग्रहण करने को कह रहा था। सृष्टि के भौतिक रूप से अपने स्थान पर रखे जाने से पहले ही उसने मेरे जीवन के लिए योजना को बना दिया था। मुझे केवल उसकी अगुआई में चलने की आवश्यकता थी।

जब मैंने जाना कि मैं अपने जीवन में परमेश्वर के एक चौराहे पर था, मैं यह जान गया था कि यदि मैं अपने बचपन के सपनों पर चलता रहता, तो संभव है कि मुझे वह सफलता मिलती जिसकी मैंने आशा की थी, परन्तु मुझमें संतोष नहीं होता। सच्चे संतोष, आनन्द और भीतरी शांति को पाने हेतु, मुझे मेरे जीवन के लिए उसके मार्ग पर पूर्ण रीति से आने को उस पर भरोसा करने की आवश्यकता है। यद्यपि मैंने 28 वर्ष की उत्तम आयु में अपना जीवन यीशु के पीछे चलने को समर्पित कर दिया था, तौभी 37 वर्ष की आयु तक मैं अपने व्यवसाय को बन्द कर उसके पीछे चलने का अगला कदम लेने को तैयार नहीं हो पाया था। बाद के वर्षों में, मैंने यह जाना है कि यीशु के पीछे चलना एक

ऐसी यात्रा है जिसमें भक्ति भाव की निरंतर बढ़ोतरी होती रहती है, जब कि हम दिन प्रतिदिन अधिक विश्वासयोग्यता से उस पर भरोसा करना और उसका आज्ञा पालन करना सीखते हैं।

परमेश्वर हमें उसे अच्छी रीति से जानने को प्रोत्साहित करता है

यदि हम परमेश्वर की सुनना सीख जाते हैं, तो हममें से अधिकांश इस बारे में बता सकते हैं कि परमेश्वर ने हमारे व्यक्तिगत सपनों और मार्गों से अलग होने और एक ऐसे मार्ग पर जाने में हमारी कैसे सहायता की जिसे उसने व्यक्तिगत रूप से हमारे लिए रखा था। यदि आपने अब तक ऐसा नहीं किया है, तो पढ़ना जारी रखें और परमेश्वर को अनुमति दें कि वह उसके मार्गों पर चलने में आपकी सहायता करे। हममें से प्रत्येक अद्वितीय रूप से परमेश्वर के स्वरूप में बनाया गया है, परन्तु पतित स्वभाव सहित पतित संसार में जन्म लेने के कारण हम अपनी अनन्त क्षमता तक पहुंच नहीं पाते हैं। सभी के लिए शुभ समाचार यह है कि यदि हम उसकी सुनने लगें, तो वह हमें एक ऐसे मार्ग पर रखेगा जो अच्छा और संतोषप्रद होगा।

अगले दशकों में, परमेश्वर ने स्नातक स्तर के बाइबल प्रशिक्षण और दूसरों के साथ निरंतर भक्तिपूर्ण संपर्कों के द्वारा उसे और उसके वचन को अधिक पूर्णता से जानने में मेरी सहायता की है। परमेश्वर ने मेरे जीवन में मेरी पत्नी और मुझे प्रोत्साहित करने का कार्य इस तरह से किया कि बचपन में हमें जो सिखाया गया था उससे अलग होकर अर्थात् हमने अपना ध्यान अपने और अपने परिवार की ही चिन्ता करने से हटाकर दूसरों की उसे जानने और उसके पीछे चलने में सहायता करने में लगाया। अपने लिखित वचन और पवित्र आत्मा के नेतृत्व में हमें लगातार प्रशिक्षित करने के द्वारा, परमेश्वर ने हमारा ध्यान तात्कालिक आवश्यकताओं से अपने अनन्तकालीन विषयों पर लगाया।

परमेश्वर ने किसी भी समय महान आनन्द को व्यक्तिगत रूप से अनुभव करने में मेरी सहायता की कि मैं उसकी सुनने के द्वारा दूसरों की सहायता कर पा रहा था। दूसरों की सहायता करना उस चौड़े मार्ग से हटने के महत्व को समझना है जो अनंतकालीन बंदीगृह की ओर लेकर जाता है। यह चौड़ा मार्ग जिस पर बहुत से लोग आरम्भ करते हैं और कई परमेश्वर के बिना अपमान और दुःख के अनन्त जीवन में शेष जीवन भर बने रहते हैं, परन्तु एक दूसरा मार्ग भी है जिस पर परमेश्वर की सुननेवाले बहुत कम लोग चलते हैं। यह मार्ग जिस पर बहुत कम लोग ही चलते हैं रोमांचक होने के साथ-साथ महान ईश्वरीय आनन्द और शांति की ओर भी लेकर जा सकता है।

यद्यपि हम सभी के जीवनों में भिन्नताएं हैं, तौभी हम सभी के जीवनों में बहुत सी सामान्यताएं भी हैं। एक बार गर्भ में आने के बाद, हममें से प्रत्येक अनन्त प्राणी बन जाता है। दूसरा, हममें से प्रत्येक के लिए परमेश्वर की एक सिद्ध योजना है जिसे कोई भी पूरी तरह से प्राप्त नहीं करता परन्तु कुछ दूसरों की तुलना में अधिक घनिष्ठता से चलते हैं। यद्यपि परमेश्वर सभी लोगों को पूर्णकालिक सेवकाई में नहीं बुलाता, तथापि वह सभी को

दूसरों की सेवा करने को बुलाता है। पवित्र आत्मा के कार्य के द्वारा जब हम परमेश्वर की सुनते हैं, परमेश्वर हमें बुद्धि देता है जिससे हम वास्तविकता को जानने लगते हैं। परमेश्वर की अगुआई में चलने और दूसरों से उसका परिचय कराने पर, हम प्रोत्साहित और समर्थ होते तथा उत्तेजना, आनन्द और भीतरी शांति को अनुभव करते हैं।

इस पुस्तक को पढ़ने और इसमें पाए जानेवाले बाइबल संबद्धित सिद्धान्तों का अध्ययन करने पर, आपकी शारीरिक मृत्यु से पहले अनंतकालीन यात्रा के इस भाग की आपको स्पष्ट समझ मिल पाए। आइये मिलकर विचार करें कि परमेश्वर ने अपने घनिष्ठ पवित्र अनन्त परिवार का हिस्सा बनने को हमें कैसे बनाया और कि एक अनन्तकालीन दृष्टिकोण में रहने का क्या अर्थ है। शैतान निरंतर जहां तक संभव हो अधिक से अधिक लोगों को भटकाता और धोखा देता है कि वे परमेश्वर की सुनने और यह समझने में समय न बिताएं कि परमेश्वर सभी से कितना अधिक प्रेम करता है और सभी के लिए सर्वोत्तम की इच्छा करता है। जब कोई परमेश्वर की सुनकर यह निर्णय लेता है कि वह अनुसरण किये जाने के योग्य है, तो उनका परमेश्वर से जन्म होता और वे एक रूपान्तरण से होकर जाने लगते हैं जो उन्हें नैतिक रूप से अधिक से अधिक मसीह के समान बनाता है। वे परमेश्वर के बचाव दल का एक प्रभावी भाग बन जाते हैं कि शैतान के छल को देखकर दूसरों की सहायता करें।

नये आकाश और नई पृथ्वी पर वो ही लोग परमेश्वर के साथ होंगे जो यह जानते हुए परमेश्वर के पवित्र परिवार का हिस्सा बनने का चुनाव करेंगे कि अपने प्रेमी सृष्टिकर्त्ता के साथ संबन्ध रखना अपने मार्ग या इच्छा पर चलने की तुलना में कहीं श्रेष्ठ है। वास्तव में, यीशु के पीछे चलने के लिए एक व्यक्ति को जो छोड़ना है वह मायावी और अस्थाई है, परन्तु जो पाया जाता है वह अनन्तकालीन महत्व का है जिसका आरम्भ अभी और यहाँ से होता है। प्रभु का सेवक होने के कारण अंत्येष्टि-संस्कार में बोलते समय मैं प्रत्येक समय स्वयं को यह स्मरण कराता हूँ कि प्रत्येक मृत व्यक्ति की आत्मा दो में से एक स्थान में है: वह या तो परमेश्वर के साथ है या अधोलोक, नर्क नामक बंदीगृह में है। वहाँ वह परमेश्वर के सम्मुख जांच किये जाने की प्रतीक्षा में है और इसके बाद उसे नये आकाश से दूर एक ऐसे एकान्त स्थान पर डाला जाएगा। जिसे नर्क कहा जाता है जहाँ से निकलने का उसे कोई अवसर नहीं मिलेगा। इससे बुरा और कुछ नहीं हो सकता।

2

बड़ा चित्रः सृष्टि का परिणाम

क्या आपके जीवन में कभी ऐसे एकान्त क्षण आए जब आपने परमेश्वर को ऐसे निकट अनुभव किया हो कि आप आनन्द से आत्मविभोर हो गये हों? क्या आप अपने जीवन में कभी ऐसे स्थान पर पहुंचे हैं जब परमेश्वर का प्रेम, आनन्द और भीतरी शान्ति आपको निरन्तर प्राप्त होते रहे हैं? यदि ऐसा नहीं है तो इसका कारण यह हो सकता है कि आप अत्यधिक व्यस्त हैं और परमेश्वर के अनन्त परिवार में सम्मिलित होने के उसके निमन्त्रण को आप निरन्तर अस्वीकार करते रहे हैं। यदि शैतान लोगों को व्यस्त रख सकता है, और परमेश्वर और सबके लिए उसके महान प्रेम को प्रभावित कर सकता है तो वह परमेश्वर के विरुद्ध अपने युद्ध में काफी कुछ प्राप्त कर रहा है। आगे बढ़ते हुए आइये हम मिलकर परमेश्वर, उसकी भलाई, और उसकी उस इच्छा के विषय विचार करें जहां वह चाहता है कि हम सब उसकी प्रेमपूर्ण धार्मिक जीवन शैली के अनुसार उसे ग्रहण करने के स्थान तक पहुंचें, जो परमेश्वर के साथ अनन्त जीवन तक पहुंचाता है। परमेश्वर चाहता है कि सब उसके प्यार को लौटायें लेकिन वह इसके लिए किसी को बाध्य नहीं करता।

जब हम परमेश्वर और सब लोगों के विषय उसकी इच्छा के बारे में विचार करते हैं तो चार मूलभूत बातों पर ध्यान करते हैं : (1) परमेश्वर ने आरम्भ में मनुष्य को अपने स्वरूप में अपनी समानता में (उत्प. 1:26, 27), पृथ्वी पर एक निष्पाप दशा में (उत्प. 2:7) रचा; (2) परमेश्वर ने मानवता को बड़ी मात्रा में स्वतन्त्र इच्छा प्रदान की ताकि जितने इच्छुक हो उनके साथ वह घनिष्ठ (पारस्पारिक) निकट सम्बन्ध रख सके; (3) सृष्टि के प्रारम्भिक भाग से पहले ही परमेश्वर को ज्ञात था कि आदम और हव्वा के आरम्भिक पाप के द्वारा समस्त मानवता पाप में डूब जाएगी, और इस कारण सारी आरम्भिक सृष्टि एक भ्रष्ट दशा में आ जाएगी (प्रका. 13:8, रोमि. 8:18-22); और (4) परमेश्वर जानता था कि केवल उसमें यह सामर्थ है कि जो उसके प्रेम को लौटाना सीखते हैं उन्हें वह न केवल एक निष्पाप अवस्था प्रदान करे, बल्कि स्वयं अपनी मृत्यु के द्वारा एक ऊंचे स्थान पर, एक पुनरुत्थित अवस्था में पहुंचा सके। इस अवस्था में, यीशु की अन्तिम अवस्था (फिलि. 3:20-21) के समान शरीर और आत्मा दोनों के गुण सम्मिलित

हैं। यह यीशु मसीह एकलौता पुत्र है, जिसने अपने पिता परमेश्वर के निर्देशन में समस्त भौतिक सृष्टि की रचना की (इब्रा. 1:1–2; यूहन्ना 1:1–3; कुलु. 1:13–20)।

पारस्परिक प्रेमपूर्ण संबन्ध रखने की इच्छा के कारण, परमेश्वर की सृष्टि के अन्तिम परिणामस्वरूप, परमेश्वर का परिवार उसकी निकटता में अनन्तकाल के लिए एक निष्पाप नई धरती और नये आकाश में, जहां कोई पीड़ा और दुःख नहीं होगा, रह सकता है (प्रका. 21:1–4; 2 पतरस 3:10, 11; तु.क. दानि. 12:1–2; मत्ती 25:34, 46)। परमेश्वर के प्रेम/या प्रभुत्व को अस्वीकार करनेवालों को, जेल जैसे एक स्थान अधोलोक (लूका 16:19–31, प्रका. 20:13) में प्रतीक्षा करनी होगी, और अन्त में न्याय का सामना करके दण्डित होकर, अनन्तकाल के लिए परमेश्वर से अलग नर्क/या आग की झील में अनन्त अपमान और पीड़ा में रहना होगा (प्रका. 20:11–15; दानि. 12:1–2; मत्ती 25:41, 45–46)।

सृष्टि अपने अन्तिम स्वरूप की ओर बढ़ रही है

यह परमेश्वर की सृष्टि है, और वह जानता है कि वह क्या कर रहा है! परमेश्वर अद्‌भुत है! वह न केवल परमप्रधान है, वरन् वह समय में सीमित नहीं, न ही वह गलती करता है। जब उसने सृष्टि के आरम्भ में देखा तो उसने कहा कि वह 'बहुत अच्छा' (उत्प. 1:31) था। सृष्टि के आरम्भ से परमेश्वर को ज्ञात था कि हम में से प्रत्येक किस प्रकार उसके प्रेम और प्रभुत्व के प्रति प्रतिक्रिया करेगा और वह किस प्रकार उसके प्रेम की ओर लौटने वाले सभी लोगों का उद्धार करेगा (इफि. 1:3–8; 1 पतरस 1:1–2; रोमि. 8:28–30)।

जब हम परमेश्वर के अन्तिम लक्ष्य, उसकी सृष्टि के अन्तिम परिणाम के विषय पर ध्यान करते हैं तो यह समझ पाते हैं कि उसकी सृष्टि का कार्य तब तक पूरा नहीं होगा जब तक कि वह हर पीढ़ी और राष्ट्र से, उसके विश्वासी और आज्ञा माननेवालों को न माननेवालों से अलग न कर ले। सारी पीढ़ियों में से जो लोग परमेश्वर की बात सुनना सीखते हैं, उन्हें वह अपने अनन्त पवित्र परिवार में सम्मिलित कर एक पापरहित स्थान रहने के लिए प्रदान करता है।

इस बात को ध्यान में रखते हुए कि परमेश्वर ने मानवता और सृष्टि को रचने से पूर्व हर बात की योजना बना रखी थी, सृष्टि की रचना के आरम्भिक सात दिनों के बाद परमेश्वर की क्या भूमिका है? कुछ बातों पर विचार करने से पूर्व, आइये एक प्रमुख तथ्य पर विचार करें। यद्यपि परमेश्वर ने मानवता को एक दूसरे का और जीवन का ध्यान रखने का कार्यभार सौंपा (उत्प. 1:26–28), लेकिन हम ही नहीं बल्कि परमेश्वर ही समस्त सृष्टि की प्रक्रिया का एक बड़ा भाग कार्य कर रहा है। यह परमेश्वर है जिसने अपने पुत्र की मृत्यु के माध्यम से सबके पवित्रीकरण का मार्ग तैयार किया, और यह परमेश्वर है जो

निरन्तर सृष्टि को सम्भालता है, और सबसे बात करता है कि जितने उसे ग्रहण करें उन्हें उसके अनन्त राज्य में लेकर आएं (प्रका. 3:20; कुलु. 1:13-20)।

परमेश्वर जो समय में सीमित नहीं है, उसे पहले से ज्ञात था कि एक स्वतन्त्र इच्छावाला पवित्र संगठित परिवार कैसे स्थापित होगा। उसे समय से पूर्व ज्ञात था कि समस्त सृष्टि में कौन उसके अनन्त और प्रेम करनेवाले परिवार का सहभागी होना चाहेगा; ये वे हैं जो परमेश्वर द्वारा बुलाए हुए हैं (रोमि. 8:28; इफि. 1:3-5; 1 पतरस 1:1-5)। वह यह भी पहले से जानता था कि उससे प्रेम रखना सीखने वालों को अन्तिम अनन्त सिद्ध पुनरुत्थित अवस्था तक पहुंचाने के लिए उसे सारी मानवता के लिए प्राण देना पड़ेगा (यूहन्ना 3:14-15; प्रेरितों के काम 2:22-36; प्रका. 13:8)।

अतः, भौतिक सृष्टि का आरम्भ करने से पूर्व परमेश्वर पुत्र, परमेश्वर पिता और परमेश्वर पवित्र-आत्मा ने त्रिएकत्व के बीच एक मृत्यु की योजना बनाई, जिसमें वे अत्यधिक पीड़ा सहेंगे, जबकि पुत्र परमेश्वर सबके लिए मरने के द्वारा पिता परमेश्वर से अलग (आत्मिक मृत्यु) होगा। परमेश्वर पर विश्वास और आज्ञापालन करना सीखने वालों के पापों को यीशु मिटाएगा और उन्हें अपनी देह में धारण करेगा ताकि पाप को सदा के लिए मिटा दे (गला. 3:13-14; 1 पतरस 2:24; 2 कुरि. 5:21; कुलु. 2:13-14)। यद्यपि ऐसा कर पाना हमारे लिए सम्भव नहीं है, यह ऐसा होगा मानो किसी दूसरे के शरीर से कैंसर को दूर करने के लिए उनके खराब कोशाणुओं (बमससे) को सोख कर उनके स्थान पर स्वस्थ कोशाणुओं को स्थापित कर दिया जाए और अब उस कैंसर के कारण स्वयं मर जाना जो उसके शरीर को नष्ट कर रहा है।

सृष्टि के आरम्भिक छः दिन और सातवें दिन के विश्राम के बाद, न केवल परमेश्वर सबके लिए सही समय पर मरा (गला. 4:4), बल्कि वह सबके हृदयों और मनों में कार्य कर रहा है कि उन्हें बुराई को अस्वीकार करने और भलाई करने के लिए प्रेरित करे। परमेश्वर यह निश्चित करता है कि कोई किसी भी परिस्थिति में जन्म क्यों न ले, हर व्यक्ति इस बात को समझे कि परमेश्वर चाहता है सब उसके परिवार का हिस्सा बनें और पवित्र जीवन व्यतीत करें (2 पतरस 3:9; 1 तीमु. 2:4)। यद्यपि, हर जन शैतान के छल के अधीन पाप में जन्मा है, फिर भी सबके पास अवसर है कि बुराई पर विजय प्राप्त करें, जैसे कि परमेश्वर सबको अपनी सृष्टि की वास्तविकता और अनन्त जीवन प्राप्त करने की मांग के विषय शिक्षा देता है, जो अन्ततः बहुतों को उस स्थान पर पहुंचाती है कि उसकी इच्छा को पूरा करें और उसके पवित्र मार्ग पर चलें (रोमि. 2:11-16, मत्ती 12:50; 1 यूहन्ना 2:17)।

परमेश्वर की शर्तों के अनुसार उसे ग्रहण करना

परमेश्वर की इच्छा है कि प्रत्येक जन उसके प्रेम को ग्रहण करना सीखे (यूहन्ना 3:16; 2 पतरस 3:9), परन्तु इस बात को समझने के बाद भी बहुत से लोग परमेश्वर को अपने जीवनों में ग्रहण करने के बजाय क्यों विनाश को पहुंचाने वाले चौड़े मार्ग पर बने रहते हैं (मत्ती 7:13-14)। जब परमेश्वर सबके लिए इतना कुछ कर रहा है तो ऐसा लगना चाहिए कि बहुत से लोग अपने जीवन को बचाने के लिए विनाश को पहुंचाने वाले मार्ग को छोड़कर परमेश्वर के मार्ग को अपनाएंगे। परन्तु वास्तव में आत्म सम्मान के उन्नत भाव,

अभिमान के साथ शैतान की ओर से परमेश्वर का विरोध करने के निरन्तर प्रोत्साहन के कारण बहुत से लोग परमेश्वर की इच्छा के स्थान पर अपनी ही इच्छा पूरी करने के द्वारा सन्तुष्ट रहते हैं। साधारण जीवन में अनेक विकर्षणों के होते हुए, यदि हम हमारे हृदय के साथ परमेश्वर की बातचीत की अवहेलना करेंगे तो हम उसे जानने में और वह जो है उसके लिए उससे प्रेम करने में असफल रहेंगे। वह हमारा प्रेम करने वाला सृजनहार है।

हमारा प्रथम दायित्व परमेश्वर को वापस प्रेम करना सीखना है। वह निरन्तर हमारे साथ कार्य कर रहा है और हमारा प्रेम पाने के योग्य है (व्यवस्था. 30:19-20; मत्ती 22:36-37; 1 यूह. 4:16)। दूसरी बात, यदि हम परमेश्वर के साथ रहना चाहते हैं तो हमें परमेश्वर को यह अनुमति देनी होगी कि वह हमारी निजी गतिविधियों को और शैतान के छल को तोड़े और हमें दूसरों से वैसा प्रेम करना सिखाये जैसा हम स्वयं से और अपने परिवार से रखते हैं (मत्ती 22:39; यूहन्ना 13:34)।

सृष्टि के सात दिनों के बाद बहुत देर नहीं हुई थी कि अवज्ञा के द्वारा आने वाली मृत्यु के विषय शैतान ने परमेश्वर को झूठा कहा और आदम और हव्वा को परमेश्वर के विरुद्ध पाप करने को उकसाया जिसके परिणामस्वरूप उनका परमेश्वर के साथ तुरन्त अलगाव हो गया (उत्प. 3:1-6, 24)। यह हमारे वर्तमान पतित संसार का प्रारम्भ था। आदम और हव्वा के आरम्भिक पाप और साथ ही हमसे पूर्व के सैंकड़ों पीढ़ियों द्वारा किए जानेवाले पापों के कारण प्रत्येक जन एक भ्रष्ट स्वभाव के साथ जीवन का आरम्भ करता है। फिर इसके साथ हम अपने व्यक्तिगत पापों के परिणाम को जोड़ते हैं। इस भार को सारी मानवता उठाती है, उसमें सहभागी होती है। परन्तु, जब हम संसार को और अपने पतित स्वभाव को देखते हैं और अपने प्रेम करनेवाले सृजनहार की पवित्रता के साथ इसकी तुलना करते हैं तो हममें से कुछ अपने जीवन में इस निष्कर्ष पर पहुंचते हैं जहां हम परिवर्तन चाहते हैं। हम एक पवित्र धर्मी जीवन चाहते हैं और इस कारण हमें एक उद्धारकर्त्ता की आवश्यकता है (यशा. 6:1-8; प्रेरित. 4:12; गला. 3:24)।

विषय को उलझाने वाला तथ्य केवल यह नहीं है कि हम सबने पाप में जन्म लिया है, परन्तु वास्तव में हम उस निरन्तर जारी रहनेवाले युद्ध के दौरान जन्मे हैं जो शैतान ने परमेश्वर के विरुद्ध आरम्भ किया है (मत्ती 11:12; 1 पतरस 5:8-11; प्रका. 12:7-11)। परमेश्वर सृष्टि के दौरान या उससे पहले भी शैतान को कैद कर सकता था, और अन्त में वह ऐसा करेगा भी (प्रका. 20:10)। परन्तु ऐसा प्रतीत होता है कि परमेश्वर शैतान की उपस्थिति को हमारे जीवनों में बने रहने देता है कि वह हमें परमेश्वर के विरुद्ध विद्रोह करने के लिए परीक्षा में डाले और हम अपने पतित स्वभाव, परमेश्वर की अच्छाई, और भावी नये आकाश और धरती के विषय विचार कर सकें।

एक बात जो हम कभी-कभी भूल जाते हैं वह यह है कि परमेश्वर का अभिषिक्त मसीहा, यीशु, इस समस्त संसार को शान्ति देने के लिए नहीं आया, परन्तु इसलिए आया कि जो परमेश्वर के पीछे चलना चाहते हैं, और जो नहीं चलना चाहते हैं उन्हें विभाजित करे (मत्ती 10:34-39; लूका 12:49-53)। यद्यपि वर्तमान समय में संसार

में शान्ति नहीं है, हम परमेश्वर का धन्यवाद करें कि यीशु उन लोगों को अनन्त शान्ति देने के लिए आया जो जिनका परमेश्वर अपने साथ मेल करवाता है और जो परमेश्वर की सुनना सीखते हैं (इफि. 2:14-16; तु.क. यूहन्ना 16:33)।

जो लोग स्वेच्छा से परमेश्वर के प्रभुत्व को स्वीकारते हैं, परमेश्वर उनके पाप को क्षमा करने और अपने अनन्त परिवार में सम्मिलित करने के लिए द्वार को सदा खुला रखता है। परमेश्वर प्रत्येक को ध्यानपूर्वक सोचने के लिए बाध्य करता है कि हम व्यक्तिगत रूप से अपने अनन्त जीवन से क्या चाहते हैं क्योंकि एक बार दैहिक रूप से जन्म लेने के बाद प्रत्येक व्यक्ति सदा के लिए परमेश्वर के साथ या उससे अलग जीवित (आत्मिक रूप से) रहता है। इसी कारण शैतान सभी लोगों को प्रतिदिन की लड़ाईयों से जूझने में दिन प्रतिदिन काम पर जाने में और/या अपने निजी आनन्दों को खोजने में व्यस्त रखने के लिए कठिन परिश्रम करता है। यदि शैतान लोगों को निरन्तर चलने वाली गतिविधियों में व्यस्त रख सकता है, तो वह बहुतों को उस अनन्त वास्तविकता पर विचार करने से रोकता है जो परमेश्वर प्रत्येक के विवेक में उत्पन्न करता है।

अत: जब हम परमेश्वर और उसकी भलाई के विषय में ध्यान करना जारी रखते हैं, तो हम समझते हैं कि वह अपेक्षा करता है कि हम उसकी सुनें क्योंकि वह हमारा सृजनहार पिता है, जो हमसे बेहद प्रेम करता है और निरन्तर हमारे लिए कार्य करता है। हर वह बात जो वह हमें सिखाना चाहता है वह हमारी निजी और सामूहिक भलाई के लिए है। परमेश्वर हमें सिखाता है कि सच्चे आनन्द और आन्तरिक शान्ति की प्राप्ति स्वकेन्द्रित महत्वाकांक्षाओं के लिए मर कर, परमेश्वर के साथ जुड़कर एक दूसरे की सेवा करने के द्वारा प्राप्त होती है (लूका 9:23, 14:26-27, 33; इत्यादि)। परमेश्वर के अनन्तकालीन संगठित पवित्र परिवार का भाग बनने से मूलभूत स्तर का ऐसा आनन्द और आन्तरिक शान्ति प्राप्त होती है जो परमेश्वर की जीवन-शैली और हमारे जीवन के लिए उसकी इच्छा के किसी भी विकृत परिवर्तन से प्राप्त नहीं हो सकती। यीशु चाहता कि हमारा आनन्द पूरा हो, जो केवल उसके पीछे चलने और अपना क्रूस स्वयं उठाने के द्वारा प्राप्त हो सकता है (यूहन्ना 17:13; इब्रा. 12:1-2; कुलु. 1:24)। जब हम परमेश्वर को हमें बदलने की अनुमति देते हैं, तब पवित्र आत्मा हमारे चरित्र को परमेश्वर के चरित्र की समानता में प्रेम, आनन्द, शान्ति, धीरज, कृपा, भलाई, विश्वास, नम्रता, और संयम से भरपूर करता है (गला. 5:22, 23)।

3

परमेश्वर का अनन्तकालीन पवित्र अंतरंग परिवार

बाइबल के आरम्भ में हमने पढ़ा है कि परमेश्वर ने शून्य में से आकाश और पृथ्वी को कैसे बनाया, यह हममें परमेश्वर के प्रति विस्मय उत्पन्न करता है। परमेश्वर महान है और आकाश उसकी महिमा को प्रगट कर रहा है (भजन. 19:11)। भौतिक सृष्टि के बनाए जाने से आगे के बारे में निरन्तर पढ़ने पर, यह जान जाने पर कि परमेश्वर ने हम सभी को उसके अनन्तकालीन परिवार का हिस्सा होने को बनाया है, हमें आत्मिक आनन्द से भर जाना है।

भांति-भांति के जानवरों को (किस्मों : उत्प. 1:24-25) बनाने के बाद, उसने अपने स्वरूप की समानता में मानवजाति को बनाया (उत्प. 1:26-27; तु.क. 3:22; प्रेरित. 17:22-34; याकूब 3:19)। पहले हव्वा और बाद में आदम की अनाज्ञाकारिता के द्वारा यद्यपि हमारा स्वभाव भ्रष्ट हो गया है, परमेश्वर प्रत्येक को समकालीन और अनन्तकालीन संबन्धों के बारे में चुनाव करने की स्वतंत्रता देता है। यह जानते हुए कि उच्च स्तर की इस स्वतंत्रता का परिणाम अनाज्ञाकारिता और उसके साथ अस्थाई अलगाव में होगा, परमेश्वर तब भी हमारे लिए इसी मार्ग का चयन करता है और हमारे लिए मरने को तैयार हुआ कि समस्त सृष्टि का परिणाम ''बहुत अच्छा'' हो (उत्प. 1:31)।

वह एक प्रेमी सृष्टिकर्त्ता है (1 यूहन्ना 4:16; तु.क. निर्ग. 33:18-19; 34:6-7), और उसने अपनी आज्ञाकारी संतान से वह सब दूर करने का मार्ग निकाला जो बुरा (दुष्ट/भ्रष्ट) है कि शारीरिक मृत्यु और उठाए जाने (रेप्चर)के समय में उन्हें एक उचित अगुआई देने के साथ-साथ उनके जीवनों को सही आकार दे (1 थिस्स. 4:15-17)। वह प्रत्येक के अद्वितीय गुणों को बनाए रखते हुए अपने नैतिक स्वभाव के अनुसार पवित्रता को सिद्धता के साथ पूरा करता है।

दूसरी बार जन्म होना

नीकुदेमुस को दी गई यीशु की शिक्षा से यह स्पष्ट हो जाता है कि किसी का भी दूसरी बार जन्म लेना कठिन है। स्वर्ग को देखने और उसमें प्रवेश पाने के लिए, व्यक्ति

को दूसरी बार जन्म लेना ज़रूरी है-इस बार परमेश्वर के परिवार में (यूहन्ना 3:1-8)। यीशु ने अपने शिष्यों को सिखाया कि कोई भी व्यक्ति मनुष्य की इच्छा और/या कार्य से परमेश्वर के परिवार में आत्मिक रूप से जन्म नहीं ले सकता (यूहन्ना 1:12-13)। यीशु ने जब नीकुदेमुस को यह बताया कि परमेश्वर सभी लोगों से इतना अधिक प्रेम करता है कि उसने अपने पुत्र को भेजा, जिसने सृष्टि किये जाने के समय में उसकी सहायता की थी, कि उनके उद्धार के लिए क्रूस पर मरे, वह नीकुदेमुस को यह बता रहा था कि परमेश्वर का प्रेम संसार के प्रेम की तुलना में भिन्न है।

परमेश्वर की संतान यद्यपि उसके विरुद्ध एक प्रत्यक्ष विद्रोह में थी (यूहन्ना 1:10-11; 3:19-20; 15:18-19), उसने तब भी उनके लिए शांति और आनन्द के मार्ग का प्रावधान किया (रोमि. 5:6-10)। उसकी सृष्टि अपने जीवनों के लिए उसकी शांतिपूर्ण योजना का विरोध कर रही थी और इस तरह से उसके और एक दूसरे के विरुद्ध पाप कर रही थी। परन्तु, इसने परमेश्वर को संसार से प्रेम करने और सभी लोगों के लिए मार्ग निकालने से नहीं रोका जो उसके अनन्तकालीन परिवार में नया जन्म लेने के द्वारा उस पर भरोसा करना और उसका आज्ञा पालन करना सीखते, जिन्हें उसके पुत्र को छुटकारा देनेवाली मृत्यु के द्वारा धर्मी ठहराया जाता है। मरियम के गर्भ में एक शिशु के रूप में देह धारण कर जब मसीह ने पवित्र आत्मा की सामर्थ से संसार में कदम रखा, वह हमें यह दिखाने को आया कि परमेश्वर के प्रेम को बताते हुए पवित्र जीवन कैसे जीते हैं, और इसके पश्चात् वह हमारे खातिर क्रूस पर मर गया।

जब हम अपने जीवनों में परमेश्वर के प्रकाशित कार्य पर ध्यान देना आरम्भ करते हैं, परमेश्वर हमें अधिक से अधिक अपने स्वभाव और अभीष्ट जीवन शैली को दिखाता है। जितना अधिक हम परमेश्वर की सुनेंगे और उसकी इच्छानुसार करेंगे, उतना ही अधिक हम उसे जानेंगे और उसकी इच्छा से भी अधिक करना चाहेंगे। परमेश्वर के पवित्र स्वभाव की ज्योति में जब पवित्र आत्मा हमें हमारी कमियों से अवगत कराता है, तब हममें से प्रत्येक को ऐसे स्थान पर आना है जिसमें हम यह स्वीकार करने को तैयार हों कि हमारा एक पतित भ्रष्ट स्वभाव है और हमें परमेश्वर को हमारे जीवनों को रूपान्तरित करने की अनुमति देनी है। ऐसा न करने पर, हम उसके पहले प्रेम, आनन्द और भीतरी शांति का अनुभव नहीं कर पाएंगे जो उसके पीछे चलने और उसकी पवित्र जीवन-शैली के अनुसार जीने से आते हैं।

एक (1) अकेली संख्या है

एकान्त लोगों की बात करें, तो "एक" अकेली संख्या है और यह सच्चाई परमेश्वर के लिए वैध है। सृष्टि के आरम्भ में इतने सारे जीवनों की रचना किये जाने के बावजूद, परमेश्वर ने कहा कि आदम का एक उपयुक्त साथी के बिना रहना अच्छा नहीं है, और इसलिए, उसने आदम के लिए एक साथी बनाया जिससे वह मेल रख सके और जिसके साथ

जीवन बिता सके (उत्प. 2:18)। इसी प्रकार, हम अपने स्वर्गीय पिता को अपने प्रिय पुत्र के साथ लोगों को अपने स्वरूप में ("अपने स्वरूप में") अपनी समानता के अनुसार रचना करते हुए देखते हैं (उत्प. 1:26-27),[1] जो यीशु के उपयुक्त अनन्तकालीन साथी होंगे (रोमि. 8:29; 1 कुरि. 1:9; कुलु. 1:16)। ऐसे लोग जिनसे पिता और पुत्र मेल रख सकें, अपने जीवनों को बांट सकें, और उनके भले कामों में उनके साथ जुड़ सकें। वे सभी लोगों से परिपक्व संबन्ध बनाने के कार्य में उनके साथ जुड़ने के लिए कह रहे हैं (मत्ती 12:50; प्रका. 3:20-21; 21:3), जो बदले में महान आनन्द और भीतरी शांति प्रदान करता है। परमेश्वर और दूसरों के साथ धार्मिक संबन्ध भले कामों को उत्पन्न करते हैं (इफि. 2:10 तीतुस 2:14)।

प्रत्येक व्यक्ति के पार्थिव जीवन के समय में, परमेश्वर वैसे ही सभी के घनिष्ठ रहता है जैसे प्रेम करनेवाले पिता प्रायः अपने बच्चों की सावधानी से चौकसी करते हैं (मत्ती 23:37; लूका 13:34)। तौभी, हमारे परिपक्व न होने तक वह हमारे साथ अपने जीवन को पूर्ण रीति से नहीं बांट सकता। इसी तरह से वयस्क होने के कारण, हम अपने छोटे बच्चों के साथ वैसे घनिष्ठता के स्तर पर नहीं रह सकते जैसे हम अपने वयस्क बच्चों और परिपक्व निकट मित्रों के साथ रहते हैं। एक घनिष्ठ, परिपक्व और अनन्तकालीन संबन्ध को संभव बनाने के लिए, हमारा स्वर्गीय पिता जो सुननेवाले हैं उन्हें विकसित करते हुए विशेष ढंग से कार्य कर रहा है। वह प्रतिदिन हमें उसके भले कामों में जुड़ने का प्रोत्साहन देते हुए विकसित करता है कि हम उस समय की प्रतीक्षा करें जब वह हमें अपनी अनन्तकालीन शांति में लाएगा।

इसी प्रकार से, हम धीरज से अपने बच्चों के साथ कार्य करते हैं जबकि वे बढ़ रहे होते हैं, उस दिन की प्रतीक्षा में कि हम वयस्कों के रूप में उनके साथ घनिष्ठ परिपक्व संबन्ध बना सकेंगे। मुख्य अन्तर यह है कि हमारे बच्चों के पाप में कमी आने पर हम प्रसन्न होते हैं, परन्तु परमेश्वर पाप के पूरी तरह से हटाए जाने पर बल देता है। परमेश्वर उसकी अगुआई में चलनेवाले सभी लोगों से यह प्रतिज्ञा करता है कि वह उनके नैतिक चरित्र को मसीह की समानता में पूरी तरह से बदल देगा और क्रूस के चमत्कार के द्वारा वे बिना किसी पाप के स्वर्ग में प्रवेश कर पाएंगे। कितना बड़ा चमत्कार! यीशु की प्रायश्चित-मृत्यु के कारण, परमेश्वर की सुननेवाले पाप रहित होकर और उसके धार्मिकता के वस्त्रों को पहनकर उसकी अनन्तकालीन उपस्थिति में प्रवेश कर पाएंगे (2 कुरि. 5:21; 1 पतरस 2:24; रोमि. 8:28-30; 1 यूहन्ना 3:1-2)।

परमेश्वर की निकटता रखने की इच्छा

आपके साथ घनिष्ठ संबन्ध रखने की इच्छा करने में क्या परमेश्वर बहुत दूर, धर्मी और महिमामयी प्रतीत होता है? हमारे पाप के कारण, हम सभी के लिए परमेश्वर के साथ दूरवर्ती संबन्ध पर विचार करना सरल है, परन्तु यह सोचना कि परमेश्वर हमारे साथ

एक घनिष्ठ संबन्ध में रहना चाहता है, हमारी वर्तमान पापपूर्ण विद्रोही अवस्था में तर्कसंगत प्रतीत नहीं होता। ऐसा लगता है कि परमेश्वर के घनिष्ठ होने पर, हमारा पाप उसकी प्रतिष्ठा और महिमा को बिगाड़ देगा। परन्तु, इसका विपरीत भी सत्य है: परमेश्वर का हमारी पापपूर्ण विद्रोही अवस्था में हमारे साथ कार्य करने की इच्छा रखना उसके प्रेम की सच्ची प्रवृत्ति को दिखाता है जो उसके अनुग्रह सहित न्याय में प्रदर्शित होती है (रोमि. 5:8-10)। वास्तव में, पृथ्वी पर सेवकाई करते हुए, यीशु का पापियों से जुड़ना सामान्य था। अपमानित पापियों से संबद्धित होने या जुड़ने की उसकी इच्छा के कारण, उसकी प्रतिष्ठा उन कुछ के द्वारा बिगाड़ी गई जो यह नहीं समझ पाए कि धर्मी प्रेम कैसे सभी को उठाने का कार्य करता है (मत्ती 9:9-13; 11:18-19; तु.क. लूका 15:32)। परन्तु, अन्त में, सभी परमेश्वर के महिमामयी स्वभाव को देख सकेंगे (प्रका. 22:5; फिलि. 2:5-11; 3:20-21)।

परमेश्वर चाहता है कि हम उसे प्रसन्न करें

एक दिन जब यीशु परमेश्वर के राज्य के बारे में सिखा रहा था, किसी ने उसके पास आकर उससे कहा कि उसकी माता और भाई बाहर हैं और उससे बात करना चाहते हैं। यह उसके लिए उसके आस-पास वालों को परमेश्वर के अनन्तकालीन पवित्र परिवार की घनिष्ठता के बारे में बताने का एक मुख्य अवसर बन गया। जिस व्यक्ति ने यीशु से उसके जैविक परिवार के बारे में उससे विनती की थी उससे यीशु ने पूछा कि उसकी माता और भाई कौन हैं। बाद में उसने अपने हाथ अपने शिष्यों की ओर फैलाकर यह कहते हुए अपने ही प्रश्न का जवाब दिया, ''देखो, मेरी माता और मेरे भाई ये हैं। क्योंकि जो कोई मेरे स्वर्गीय पिता की इच्छा पर चले, वही मेरा भाई और बहन और माता है'' (मत्ती 12:49ब-50; तु.क. लूका 8:19-21)।

इस शिक्षा से, यीशु वहाँ उपस्थित और भविष्य के शिष्यों को परिवार के विचार पर पुनर्विचार कराना चाहता था। यद्यपि हमारे जैविक परिवार अन्य किसी पार्थिव संबन्ध की तुलना में अधिक घनिष्ठ हैं, तौभी मसीह के शिष्य किसी भी अन्य शारीरिक संबन्ध की तुलना में वास्तव में परमेश्वर और एक दूसरे के अधिक घनिष्ठ हैं। जी हाँ, हमारे तात्कालिक परिवार सदस्यों की देखभाल करने की ज़िम्मेदारी हमें परमेश्वर ने दी है (1 तीमु. 5:8), परन्तु यीशु सभी सुननेवालों को यह सिखा रहा है कि उसका स्वर्गीय पिता सभी का सिर (प्रमुख) है और कि उसके अनुयायी एक अत्यंत संगठित पवित्र परिवार को बनाते हैं जो वंशावली वाले संबन्धियों से भी अधिक घनिष्ठ होता है। यीशु अपने प्रत्येक अनुयायी के इतना अधिक निकट है कि जब भी कोई किसी के प्रति भला या बुरा करता है, वे प्रत्यक्ष रूप में उसके विरुद्ध कर रहे होते हैं (मत्ती 25:31-46)।

अनन्तकालीन भाई

यह संगठित पारिवारिक एकता हमारे वर्तमान पतित स्वभाव के कारण पृथ्वी की सर्वोत्तम पारिवारिक एकता से कहीं बेहतर है। एक मुख्य अन्तर भी है। पृथ्वी, पर, लाखों लघु पारिवारिक इकाईयाँ हैं। स्वर्ग में ऐसा नहीं है। सभी का एक ही परमेश्वर और पिता है और परमेश्वर का एक ही परिवार है (इफि. 4:6; 2:19-22)। यीशु ने कहा कि स्वर्ग में विवाह नहीं होंगे, परन्तु इसके बावजूद, उसकी संतान स्वर्गदूतों के समान होंगी (मत्ती 22:30; लूका 20:35-36)। जब कोई स्वर्ग की ओर देखते हुए परमेश्वर के वचन का अध्ययन करता है, तो वह यह देख पाता है कि भाइयों के बारे में तो बहुत से संदर्भ हैं परन्तु भाइयों और बहनों के बारे में नहीं है। इसका कारण यह है कि अब पुनरुत्पादन की कोई आवश्यकता नहीं रही है। परमेश्वर का अनन्तकालीकन पूर्ण होगा। लघु पारिवारिक इकाईयों द्वारा अतिरिक्त बच्चों को बनाने का पार्थिव कार्य रुक जाएगा। हर कोई चाहे नर हो या नारी (पृथ्वी पर)-जो परमेश्वर पर भरोसा करना और उसका आज्ञापालन करना सीखता है वह सिद्धता के साथ पूरा किया जाएगा और उसके पुत्रों के रूप में परमेश्वर के साथ मेल कर पाएगा (मत्ती 5:9; लूका 20: 35-36; यूहन्ना 20:17; रोमि. 8:14, 19; गला. 3:26-28)।

स्वतंत्र इच्छा

यद्यपि वह सभी के साथ घनिष्ठ संबन्ध रखना चाहता है, तौभी वह किसी पर अपने अनन्त परिवार का हिस्सा होने का दबाव नहीं डालता। वह जहाँ तक संभव हो सभी को एक ऐसी समझ के स्थान पर लाने का कार्य करता है, एक ऐसा स्थान जहाँ लोग अपने वर्तमान व्यक्तिगत पाप को जानना आरम्भ करते और सही ढंग से जीवन जीने को उसके पास आना चाहते हैं (2 पतरस 3:9)। जब हमारे स्वर्गीय पिता ने यीशु को हमारे साथ रहने के लिए भेजा, उसने हम सभी को प्रेम का सक्रिय उदाहरण दिया (यूहन्ना 15:13; फिलि. 2:1-11; इब्रा. 1:3; 7:25)। क्रूस पर मृत्यु पश्चात्, यीशु पिता तक जाने का हमारा एक और एकमात्र ज़रिया बना (यूहन्ना 10:9; 14:6; इफि. 2:13-18)। परमेश्वर के प्रेम की ओर लौटना सीख जाने पर, हम एक दूसरे से प्रेम करना भी सीखेंगे (1 यूहन्ना 4:12,19)।

हमारे साथ सहभागिता रखने की परमेश्वर की इच्छा में स्वतंत्र-इच्छा एक शक्तिशाली भूमिका को पूरा करती है। परमेश्वर वर्तमान और भविष्य में उन सभी को आशीष देगा जो उसकी सुनते हैं (व्यवस्था. 30:15-20; मला. 3:8-10; रोमि. 6:22-23)। यद्यपि परमेश्वर की इच्छा है कि सभी लोग उसके अनन्तकालीन संगठित पवित्र परिवार से

जुड़ें और ऐसा करने के लिए वह उन्हें प्रोत्साहित भी करता है, तौभी वह किसी पर ऐसा करने का दबाव नहीं डालता। परन्तु, सावधान रहें, अधिक मात्रा में स्वतंत्रता किसी को भी उसकी इच्छानुसार कुछ भी करने की अनुमति नहीं देती जब कि वह उसके लिए आवश्यक कीमत को न चुकाए (मत्ती 25:45-46; 1 यूहन्ना 3:14-18; प्रका. 21:7-8)। परमेश्वर परमप्रधान है। अन्तिम वचन उसका ही है।

यदि हम परमेश्वर को हमें भले सामाजिक प्राणी बनाने और पाप हटाने की अनुमति नहीं देते, वह हमें स्वयं से और अपनी आज्ञाकारी संतान से सदा के लिए अलग कर देता है। यदि हम उसकी न सुनें और उसके महान कार्य पर प्रकाश डालने में उसके साथ जुड़े....क्रूस पर....सृष्टि का प्रबन्ध... स्वर्ग में सिद्ध सहभागिता सहित सृष्टि का समापन. ..हम उसके अनन्तकालीन परिवार का कभी हिस्सा नहीं बन पाएंगे। इसके विपरीत हम परमेश्वर और उसके परिवार से ''नर्क'' नामक स्थान में अलग होकर समापन करेंगे। परमेश्वर और सह मनुष्यों के विरुद्ध अपराध करने का दण्ड मृत्यु और परमेश्वर से अनन्तकालीन अलगाव है। किसी के भी जीवन में बचा हुआ कोई भी पाप स्वर्ग में सिद्ध एकता को दूर कर देगा। स्वर्ग में परमेश्वर किसी भी विभाजन या फूट को पसंद नहीं करेगा।

सामाजिक पारिवारिक समानता पर आधारित दें-और-लें के संबन्ध में परिवार में स्वतन्त्र इच्छा की आवश्यकता होगी। जब तक कोई व्यक्ति परमेश्वर को उसे धर्मी प्रेम के स्वभाव को सिखाने की अनुमति नहीं देता कि परमेश्वर के परिवार में सामाजिक प्राणी के रूप में काम करे (यूहन्ना 13:34; 15:9, 12), वह एक स्व-केन्द्रित जीवन-शैली में बना रहेगा/रहेगी। जो व्यक्ति परमेश्वर की सुनना आरम्भ करता है वह धर्मी प्रेम में बढ़ने लगता है। जिस क्षण से एक व्यक्ति सच में यीशु के पीछे चलने का समर्पण करता है, वह नई सृष्टि बन जाता/जाती है और परमेश्वर तथा उसके संगठित अनन्तकालीन पवित्र परिवार से कानूनी और सामाजिक रूप से मेल कर लेता/लेती है।

अभिग्रहण : परमेश्वर के पुत्रों के रूप में हमारा कानूनी दर्जा

> वह अपने घर आया और उसके अपनों ने उसे ग्रहण नहीं किया। परन्तु जितनों ने उसे ग्रहण किया, उसने उन्हें परमेश्वर के सन्तान होने का अधिकार दिया, अर्थात् उन्हें जो उसके नाम पर विश्वास रखते हैं (यूहन्ना 1:11-12)।

पवित्रशास्त्र के इस संदर्भ में प्रेरित यूहन्ना ने अपनी पहली बात यह रखी कि सामान्यता अधिकांश लोगों ने यीशु को ठुकराया और अपने जीवनों में प्रभु और उद्धारकर्ता के रूप में उसकी उपस्थिति को ठुकराते रहे। यूहन्ना की दूसरी बात यह है कि यीशु उसे

प्रभु और उद्धारकर्त्ता के रूप में स्वीकार करनेवालों को औपचारिक रूप से वैध परमेश्वर की संतान के रूप में ग्रहण करता है।

पौलुस, परमेश्वर के नियमों का निपुण वकील, जो इब्री, यूनानी और रोमी संस्कृति व विचार के संसार में रहा, उसने उसी यूनानी शब्दावली का उपयोग यह बताते हुए किया कि मसीह के अनुयायियों के स्वयं मसीह समान कानूनी अधिकार हैं। यह एक महत्वपूर्ण अवधारणा है। प्रथम शताब्दी के यूनानी-रोमी संसार में, यदि आपने अभिग्रहण द्वारा पुत्र के रूप में कानूनी स्थान पाया है, तो आपके पास जैविक पुत्र के सामान सभी कानूनी अधिकार होंगे।

रोमियों को लिखे अपने पत्र में, पौलुस ने बताया कि मसीह के अनुयायी परमेश्वर की संतान और मसीह के संगी वारिस थे, जो अन्ततः उसके साथ महिमा पाएंगे। वे उत्सुकतापूर्वक अपने ह्युदसिया "पुत्र के रूप में अभिग्रहण" और अपनी देहों के छुटकारे, पाप से उनके शुद्धिकरण (रोमि. 8:15-17, 23) की अनुभूति की प्रतीक्षा कर रहे थे। गलातियों को लिखी अपनी पुस्तक में, पौलुस ने बताया कि परमेश्वर द्वारा चुने हुए लोगों को उसके अनन्तकालीन परिवार में ह्युदसिया, "पुत्र के रूप में अभिग्रहण" के द्वारा ग्रहण किया जाता है (गला. 4:4-6)। इफिसियों में, पौलुस ने बताया कि परमेश्वर की दया अनुसार सृष्टि के भौतिक कार्यान्वयन से पहले, उसने उनमें से प्रत्येक को पहले से निर्धारित किया जिन्हें उसने ह्युदसिया होने को अर्थात् यीशु मसीह के द्वारा "पुत्र के रूप में अभिग्रहण" बुलाया था (इफि. 1:3-6; 2:4-7)।

यद्यपि पौलुस ने अपने अधिकांश पत्रों में अभिग्रहण की भाषा का उपयोग किया है, मसीह में अनुयायियों के महिमा पाने, धर्मी ठहराने और शुद्ध किये जाने के संबन्ध में यीशु के उसके अनुयायियों के साथ संबन्ध में एक विशेष संदर्भ में विचार-विमर्श करते हुए (रोमियों 8: 28-30), वह अपने दिनों के सामान्य तौर पर उपयोग किये जानेवाले यूनानी शब्द, एडलफॉयस, का उपयोग करता है, यह विचार व्यक्त करने को कि यीशु के अनुयायी उसके "भाई" भी थे। अधोलोक से यीशु के स्वर्गारोहण (उसके पुनरुत्थान) के समय में उसने मरियम मगदलीनी से अपने "भाइयों" के पास जाकर उन्हें यह बताने को कहा कि उसे उसके पिता के पास उठाया जा रहा था, जो उनका पिता भी था, और उसका परमेश्वर, जो उनका परमेश्वर भी था (यूहन्ना 20:17)।

एकात्मकता : परमेश्वर की संतान के रूप में हमारा संबन्धात्मक दर्जा

> यीशु की प्रार्थना है, "वह महिमा जो तूने मुझे दी, मैंने उन्हें दी है कि वे वैसे ही एक हों जैसे कि हम एक हैं। मैं उनमें और तू मुझमें कि वे सिद्ध होकर एक हो जाएं, और जगत जाने कि तू ही ने मुझे भेजा, और जैसा तूने मुझसे प्रेम रखा, वैसा ही उनसे प्रेम रखा" (यूहन्ना 17:22-23; तु.क. यूहन्ना 14:19-21)।

जैसा ऊपर बताया गया, यीशु की प्रार्थना का भाग-उसकी गिरफ्तारी और उसके क्रूसारोपण से एक दिन पहले-हमें इसकी स्पष्ट समझ देता है कि परमेश्वर की संतान के रूप में हमारा संबन्ध उसके साथ कैसा होगा। यह उसके वृद्धिगत अनन्तकालीन पवित्र परिवार और सभी के लिए उसके महान प्रेम के संगठित स्वभाव से संबन्धित परमेश्वर के भीतरी विचारों को प्रगट करता है। इस विचार के पराया या बाहरी लगने पर, परमेश्वर से बात करें और वह अपनी सभी प्रेमी और आज्ञाकारी संतान के साथ जिस संगठित पवित्र संबन्ध की इच्छा करता है उसके सत्य और इस प्रार्थना को समझने में उसकी सहायता मांगें।

यीशु की प्रार्थना का यह भाग हमें इसकी स्पष्ट समझ देता है कि परमेश्वर की संतान के रूप में हमारा उसके साथ कैसा संबन्ध होगा। यीशु ने कहा कि उसकी आज्ञा माननेवाले उसके भाई और मित्र हैं (मरकुस 3:35; यूहन्ना 15:14)। यीशु ने अपने अनुयायियों को यह भी सिखाया कि यदि किसी में वास्तव में परमेश्वर की इच्छा के अनुसार करने की कोई इच्छा न हो, तो वे यह वास्तव में कभी नहीं समझ पाएंगे कि परमेश्वर कौन है और यह कि अपने पुत्र यीशु मसीह के द्वारा उसने क्या किया है (यूहन्ना 7:17; 8:47)। वास्तव में, केवल वही जो परमेश्वर की इच्छा अनुसार करना चाहते और उसे स्वयं को धर्मी ढंग से मोड़ने व ढालने की अनुमति देते हैं, वे ही उसके पवित्र परिवार में समापन करेंगे (मत्ती 7:21)। यीशु के पीछे चलना मूल रूप से रूपान्तरित होने वाला अनुभव है।

जब यीशु ने प्रार्थना की कि सभी समयों के उस पर विश्वास (भरोसा) करनेवाले सभी लोग ''एक'' हों, परमेश्वर और एक दूसरे के साथ संगठित हों, वह इस पर प्रकाश डालता है कि बचाए जाने और परमेश्वर के साथ अनन्त जीवन होने का क्या अर्थ है। यीशु उन सभी के लिए प्रार्थना कर रहा है जो प्रेम में होकर उस पर भरोसा करना और उसकी आज्ञा पालन करना सीखते हैं कि अपने स्वर्गीय पिता के साथ उसी विशिष्ट ढंग से संगठित हो जैसा वह है। जब हम एकात्मकता (एकता) की अच्छी समझ के लिए परमेश्वर के वचन की ओर देखते हैं, हमें यह स्मरण कराया जाता है कि पिता परमेश्वर ने कहा, ''आओ हम आदम को अपने स्वरूप में अपनी समानता के अनुसार बनाएं।'' पिता, पुत्र और पवित्र आत्मा की एकता इतनी घनिष्ठ है कि इस्राएल ने उसे अपना वह परमेश्वर माना, जिसके बारे में बहुवचन में लिखा गया था, ''हमारे ईश्वर'', एक ''तत्व'', एक परमेश्वर। यीशु प्रार्थना कर रहा था कि जिन्होंने परमेश्वर से प्रेम करना, उस पर भरोसा करना और उसका आज्ञापालन करना सीखा है उनमें भी वही घनिष्ठ एकता होगी जो उसकी पिता के साथ थी, जिसमें पिता का वैसे ही प्यार करना आता है जैसे उसके साथ है (यूहन्ना 17:20-23)।

यीशु अपनी महिमा में सहभागी करता है

जो यीशु पर भरोसा करना और उसकी आज्ञापालन करना सीखते हैं उनके लिए वह किस एकता की इच्छा करता है? यीशु अपनी महिमा में उन सभी को सहभागी बनाता है जो पिता से और उससे प्रेम करना सीखते हैं ताकि वे पिता, पुत्र, पवित्र आत्मा और एक दूसरे के साथ वैसे ही संगठित हों जैसे वह पिता के साथ संगठित है। यूहन्ना 17:22-23 पवित्रशास्त्र के अन्य सभी संदर्भो पर हमारी समझ को खोलता और यीशु मसीह के द्वारा परमेश्वर की सन्तान के रूप में हमारी पहचान की अद्‌भुत अन्तर्दृष्टि को देता है।

उसकी प्रार्थना के द्वारा, हम यीशु को यह मांगते देखते हैं कि उसके शिष्य उसके पिता के नाम में सुरक्षित रहें और इस प्रकार से हमें यह दिखा रहा है कि उसके अनुयायियों का परमेश्वर के अनन्तकालीन आत्मिक परिवार में घनिष्ठ भाग है (यूहन्ना 17:11)। इस विनती के साथ साथ यीशु उन सभी को प्रोत्साहित करने के लिए एक शक्तिशाली सत्य की घोषणा करता है जो परमेश्वर और एक दूसरे के साथ अपने वर्तमान और भविष्य के संबन्ध के सत्य को सभी समयों में उस पर भरोसा करते हुए प्रकाशित कर रहे हैं।

यूहन्ना 17:22 को देखने पर, हम यीशु को अपनी महिमा (डॉक्सन्) में सहभागी बनाते और इस तरह से उसके पिता के घराने में उसी एकता से आने की अनुमति देते देखते हैं जो उसकी अपने पिता के साथ सदा से थी। पवित्र आत्मा के साथ, वे एकल पारिवारिक बनावट में घनिष्ठ ईश्वरीय एकता के सहभागी होते हैं (तु.क. इफि. 2:19)। यीशु ने पृथ्वी पर के अपने विश्वासयोग्य भाइयों और बहनों के लिए एक ऐसा मार्ग बनाया है कि अपने अनन्तकालीन भाइयों के साथ पूरी तरह से मेल करें।

अपने अनुयायियों को यीशु जिस महिमा का सहभागी बना रहा था वह पिता के साथ उसके संबन्ध और उसके परिणामी चरित्र से उत्पन्न हुआ था। यीशु अपने पिता के समान है, जो अनुग्रह और सत्य से भरा है। यूहन्ना 1:14 में वर्णित यीशु की महिमा निर्गमन 33:18-19 और 34:6 में वर्णित परमेश्वर की महिमा के समान है। यीशु का स्वभाव अपने पिता के जैसा ही है, जो अनुग्रह और सत्य से भरा है (यूहन्ना 17:5; तु.क. यूहन्ना 14:9; इब्रा. 1:3)। यीशु का पुत्रत्व और प्रेमी चरित्र जिसमें उसकी महिमा आती है, लोगों को उसकी खूबसूरती या सामर्थ से अधिक आकर्षित करती है। उसका देखभाल करनेवाला स्वभाव कुछ को उसकी ओर आकर्षित करता है ठीक वैसे ही जैसे सूरज के प्रकाश में हीरे की रंग बिरंगी तरंग कुछ को आकर्षित कर सकती है।

परमेश्वर ने किसी भी व्यक्ति या वस्तु को अपनी महिमा के लिए नहीं बनाया। परमेश्वर की महिमा उसके अनन्तकालीन महिमामयी स्वभाव पर आधारित है जो उसकी सृष्टि के द्वारा दिखाई देती है। उसका संपूर्ण चरित्र, जिसमें उसकी शक्ति, न्याय और प्रेम के गुण आते हैं उसकी महिमा को बढ़ाते हैं। अपने स्वभाव के कारण परमेश्वर महिमामयी है।

यशायाह 43:7 में, यशायााह भविष्यद्वक्ता ने कहा कि जिस तरह से परमेश्वर उनके साथ कार्य करता है जिन्हें उसके नाम में बुलाया गया है और जिनके साथ वह निरन्तर कार्यरत् है, उसकी महिमा को व्यक्त करते हैं। आगे यशायाह कहता है कि जो उसके नाम से बुलाए हुए हैं वे पूरे संसार के लिए उसके गवाह हैं, दूसरों को यहोवा की विश्वासयोग्यता के बारे में बताते हुए, जो उसकी महिमा को बढ़ाता है (यशा. 43:10)।

यदि हम केवल सामर्थ के शब्दों पर ही विचार करें तो यीशु के महिमा के स्वभाव से चूक जाना बहुत सरल है। यीशु ने अपने पिता से जो प्रार्थना की उसके विशिष्ट अर्थ का मुख्य सूत्र इस तथ्य से कम हो सकता है कि वह अपनी महिमा में उन सभी को सहभागी बना रहा है जो इस परिणाम के साथ सभी युगों से अनुसरण कर रहे हैं कि इसकी गुणवत्ता सिद्ध एकता को बनाती है। आत्मा के दान जैसे सामर्थ, बुद्धि, ज्ञान, चमत्कार, चंगाई, घोषणा, भविष्यद्वाणी, और अन्य भाषा सिद्ध एकता बनाने में हमारी सहायता करते और मसीह के सभी अनुयायियों के साथ समान रूप से नहीं बांटे जाते हैं (प्रेरित. 1:8; 1 कुरि. 12-13)।

जिस महिमा में यीशु अपने अनुयायियों को सहभागी कर रहा है वह उन्हें परमेश्वर और एक दूसरे के साथ सिद्ध पवित्र एकता में रहने में वैसे ही समर्थ करती है जैसे यीशु अपने स्वर्गीय पिता के साथ पहले से एकता में रहता है। इसलिए जब यीशु ने कहा, ''वह महिमा जो तूने मुझे दी, मैंने उन्हें दी है कि वे वैसे ही एक हों जैसे कि हम एक हैं।'' हम यह जान पाते हैं कि उसने पिता के एकलौते पुत्र के रूप में अपने विशिष्ट स्थान को त्याग दिया था। यीशु अपने अनुयायियों को अपने पुत्रत्व और अपने पिता के अनुग्रह और सत्य के स्वभाव में सहभागी बना रहा है। हम यीशु की महिमा के मूल सार को जान पाते हैं जिसमें वह सभी विश्वासियों को सहभागी बनाता है (रोमि. 8:17; 1 पतरस 5:10), उसके पिता के स्वभाव से आया है।[2]

इस तथ्य पर विचार करने पर कि सृष्टिकर्ता के एकलौते पुत्र के रूप में यीशु अपने चरित्र और दर्जे में उन सभी को सहभागी बना रहा है जो परमेश्वर पर भरोसा करते और उसका आज्ञापालन करते हैं, कल्पना करें कि प्रथम शताब्दी के लोगों को इस पर विचार करने पर कैसा अनुभव होता होगा कि उनके सबसे महान अगुवे, रोमी सम्राट, का एकमात्र पुत्र होने की तुलना में परमप्रधान का एकलौता पुत्र होना कितना महत्वपूर्ण होगा।

यदि आप प्रथम शताब्दी के भूमध्यसागरीय विश्व में रहे होते और सम्राट का एकलौता पुत्र होते, उसके वर्तमान और भविष्य की राजनैतिक स्थिति को जानते हुए, आपमें उसके प्रति बड़ा आदरभाव होता। प्रथम शताब्दी के सभी सुननेवालों को इससे बड़ा आनन्द मिला होगा जब उन्होंने यह सुना कि यीशु मसीह, परमप्रधान के एकलौते पुत्र, ने अपने पुत्रत्व के अधिकार को त्याग दिया और अपने अनुग्रह और सत्य में उन सभी को सहभागी बनाया जो उसके पीछे चल रहे थे। परमेश्वर पर भरोसा करनेवाले सभी लोगों को अपने पुत्रत्व के अधिकार में सहभागी बनाने पर, यीशु ने परमेश्वर की आज्ञाकारी संतान के लिए

एक मार्ग बनाया कि परमेश्वर और एक दूसरे के साथ सिद्ध एकता रख सकें। सुसमाचार के संदेश का यह कितना खूबसूरत भाग है!

''एक'' का अर्थ

पुराने नियम के इब्री संसार और यीशु के दिनों में, आद (ंक) ''एक'' का अर्थ एकमात्र तत्व या दो या अधिक के समूह से हो सकता था जो एकमात्र तत्व के रूप में कार्य कर रहा था। परमेश्वर के आदम और हव्वा को नर और नारी के रूप में बनाने के पश्चात् हम उसे यह कहते देखते हैं कि वे एक घनिष्ठ धार्मिक एकता में मिलकर कार्य करेंगे जिसे हम ''विवाह'' कहते हैं। यह इब्री भाषा (लेवसार आद) ''एक देह'' (उत्प. 2:24) में व्यक्त हुआ है।

यूनानी सेप्टुआजिन्ट और नया नियम यूनानी दोनों में (उदा. मत्ती 19:5), इब्री का अनुवाद सारका मियान ''एक देह'' हुआ है। सेप्टुआजिन्ट इब्री बाइबल का यूनानी में तीसरी-चौथी शताब्दी ई.पू. का अनुवाद है। परमेश्वर यह बता रहा है कि एक पुरुष और स्त्री जब धर्मी एकता में एक दूसरे के प्रति समर्पित होते हैं, वे अलग-अलग काम करने के बजाय एक घनिष्ठ धार्मिक दल के रूप में मिलकर कार्य करने को समर्पित होते हैं। एक दूसरे के लिए समस्त प्रेम और उचित उद्देश्य से वे ''एक देह/एक तत्व'' के रूप में मिलकर कार्य करते हैं। अन्य समयों में, परमेश्वर ने दिखाया कि जब इस्राएल पर दूसरों ने हमला किया, वे दुर्दशा और गलत कार्यों पर विजयी होने को ''एक व्यक्ति'' (इश आद) के रूप में आए (न्यायि. 20:1, 8, 11; 1 शमू. 11:7)। यूनानी सेप्टुआजिन्ट में इसका एनर हीस ''एक व्यक्ति'' अनुवाद हुआ है (उत्प. 34:16)। सेप्टुआजिन्ट यह दिखाता है कि इब्री शब्द आद ''एक'' का यूनानी शब्दी हीस मिआ, हेन ''एक'' के विविध रूपों का उपयोग करते हुए लगातार अनुवाद हुआ है।

प्रेरित यूहन्ना ने अन्यजातियों को अपने समय की सामान्य यूनानी भाषा में लिखा, जो यीशु के अनुयायियों में ईश्वरीय एकता के लिए यीशु की प्रार्थना को समझने में हमारी सहायता करता है। हम ध्यान दें कि यूहन्ना ने सेप्टुआजिन्ट की इसी पुरानी शब्दावली का उपयोग आद ''एक/एकत्व'' के इब्री विचार को बताने में किया है। जो हमारी यह समझने में सहायता करता है कि यीशु ने उसी ईश्वरीय एकता में हमें सहभागी बनाने को प्रार्थना की जो उसकी सदा से स्वर्गीय पिता के साथ थी और उसके पिता के उसे मृतकों में से जिलाने के बाद वह पुनः पिता के साथ उसमें सहभागी होगा (प्रेरित. 2:22-36)।

यूहन्ना ने यीशु की प्रार्थना में दूसरों को सहभागी बनाया, सुननेवाले यह आज्ञाकारी शिष्यता के द्वारा यीशु के आनन्द को अनुभव करना समझ पाएं कि क्रूस पर यीशु की मृत्यु और उसकी महिमा में सहभागी बनाने का परिणाम उसके अनुयायियों के लिए ईश्वरीय एकता में होगा जो पिता के साथ यीशु की एकता से मेल खाती है। यूहन्ना 17 में वर्णित

यीशु की प्रार्थनाद्वारा, परमेश्वर की आज्ञाकारी संतान को यह भी समझना है कि उन्हें अनन्तता के इस ओर ईश्वरीय एकता को अनुभव करना है; यह खोए हुए संसार की यह समझने में सहायता करते हुए एक बड़ी गवाही को देगा कि परमेश्वर ने यीशु को सभी के लिए मरने को भेजा और अपनी आज्ञाकारी संतान से वह वो वैसे ही प्रेम करता है जैसे वह यीशु से प्रेम करता है (यूहन्ना 17:21, 23)।

पिता का कोई प्रिय नहीं है

> अब न कोई यहूदी रहा और न यूनानी; न कोई दास, न स्वतंत्र; न कोई नर, न नारी; क्योंकि तुम सब मसीह यीशु में एक हो। (गलातियों 3:28)

पिता और मसीह के प्रत्येक सच्चे अनुयायी के बीच का संबन्ध एक प्रेमी पिता और एक आज्ञाकारी एकलौते पुत्र का है। सामान्यता, एक नेक एकलौता पुत्र पिता से पूर्ण कृपा और विरासत पाता है। हमारा स्वर्गीय पिता अपनी सभी आज्ञाकारी संतान से एक समान व्यवहार करता है मानों प्रत्येक उसका एकलौता पुत्र है; परमेश्वर का कोई प्रिय नहीं है (याकूब 2:1-5)। परमेश्वर ने प्रत्येक व्यक्ति को भावनात्मक और शारीरिक रूप से भिन्न बनाया है, ये विशेषताएं हैं-आँखें, बाल, त्वचा का रंग। उसने प्रत्येक को भिन्न बनाया है, तौभी वह सभी से एकता में होकर एक साथ मिलकर काम करने की इच्छा रखता है। परमेश्वर का निष्पक्ष प्रेम हमें सभी लोगों से समान रूप से प्रेम करने को प्रोत्साहित करता है (रोमि. 2:11-12; 1 पतरस 1:17)।

जिस क्षण हम यीशु मसीह को अपने उद्धारकर्ता और प्रभु के रूप में पूरी तरह से ग्रहण करते हैं-जिसका अर्थ है कि अपने जीवनों को पूरी तरह से कुम्हार की ओर फेरना, ताकि वह हममें उस अच्छे कार्य को पूरा कर सके जिसका आरम्भ उसने हममें किया है-हम हमारे पता-एकलौते-पुत्र के संबन्ध को जानने लगते हैं। एक बार ऊपर से हमारा जन्म होने पर, यह एक पूरा कार्य होता है (यूहन्ना 5:24)। अपनी वर्तमान पाप की अवस्था में भी, हम अपने पिता की न्यायोचित संतान बन जाते हैं जो अधिक से अधिक मसीह के समान होना सीख रहे हैं, जिनका अन्त अन्ततः मसीह की समानता में होगा (रोमि. 8:28-30; फिलि. 3:20-21)। परमेश्वर हमसे कहता है कि हमारा आत्मा से जन्म हो जाने पर, वह हममें अपने भाग, अपने बीज, को रखता है, जो कि पवित्र आत्मा है (इफि. 1:13-14)। जब हम परमेश्वर और उसके मार्ग के लिए स्वयं को सौंप देते हैं, वह अपने परिवार में हमारा आत्मिक रीति से जन्म करता है और हम लगातार....लगातार....लगातार पाप में नहीं रह पाते (1 यहून्ना 3:9)।

पवित्र आत्मा के हमारे साथ जुड़ जाने पर, हम परमेश्वर के अनन्तकालीन संगठित पवित्र परिवार का हिस्सा बन जाते हैं और परमेश्वर की अनन्तकालीन योजना में परमेश्वर के साथ हमारी वृद्धिगत यात्रा संसार को हममें परमेश्वर को कार्य करते देखने का अवसर देती है। जहाँ यीशु है, वहाँ पिता है (यूहन्ना 8:28-29)। पिता और पुत्र के बीच की एकता इतनी घनिष्ठ है कि यदि आप उन दोनों में से किसी एक को जानते हैं, तो आपने दोनों को देखा है (यूहन्ना 14:7-11)। जहाँ मसीह के अनुयायी हैं, वहाँ यीशु और पिता हैं (यूहन्ना 14:23; मत्ती 25:40; प्रेरित. 9:4)। यीशु एक तीसरे व्यक्ति से हमारा परिचय कराता है जो पिता और उसके साथ सिद्धता से जुड़ा हैप्सत्य का आत्मा। यदि आपने यीशु को देखा है, तो आपने पिता को देखा है। यदि सत्य का आत्मा आपमें रहता है, तो पिता और यीशु आपमें रहते हैं (यूहन्ना 14:16-26)।

संसार यीशु के आज्ञाकारी अनुयायियों द्वारा पिता और पुत्र के सुसमाचार को सुनता रहता है। इन अनुयायियों की सहायता सत्य का आत्मा करता है जो उनमें रहता है (यूहन्ना 13:20; 17:18)। सिद्ध एकता में मिलकर काम करनेवाले पिता और पुत्र ने सत्य के आत्मा, पवित्र आत्मा, को भेजा है कि मसीह के अनुयायियों को सांत्वना दे और उनका उसी मार्ग पर मार्गदर्शन करें जिस पर पिता ने पवित्र आत्मा को यीशु की पार्थिव सेवकाई के दौरान सहायता करने को भेजा था (मत्ती 3:16-17)। जब यीशु ने पिता से अपने शिष्यों को अपनी शारीरिक उपस्थिति के स्थान पर एक सांत्वना देनेवाले को भेजने के लिए कहा (यूहन्ना 14:16-17; 16:13), वह इस विशेष पिता-एकलौते-पुत्र के संबन्ध को पवित्र आत्मा के वास करने और उससे समर्थ करने के द्वारा अपने सभी शिष्यों के लिए संभव बना रहा था (प्रेरित. 1:8)।

प्रारम्भिक कलीसिया की समझ

प्रारम्भिक कलीसिया ने इम्मानुएल "परमेश्वर हमारे साथ" और उस घनिष्ठता को कैसे प्राप्त किया जिसकी इच्छा परमेश्वर करता है? सृष्टि के आरम्भ से ही शैतान अधिक से अधिक लोगों को परमेश्वर की निकटता से दूर लेकर जाता रहा है। परन्तु, वह उनके विरुद्ध और भी अधिक कार्य करता है जो परमेश्वर के साथ एक अनन्तकालीन घनिष्ठ पवित्र संबन्ध बनाने के लिए परमेश्वर के निमंत्रण पर ध्यान देना आरम्भ करते हैं। अपने अध्ययनों में, कॉन्सटेनटाइन स्काऊटरिस ने यह पाया कि प्रारम्भिक कलीसिया के पिताओं को प्रेरितों की मसीह की शिक्षा के द्वारा परमेश्वर की उस घनिष्ठता की समझ थी जिसकी वह इच्छा करता है।[3]

विश्वासियों में एकता के लिए यीशु की प्रार्थना के संबन्ध में स्काऊटरिस ने कहा कि नया नियम मसीह के अनुयायियों को यह जानने की संभावना के साथ प्रस्तुत करता है कि मसीह की सहभागिता किसी भी अन्य सांसारिक सहभागिता की तुलना में अधिक

मौलिक है। मसीह की सहभागिता एक नये संबन्ध को बनाना है, एक ऐसा संबन्ध जिसमें परमेश्वर और मसीह के शिष्य आते हैं। आगे वह कहता है कि यूहन्ना 17 के दो मुख्य विषय हैं :

(1) मसीह अपने अनुयायियों के लिए जिस ईश्वरीय एकता की इच्छा करता है वह न केवल उसके तात्कालिक अनुयायियों के लिए है परन्तु उन सभी भावी शिष्यों के लिए भी है जो प्रेरितीय प्रचार के द्वारा मसीह पर भरोसा करना सीखेंगे; और

(2) सभी शिष्य मसीह की ईश्वरीय महिमा में सहभागी होते हैं।

स्काऊटरिस ने लिखा कि परमेश्वर और उसकी ऐच्छिक एकता को समझने के लिए ये दो बातें एक ठोस आधार बन जाती हैं।[4]

फिलादेलफियावासियों को 107 ई. में लिखे इगनेशियस के पत्र से, स्काऊटरिस ने बताया कि मसीह के स्वर्गारोहण के पश्चात् परमेश्वर की सन्तान के लिए एक तात्कालिक बदलाव हुआ : उनका ध्यान विषय-पदार्थ संबन्ध से हटकर परमेश्वर के साथ सहभागिता करने पर गया।[5] परमेश्वर ने मसीह की प्रायश्चित मृत्यु के द्वारा घनिष्ठ संबन्ध पर कार्य किया। ऑरिजन के डे प्रिन्सीमज़ नामक शीर्षक कार्य (ई. 185-254) को देखने पर, कोई भी उस ईश्वरीय एकता और समानता में भावी सिद्धता की ऑरिजन की शिक्षा को देखता है जिसके लिए यीशु ने प्रार्थना की (3.6.1) और एक वर्तमान व्यावहारिक एकता को भी जो स्वयं मसीह के अनुयायियों में ईश्वरीय एकता समान सोच के साथ व्यक्त होती है (1.6.2)।

हमारे प्रारम्भिक यूनानी पिताओं की दृष्टि में, स्काऊटरिस पिता परमेश्वर को एक ऐसे सुलभ ईश्वरीय व्यक्ति के रूप में देखता है जो पुत्र को उत्पन्न करता और पवित्र आत्मा को पिता के राज्य में अद्वितीय एकता को स्थापित करने के लिए आगे भेजता है। पिता पुत्र और पवित्र आत्मा को अपना ईश्वीय निचोड़ देता है और बदले में वे पिता की इच्छा के प्रति पूर्ण आज्ञाकारिता में स्वतंत्रता और प्रेम से प्रतिक्रिया देते हैं।[6] आगे वह कहता है कि प्रारम्भिक कलीसियाई पिता मसीह की एक करनेवाली शक्ति के द्वारा परमेश्वर के लोगों की एकता को बढ़ा पाए। मसीह के व्यक्तित्व में, सभी भेद और विभाजन हटा दिये गए थे और हटा दिये गए हैं।[7]

स्काऊटरिस आगे ग्रेगोरी ऑफ नायसा की पाप से आई स्व-केन्द्रीयता के कारण प्रत्येक व्यक्ति के विभाजित स्वभाव से संबद्धित शिक्षा पर विचार- विमर्श करता है (330-95 ई.)। पाप के कारण यह विभाजित स्वभाव मानवजाति को परमेश्वर और अन्यों के साथ ईश्वरीय सहभागिता में रहने की किसी भी संभावना से वंचित करता है। परन्तु, मसीह के स्व-त्याग में परमेश्वर के उस ेल-मिलाप को उनके लिए पुनःस्थापित करने की

संभावना है जो उसके और दूसरों के साथ एक सिद्ध एकता में आते हैं। [8] एक ठोस मानव स्वभाव के साथ एक वास्तविक व्यक्ति बनने के द्वारा, मसीह ने, जिसका हमारे स्वर्गीय पिता के समान स्वभाव था, मानवता के स्वरूप को धारण किया और ईश्वरीय एकता को मानव स्तर पर रूपान्तरित किया, उस एकता के लिए सक्षम करते हुए जिसके लिए यीशु ने अपने सभी अनुयायियों हेतु प्रार्थना की थी। [9]

सी.एच. डॉड ने प्रथम शताब्दी के भूमध्यसागरीय दृष्टिकोण से ''पिता में'' और ''मसीह में'' होने की शब्दावली पर अध्ययन कर यह निष्कर्ष निकाला कि प्रथम शताब्दी के लोग एकता को सूचित करनेवाले इस तरह के शब्दों को समझ गए होंगे जो मानव एकता से बढ़कर, एक घनिष्ठ ईश्वरीय एकता है। [10] उसने कहा कि यीशु की प्रार्थना पिता, पुत्र और पुत्र के अनुयायियों के लिए प्रेम की कुंजी में होकर एकता के पूर्ण चित्र को दिखाती है। यह प्रेम ही है जो यीशु के शिष्यों की उसकी आज्ञाओं का पालन करने में अगुआई करता है, ठीक वैसे ही जैसे वह अपने स्वर्गीय पिता के प्रति प्रेम में होकर उसकी आज्ञा का पालन करता है। [11] यह विचार कि ''परमेश्वर हम में है'' सबसे घनिष्ठ एकता को प्रस्तुत करता है जो परमेश्वर और मनुष्यों के बीच कल्पनीय है।[12]

परमेश्वर के अनुग्रह पर विश्वास करना कठिन है

सुसमाचार का संदेश इतने अधिक शुभ समाचार देता है कि बहुतों को यह भय है कि इसका सत्य होना संभावित नहीं है। परन्तु, यह सत्य है, और यीशु मसीह को अपने प्रभु और उद्धारकर्ता के रूप में ग्रहण करने में कभी देरी नहीं होती है। जब हम हृदय की गहराई से अपने पापों को स्वीकार कर पश्चात्ताप करते हैं और यीशु को अपने उद्धारकर्ता और प्रभु के रूप में ग्रहण करते हैं, हमारा उसी समय परमेश्वर के साथ उसके पुत्रों और यीशु मसीह के समान वारिस के रूप में मेल होता है। परमेश्वर यीशु के पीछे चलनेवाले सभी लोगों को अपने एकमात्र पुत्र के सभी अधिकारों के साथ अपनी अनन्तकालीन संतान के रूप में ग्रहण करता है। यीशु के पीछे चलनेवालों का परमप्रधान के दासों के रूप में पुनः मेल नहीं होता है (गला. 4:7)। वास्तव में, यीशु अपने अनुयायियों को केवल ''भाई'' ही नहीं परन्तु ''मित्र'' भी कहता है (यूहन्ना 15:12-15)।

क्या आप इस बात से कुछ घबराए हुए हैं कि परमेश्वर अपने घनिष्ठ परिवार में बहुतों को सुनने के लिए बुला रहा है? परमेश्वर के घनिष्ठ अनन्तकालीन पवित्र परिवार का हिस्सा होना एक व्यक्ति को पिता के साथ पारस्परिक घनिष्ठ संबन्ध में रखता है। जब यीशु ने प्रथम शताब्दी के इस्राएल के धार्मिक अगुवों को बताया कि वह परमेश्वर का पुत्र है, तो उन्हें यह विधर्म लगा, क्योंकि अपने स्वर्गीय पिता का पुत्र होने की घोषणा करने के द्वारा वह परमेश्वर के घनिष्ठ परिवार का सदस्य होने की घोषणा कर रहा था। उसने पिता के साथ पारिवारिक सदस्यता में स्वयं को समान बनाया था (यूहन्ना 5:18)।

धार्मिक अगुवों ने हमारे स्वर्गीय पिता को केवल नाम में ही पिता जाना था (यूहन्ना 8:41)। वे जानते थे कि यीशु यह कह रहा था कि परमेश्वर उसका स्वर्गीय पिता था। बाद में इन्हीं धार्मिक अगुवों ने शैतान की अगुआई में चलते हुए कहा कि उनका एकमात्र राजा कैसर ही था (यूहन्ना 19:15)। यीशु पूर्णतया परमेश्वर का पुत्र है और यह बात उसे संबन्धात्मक महत्व में समान बनाती है, तौभी पिता के समान अधिकार में नहीं। यीशु के पीछे चलनेवाले भी पूर्णतया परमेश्वर के पुत्र बन जाते हैं और इसलिए, उसके अधिकार के अधीन पारिवारिक सदस्यों के रूप में संबन्धात्मक महत्व में पिता के सामन बन जाते हैं (यूहन्ना 10:34; 20:17)। जैसा ऊपर कहा गया, एक दिन हम अपने सृष्टिकर्ता से आमने-सामने मिलेंगे और उसके तथा यीशु मसीह के पीछे चलनेवाले अन्य सभी लोगों के साथ एक पूर्ण परिपक्व संबन्ध का आरम्भ होगा।

क्या यह ऐसा नहीं लगता कि जितना गहरा हम खोदते हैं उतना ही अधिक हम उसके साथ अपने परिपक्व और घनिष्ठ संबन्ध से उसकी महिमा से दूर होते जाते हैं? नहीं, जितनी गहराई में हम देखते हैं, उतना ही हम हम यह जान पाते हैं कि हमें यीशु और स्वयं के साथ समान पारिवारिक सदस्य बनाने में हमारा स्वर्गीय पिता कितना अनुग्रहकारी है। यह जानना कि हम सिद्धता से बहुत दूर हैं उसके साथ इस शुद्ध प्रेमी संबन्ध को ग्रहण करना बहुत कठिन बना देता है। परमेश्वर की योजना और सिद्ध पवित्र पारस्परिक संबन्ध हमारे जीवनों से सभी पापों के हटाए जाने पर भविष्य में हमें उससे अलग करने की किसी चीज़ को नहीं रहने देता और हम उसके सम्मुख मसीह की धार्मिकता के वस्त्रों को पहनकर खड़े होते हैं।

हममें से अधिकांश आसानी से अभिग्रस्त हो जाते हैं और परमप्रधान से भी कम महत्व वाले कुछ राष्ट्रीय व्यक्तियों से बात करने में भी कठिनाई पाते है। तौभी यह सत्य है, परमेश्वर उन सभी को बुला रहा है जो हमारे यीशु मसीह, हमारे बड़े भाई, के साथ वर्तमान जारी घनिष्ठ संबन्ध के कारण उसके और एक दूसरे के साथ शुद्ध, परिपक्व संबन्ध में उसकी सुनते हैं (रोमि. 5:1-5; 1 यूहन्ना 2:28)।

यीशु ने कहा कि वह अपने अनुयायियों को पिता और अपने साथ वैसे ही "एक" होते देखना चाहता है जैसे वह अपने पिता के साथ "एक" है। जब हम यह समझने लगते हैं कि क्रूस के द्वारा सृष्टि का मुख्य उद्देश्य पिता, पुत्र, पवित्र आत्मा और एक दूसरे के लिए एक अनन्तकालीन घनिष्ठ पवित्र परिवार को बनाना है, हमें परमेश्वर को अपने जीवनों में ग्रहण कर उसके प्रभुत्व के प्रति समर्पण करना है। हम अन्य पारिवारिक सदस्यों के साथ मिलकर अनन्तकालीन रूप से पिता और पुत्र से प्रेम करेंगे, उनकी स्तुति करेंगे और उनका आज्ञा पालन करेंगे।

नई पृथ्वी और नये आकाश पर, मसीह के अनुयायी परमेश्वर के अनुग्रह से पूर्ण होने और सत्य को अपने में अन्तर्निहित करने के लिए परमेश्वर की शुद्ध करनेवाली प्रक्रिया से पहले ही होकर गए होंगे। वे शैतान और एक तिहाई स्वर्गदूतों के समान कभी भी

परमेश्वर के विरुद्ध नहीं होंगे। मसीह के अनुयायी महान अनुग्रह और सत्य को पाने के लिए परिपक्व हो गए हैं जबकि मसीह उन्हें अपनी मीरास और सर्वश्रेष्ठ नाम में सहभागी बनाता है (इब्रा. 1:1-4; रोमि. 8:17)।

परमेश्वर उस भले काम का समापन करने जा रहा है जिसका आरम्भ उसने उनके बीच किया है जो उससे प्रेम करते, उस पर भरोसा रखते और उसका आज्ञा पालन करते हैं। यीशु का एक प्रमाणिक मार्ग विवरण है। हमारे स्वर्गीय पिता के साथ उसकी निरन्तर आज्ञाकारिता, परिपक्व संबन्ध को देखें। यीशु के कार्यों और शब्दों की ओर देखने पर उसके अनुयायियों में आत्मविश्वास आता है कि वे भी परमेश्वर और एक दूसरे के साथ उन्हें पवित्र, पूर्णकालिक और देखभाल के संबन्ध से दूर करनेवाली किसी भी चीज़ के बिना जी सकते हैं।

यह जानना कि यीशु परमेश्वर के ''एकमात्र पुत्र'' के रूप में अपने स्थान पर उन सभी को सहभागी बनाने को तैयार है जो उसको अपना प्रभु और उद्धारकर्ता मानते हुए उसके समक्ष समर्पण करते हैं, यह प्रत्येक को गहरे प्रेम के साथ आनन्द सहित यीशु के पीछे चलने को प्रेरित करनेवाला होना चाहिए। परमेश्वर के परिवार का एक भाग होने पर, यीशु के अनुयायी आनन्द सहित परमेश्वर के साथ उसके अनन्तकालीन घनिष्ठ पवित्र परिवार को बनाने में सम्मिलित होते हैं।

4

यह अनुभव करना कि भलाई और बुराई एक निर्णय की मांग करते हैं

भले ही आप परमेश्वर पर विश्वास न करते हों, तौभी यह संभव है कि आप बुराई के साथ ऐसे संघर्ष में हों जो भलाई पर प्रबल होना चाहता हो। बहुतों ने यह जाना है कि जीवन का एक ऐसा ढंग है जो लाभदायक है और जीवन के ऐसे अन्य बहुत से ढंग हैं जो अन्ततः हमें और दूसरों को हानि पहुँचाते हैं। हमारा दूसरों के साथ रहने का ढंग यहाँ और अभी तथा भविष्य में एक वास्तविक अन्तर को उत्पन्न करता है। वास्तव में, परमेश्वर ने सृष्टि को सभी जीवनों के लिए उचित मानदण्ड से बनाया है। उसके नियमों का अनुसरण करने पर, हम अपना और दूसरों का भला करते हैं, ऐसा न करने पर, हम अपनी और दूसरों की हानि करते हैं, जो बुरा है। चूंकि परमेश्वर किसी न किसी स्तर पर सभी से बात कर रहा है, अतः प्रत्येक परमेश्वर के मानदण्ड को जानता है (रोमि. 1:18-32; 2:14-15)।

न केवल अधिकांश बुरे और भले के बीच के अन्तर को जानते हैं, वे इन दोनों में सहभागी भी होते हैं। कोई भी निर्दोष नहीं है। यीशु मसीह के अतिरिक्त हर कोई परमेश्वर के मानदण्ड के अनुसार सिद्ध धार्मिक जीवन जीने से रहित है (रोमि. 3:23; यशा. 53:4-9; 2 कुरि. 5:21; 1 पतरस 2:21-24)। विश्व भर के अधिकांश समुदायों ने बुराई को जाना है और बुरे कार्यों से हुई हानि के कारण अधिकांश समय भले के बजाय बुरे का विवरण रखने में बीतता है। चाहे वह क्रूरतापूर्ण कहा गया शब्द हो, आपके मार्ग पर परमेश्वर द्वारा रखे गए व्यक्ति की सहायता न करना हो, हमारे व्यक्तिगत जीवनों के लिए परमेश्वर के निर्देशों का प्रत्यक्ष आज्ञा उल्लंघन करना हो,झूठ बोलना, छल करना, चोरी करना, हत्या करना, गुलाम बनाना, यौन दुर्व्यवहार या अन्य तरीकों से बुरा करना हो, हम कुछ बुराई को देखते और करते हैं।

बुराई बनाम भलाई

व्यक्तिगत रूप में, हम सभी ने अपने जीवनों में ऐसे समयों का अनुभव किया है जिसमें हमने कुछ ऐसा किया जिससे दूसरों को दु:ख पहुंचा और उसी क्षण हमें पश्चाताप का आभास हुआ या नहीं हुआ। यद्यपि कोई परमेश्वर की उपस्थिति की आत्मिक अनुभूति और निरन्तर शिक्षा में न चल रहा हो, अधिकांश इस सच्चाई को जानते हैं कि हम सभी स्व-केन्द्रित इच्छाओं से संघर्षरत् रहते हैं। चाहे हम परमेश्वर की अगुआई को सुनें या न सुनें, वह सभी से बोलता और बहुतों को सुनने के लिए अनुभूति के स्थान पर लाता है जो अच्छे चुनाव करने में सहायक है (यूहन्ना 8:31 ब-32; 16:8-11)।

हम सभी को परमेश्वर की बहुत सावधानीपूर्वक सुनने की आवश्यकता है, क्योंकि वह हमारी पिछली स्व-केन्द्रित इच्छाओं को देखने और शैतान के छल व शोर को बन्द करने में हमारी सहायता करेगा (2 कुरि. 4:3-4)। शैतान के छल और शोर को उत्पन्न करनेवाले बहुत से साधन हैं जैसे मनोरंजन, तकनीकी उपकरण, और कई बार मित्र भी। परमेश्वर की न सुनने पर, हम किसी न किसी तरह से शैतान, दुष्ट, के द्वारा नियंत्रित किये जाते हैं (1 यूहन्ना 5:19)। परमेश्वर चाहता है कि हम अच्छे-बुरे की समझ में बढ़ें और वह हमें हमारे लिए निर्धारित भले कार्यों की शिक्षा देता है (फिलि. 2:13; इफि. 2:10; 1 कुरि. 12:18)। यदि हम अपनी व्यस्तता, व्याकुलता या उसके प्रति सामान्य अनाज्ञाकारिता के कारण परमेश्वर की आवाज़ को नहीं सुनते या उसकी उपेक्षा करते हैं तो उससे चूक जाना सरल है जो वास्तव में चल रहा है और उन आशीषों से भी चूक जाना जो परमेश्वर की इच्छा में जीवन बिताने से मिलती हैं।

बहुतों के परमेश्वर और उसके अनुयायियों के प्रति शत्रुता की अवस्था में रहने पर भी (रोमि. 5:10; यूहन्ना 17:14-15), परमेश्वर प्रत्येक के जीवन को जितना अधिक संभव हो एक ऐसे स्थान पर लाने को कार्यरत् रहता है जहाँ पर वे अपने स्व-केन्द्रित मार्गों से उसकी ओर तथा उसके जीवन के धर्मी मार्ग की ओर फिरते हैं (लैव्य. 19:1-2; 2 पतरस 3:9)। बाइबल की भाषा में इसे पश्चात्ताप कहते हैं। परमेश्वर चाहता है कि प्रत्येक अपने जीवन में एक ऐसे स्थान पर आए जहाँ वह उन्हें अपने सही उद्देश्य और सभी के लिए अपने प्रेम को सिखा सके, जो बदले में बहुतों को उद्धार हेतु उसके पास आने को प्रोत्साहित करे (1 यूहन्ना 4:16; तु.क. गला. 3:26-29)।

यद्यपि बहुत से हैं जो भले और बुरे के बीच के अन्तर को जानने के बारे में परमेश्वर से बहुत कुछ सुनते हैं, तथापि ऐसे भी बहुत से हैं जिन्होंने अब तक यह सही से नहीं सुना है कि हमारा संसार दो शक्तिशाली राज्यों के बीच के युद्ध में फंसा है : परमेश्वर का राज्य और नर्क का राज्य जिस पर अभी शैतान का राज्य है। परमेश्वर और उसका राज्य अधिक शक्तिशाली हैं और अन्त में शैतान और उसके अनुयायियों को सदा के लिए एक ऐसे अलग स्थान पर डाला जाएगा जिसे नर्क या आग की झील कहा जाता है। परन्तु, ऐसा

होने तक, परमेश्वर प्रत्येक पर यह दबाव डालने को शैतान का उपयोग कर रहा है कि वे अपने आस-पास की भलाई और बुराई का मूल्यांकन कर यह निर्धारित करें कि अनन्तकाल में वे किस तरह की जीवन शैली को पसंद करेंगे। क्योंकि हम सभी भलाई और बुराई दोनों को ही करते व अनुभव करते हुए अपने जीवन जीते हैं। अतः प्रत्येक को यह निर्धारित करना है कि वे परमेश्वर और उसकी सुननेवालों के साथ घनिष्ठ संबन्ध बनाना चाहते हैं या नहीं, या वे यह जानते हुए भी परमेश्वर के प्रभुत्व और जीवन के ढंग को ठुकराना चाहते हैं कि यह विकल्प उसके प्रभुत्व से कुछ स्वतंत्रता देता है परन्तु अन्ततः अनन्तकालीन अपमान और दुःख की ओर लेकर जाता है।

शैतान जहाँ तक संभव हो छल द्वारा अधिक से अधिक लोगों को परमेश्वर की सुनने से रोकने का प्रयास कर रहा है ताकि वे न तो कभी परमेश्वर को और न ही उसके वचन को जानें। दूसरी ओर, परमेश्वर चाहता है कि हर कोई वास्तविकता को समझे और सावधानीपूर्वक अपने भविष्य पर विचार करे। परमेश्वर के महान प्रेम और सभी के लिए उसकी चिन्ता के कारण जब लोग उसकी सुनने लगते हैं, परमेश्वर उन्हें अपने स्वरूप में ढालना और आकार देना आरम्भ करता है। दूसरी ओर, जो नहीं सुनते हैं, परमेश्वर शैतान को उन्हें उनके इस सोच-विचार से धोखा देने देता है कि वे अपनी शर्तों पर अनन्त शांति के स्थान पर जा रहे हैं। एक व्यक्ति द्वारा लिया गया निर्णय उसकी अनन्तकालीन नियति को निर्धारित करता है। चाहे आप कहीं भी हों, आपको यह ध्यान देना है कि हमारा संसार वास्तव में अनन्तकालीन परिणामों सहित एक प्रमुख आत्मिक युद्ध के बीच में है और कि परमेश्वर अन्ततः उन्हें अलग करेगा जो उसके साथ रहना चाहते और उसके अनुसार जीवन बिताना चाहते हैं। परमेश्वर उन्हें बचाता है जो उसकी सुनते हैं (दानि. 12:2; तु.क. मत्ती 25:45-46; रोमि. 2:11-13; गला. 6:7; प्रका. 20:12)।

यदि आप समय से आगे बढ़कर दोनों भावी राज्यों की अन्तिम अवस्था और परमेश्वर तथा उसके सिद्ध परिवार को प्रेम, शांति और आनन्द में रहते और शैतान तथा उसके अनाज्ञाकारी अनुयायियों को निरन्तर एक दूसरे को चोट पहुंचाते देख सकें, तब परमेश्वर के साथ सदा तक रहने के लिए आप अपने और दूसरों के लिए क्या करना चाहेंगे? वास्तव में, परमेश्वर ने यीशु मसीह के द्वारा पहले से ही एक मार्ग तैयार कर दिया है (रोमि. 1:16-17)। यदि आप परमेश्वर का अनुसरण करने को उसे श्रेष्ठ रीति से जानना चाहें तो परमेश्वर यहाँ और अभी अधिक परिपूर्ण जीवन जीने और उसके तथा कलीसिया के साथ अपने बढ़ते हुए संबन्ध के भाग में उसके प्रेम, शांति और आनन्द को अनुभव करने में आपकी सहायता करेगा (रोमि. 6:22-23)।

सामान्य रूप में आत्मिक युद्ध

> निदान, प्रभु में और उसकी शक्ति के प्रभाव में बलवन्त बनो। परमेश्वर के सारे हथियार बान्ध लो; कि तुम शैतान की युक्तियों के सामने खड़े रह सको। क्योंकि हमारा यह मल्लयुद्ध, लहू और मांस से नहीं, परन्तु प्रधानों से और अधिकारियों से, और इस संसार के अन्धकार के हाकिमों से, और उस दुष्टता की आत्मिक सेनाओं से है जो आकाश में हैं। इफिसियों 6:10-12; इफि. 6:10-12; तु.क. प्रका. 12:7; 20:7-10

आइये स्मरण रखें कि सृष्टि परमेश्वर का कार्य है! जब वह अपने घनिष्ठ संगठित पवित्र परिवार को बढ़ाता है, शैतान उसके और उसके वृद्धिगत परिवार के विरुद्ध युद्ध करना जारी रखता है। परमेश्वर के विरुद्ध शैतान की लड़ाई में एक ऐसा समय भी आया जब उसने इस्राएल के धार्मिक अगुवों को यीशु को क्रूसित करने को प्रोत्साहित किया, परन्तु वह आश्चर्य में पड़ गया कि पिता के एकलौते पुत्र से छुटकारा पाने के बजाय वह अनजाने में परमेश्वर की समस्त संतान को उनके सृष्टिकर्ता से अनन्तकाल तक अलग करने की लड़ाई में असफल रहा।

यूहन्ना 3:14-16 के द्वारा परमेश्वर हमें सिखाता है कि मानवता के लिए यीशु की मृत्यु उन सभी के पापों को हटाने के लिए आवश्यक थी जो अपनी वर्तमान स्थिति में सहायता के लिए और शिओल (अधोलोक) से अपने प्राणों के छुटकारे के लिए परमेश्वर पर भरोसा कर रहे थे। समस्त सृष्टि पर विचार करने पर, परमेश्वर इब्रानियों 10:4-10 में हमें सिखाता है कि यीशु की मृत्यु ने न केवल उनके पापों को हटाया जो यीशु के दिनों में परमेश्वर पर भरोसा कर रहे थे, परन्तु उन सभी के भी जिन्होंने सृष्टि के आरम्भ से लेकर मसीह के हज़ार वर्ष के राज्य के अन्त तक परमेश्वर पर भरोसा करना सीखा था (प्रका. 20:1-10)।

क्रूस पर यीशु की मृत्यु और शैतान के यह जानने के समय से कि उसने समस्त मानवता के प्राणों के लिए होने वाले युद्ध को खो दिया है, वह परमेश्वर की विजय को कम करने की कोशिश करता रहा है (1 कुरि. 15:55-57)। शैतान जहाँ तक संभव हो, अधिक से अधिक लोगों को भरमाने, शांत करने, अभित्रस्त करने और भटकाने का हर संभव प्रयास कर रहा है ताकि वे यह पहचान न कर सकें कि परमेश्वर की उपस्थिति के बिना अनन्तकाल कैसा होगा (प्रका. 12:9; 12)। शताब्दियों से, परमेश्वर अपने अनन्तकालीन परिवार को बनाता और पवित्र लोगों से अपने अनन्त राज्य को भरता रहा है, शैतान यह जान गया है कि उसका अब कम समय बचा है। इसी कारण, शैतान ने पिछले सैकड़ों वर्षों से अपने हमलों को बढ़ाया है। शैतान पृथ्वी पर परमेश्वर की आज्ञाकारी संतान

को चुप कराने में प्रयासरत् है, परमेश्वर का अनुसरण न करनेवालों को वह निरन्तर धोखा दे रहा है (1 यूहन्ना 3:7-13; तु.क. 5:18-19; प्रका. 3:16)।

यह व्यक्तिगत है

यदि आप मसीह के समर्पित अनुयायी हैं, तो क्या आपको कभी इससे आश्चर्य हुआ कि आप जिन अच्छे कामों को करना चाहते हैं उनका आरम्भ करना और अपने हिस्से के जिस आसान काम को आप करना जानते है, उसे करना इतना कठिन क्यों लगता है? क्या उन समयों में जब आप यह जानते हुए कुछ अच्छा करना चाहते हैं कि परमेश्वर ने आपके हृदय में कुछ विशेष डाला है, आप स्वयं को पानी के बजाय शीरे में तैरता पाते हैं? ऐसी स्थिति में, आप सर्वप्रथम आत्मिक युद्ध का अनुभव करते हैं। आप संभवतः यह जान जाते हैं कि आपके बहुत से संदेह और संकोच आपके आस-पास की परिस्थितियों के साथ मिलकर प्रतिदिन के जीवन के स्वाभाविक क्रम का भाग नहीं थे। कई बार, उनका कारण आपके जीवन में चलनेवाला आत्मिक युद्ध होता है (इफि. 6:12)।

शैतान और उसके अनुयायी परमेश्वर के सभी अनुयायियों के बीच बाधा डालने या उसे रोकने के तरीकों की खोज करने को यात्रा करते रहते हैं जो परमेश्वर ने उनके हृदयों में डाला है (इफि. 2:10)। परमेश्वर की संतान के प्रार्थना करने और उनके व्यक्तिगत व सामूहिक जीवनों के लिए परमेश्वर की इच्छा की खोज करने पर, उन्हें दानिय्येल के समान सतर्क रहने की आवश्यकता है, कि यह जारी रहनेवाला युद्ध अन्ततः परमेश्वर का है। कोई भी व्यक्ति यद्यपि आत्मिक क्षेत्र को नहीं देख सकता है, परमेश्वर ने पृथ्वी पर अपनी आज्ञाकारी संतान के साथ कार्य करने के लिए मनुष्य के प्राणों पर इस युद्ध में अपने अच्छे स्वर्गदूतों को नियुक्त किया है। परमेश्वर के स्वर्गदूत मसीह के अनुयायियों की प्रति मिनट और प्रतिदिन सहायता कर रहे हैं (इब्रा. 1:13-14)। मसीह के पीछे चलनेवालों का उपयोग परमेश्वर द्वारा उन्हें जगाने और बचाने के लिए किया जाता है जो उसकी नहीं सुन रहे हैं जबकि इस मसीहाई युग के अन्त में भले और बुरे राज्यों के बीच आत्मिक युद्ध प्रबल है।

यह जारी है

कसदियों के राजा, और फारस के राजा, कुस्रू के राज्य में, परमेश्वर ने दानिय्येल को भविष्य की घटनाओं को दिखाते हुए दर्शन दिये (दानि. 9-10)। कुस्रू के तीसरे वर्ष में दानिय्येल के दर्शन से हम देखते हैं कि वहाँ भी आज के समान आत्मिक युद्ध जारी था।

शैतान का एक दूत, जो फारस पर अगुआई के पद पर था, उसने परमेश्वर के एक दूत को तब तक 21 दिनों तक रोके रखा जब तक कि महादूत मीकाइल उसकी सहायता के लिए नहीं आया। मीकाइल के हस्तक्षेप के कारण परमेश्वर द्वारा नियुक्त स्वर्गदूत दानिय्येल के पास जाकर उस सबके बारे में अन्तर्दृष्टि दे सका जो चल रहा था (दानि. 10:12-14)। परमेश्वर के इस संदेशवाहक ने कहा कि दानिय्येल को परमेश्वर का संदेश देते ही वह फारस में उसी शैतानी दूत से लड़ने और यूनान में शैतान के एक दूत द्वारा की जाने वाली लड़ाई लड़ने को जानेवाला था (दानि. 10:20)। शैतान उन सभी के विरुद्ध एक प्रबल युद्ध में लगा है जो विश्वासयोग्यता से परमेश्वर के पीछे चलते हैं।

लगभग पांच सौ वर्ष पश्चात्, हम यह जान पाते हैं कि उसी तरह का युद्ध अब भी जारी है। पौलुस ने कहा कि जिन थिस्सलुनीकेवासियों की उसने मसीह में अगुआई की थी जब वह उनके पास आकर उन्हें प्रोत्साहित करना चाहता था, शैतान ने उसे रोक दिया (1 थिस्स. 2:18)। शैतान परमेश्वर की आज्ञाकारी संतान के विरुद्ध प्रबल युद्ध में लगा हुआ है कि जितना संभव हो अधिक से अधिक को ठोकर खिलाए व दुःख दे (उदा. 1 थिस्स. 2:14-16; 3:4; 2 थिस्स. 1:4-5; तु.क. लूका 16:13), परन्तु यदि हम परमेश्वर की सुनें, वह हमारे चरित्र का निर्माण करने को परीक्षाओं व संकटों का उपयोग करेगा (रोमि. 5:3-5)।

शैतान की सहायता करनेवाले बुरे दूतों के बारे में दानिय्येल का विवरण और पौलुस की चेतावनी हम सभी के लिए जगानेवाली बुलाहट होनी चाहिए। यह सीधे-सीधे परिणामों वाला खेल नहीं है। भले और बुरे के बीच जारी रहनेवाले इस युद्ध के सभी के लिए अनन्तकालीन परिणाम हैं। उपरोक्त दानिय्येल के विवरण में परमेश्वर अपने स्वर्गदूतों की शैतान पर शीघ्र या तत्काल ही विजयी होने में सहायता कर सकता था, परन्तु वह इस तरह से कार्य करता है कि उसके स्वर्गदूत परिपक्व हों और अनुभव के द्वारा अधिक निपुण बनें, वैसे ही जैसे वह मसीह के अनुयायियों के साथ कार्य करता है (2 थिस्स. 3:1; इब्रा. 1:14; 5:14)। मसीह के अनुयायियों को अपनी शक्ति में कुछ चीज़ों को आंशिक रूप से करने की ज़रूरत है ताकि परमेश्वर उनमें चरित्र को विकसित कर सके (रोमि. 5:3-5; इब्रा. 12:1-3; तु.क. 2:10)।

यीशु ने हमारे स्वर्गीय पिता से अपने अनुयायियों में से किसी को भी संसार की बुराई से हटाने को नहीं कहा, परन्तु उसने पिता से अपने अनुयायियों की उसके नाम में उस दुष्ट से रक्षा करने को कहा। मसीह के अनुयायी उसके परिवार का हिस्सा हैं और उस परिवार का हिस्सा होने के कारण वैसे ही परमेश्वर उनकी रक्षा करेगा (यूहन्ना 17:11, 15-17)। मसीह के अनुयायी जब भी किसी युद्ध या परिस्थिति में टिक नहीं पाते हैं, तब परमेश्वर, जो अपनी आज्ञाकारी व भरोसा करनेवाली संतान में वास करता है, उनकी विजयी होने में सहायता करता है चाहे वे शारीरिक रूप से जीवित हों या मृत (1 यूहन्ना 2:25-27; 4:4)।

आत्मिक युद्ध और शैतान का छल

और यह कुछ अचम्भे की बात नहीं क्योंकि शैतान आप भी ज्योतिर्मय स्वर्गदूत का रूप धारण करता है। सो यदि उसके सेवक भी धर्म के सेवकों का सा रूप धरें, तो कुछ बड़ी बात नहीं परन्तु उनका अन्त उनके कामों के अनुसार होगा । 2 कुरिन्थियों 11:14-15

मानवता पर शैतान की सभी युक्तियों और हमलों का एक सामान्य क्रम है। शैतान परमेश्वर के अधिकार के उच्च स्थान पर कब्ज़ा करना चाहता है। उसने स्वर्ग में एक तिहाई स्वर्गदूतों को परमेश्वर के विरुद्ध कर दिया (प्रका. 12:4) और अब पृथ्वी पर अधिक से अधिक लोगों को परमेश्वर को जानने से दूर रखना चाहता है। विषय की सच्चाई यह है कि जो भी परमेश्वर की नहीं सुन रहा है, वह वास्तव में परमेश्वर के विरुद्ध लड़ाई में है चाहे जानबूझकर या अनजाने में (यूहन्ना 8:42-47; इफि. 2:1-3; 1 यूहन्ना 5:19)। यीशु ने कहा, ''उनके फलों से तुम उन्हें पहिचान लोगे।'' (मत्ती 7:16अ)

यदि शैतान लोगों का ध्यान स्वयं पर और उनके परिवारों पर केन्द्रित करने से रोककर रख सकता है, तो वास्तव में, वह उन्हें परमेश्वर और सभी के लिए उसके प्रेम को जानने से रोकता है। परमेश्वर की सुनना आरम्भ करने पर, कुछ आज्ञाकारिता के साथ उससे व्यवहार कर पाएंगे, और उसके प्रेम और विश्वासयोग्यता के कारण परमेश्वर उनमें एक प्रेमी भरोसे को बढ़ाएगा। परमेश्वर की सुनने का चुनाव करनेवाले और उसका आज्ञा पालन करनेवाले अन्ततः परमेश्वर के अनन्तकालीन पवित्र परिवार में पश्चात्ताप और आत्मिक जन्म के स्थान पर आएंगे।

विनाश की ओर ले जानेवाला चौड़ा मार्ग

प्रत्येक चीज़ पर अपने अंतिम नियंत्रण के युद्ध में, शैतान मानवता को पूर्वाधिकार में लेने, भयभीत मानवता को समर्पण कराने, और/या मानवता को कई झूठे ईश्वरों और धार्मिक बनावटों से परिचित कराने के द्वारा परमेश्वर से फेरने का प्रयास करता रहा है। इनमें से कुछ झूठे ईश्वर लोगों को समर्पण कराने को भयभीत करते और अन्य लोगों को अपने व अपने परिवारों के लिए स्व-केन्द्रित बने रहने में समर्थ करते हैं।

हमारा संसार परमेश्वर के विरुद्ध शैतान के झूठे ईश्वरों से भरा है। सर्वप्रथम उस तरीके को देखते हैं जिससे संसार परमेश्वर को आदर देता है। चूंकि शैतान मानवजाति से हमारे सृष्टिकर्ता के ज्ञान को हटा नहीं पाया, उसने बहुतों को गड़बड़ी में डालने के लिए

असंख्य धार्मिक संस्थाओं की रचना की है। वास्तव में, ये झूठे ईश्वर और धर्म छल के द्वारा बहुतों को संतुष्ट करते और एकमात्र सच्चे परमेश्वर से उन्हें दूर रखने और अपने से जोड़ने में सहायता करते हैं। अंतिम चीज़ जो शैतान लोगों के लिए चाहता है वह यह कि वे वास्तविकता को न जानें (2 कुरि. 4:3-4; तु.क. यूहन्ना 8::44)। संपत्ति, व्यक्तिगत महत्वाकांक्षाओं, मनोरंजन और आलस के अतिरिक्त शैतान लोगों और गढ़े गए धर्मों का उपयोग करता है जैसे हिन्दूवाद, सिद्धार्थ गौतम (बौद्धवाद), मोहम्मद (मुस्लिम), जोज़फ स्मिथ (मोरमन्स), चार्ल्स रशेल (यहोवा विटनेस) और अन्यों का वास्तविकता को बिगाड़ने में करता है ताकि उनके लिए अपने सृष्टिकर्ता को जानना कठिन बनाए। इन सभी धूर्त धोखों के साथ-साथ, शैतान अपनी भ्रामक झूठी शिक्षाओं को छिपा नहीं सकता क्योंकि अन्यों की तुलना में यही उसके व्यक्तिगत गुण हैं। परमेश्वर और उसके वचन को जानने पर, झूठे ईश्वरों को जानना सरल हो जाता है।

स्व-केन्द्रीयता

यदि शैतान लोगों को जीवन के केन्द्र के रूप में स्वयं पर विचार करने से रोक पाता है, वह विजयी होता है। परमेश्वर द्वारा प्रथम बनाए गए, आदम और हव्वा, के पाप के कारण, सभी का एक स्व-केन्द्रित, स्वार्थी जन्म होता है जो परमेश्वर और उसके मानदण्ड के विरुद्ध निरन्तर विद्रोह में लगा है (रोमि. 5:6-10)। शैतान पतित मानवजाति की अभिलाषाओं का उपयोग अपने लिए करता है। यदि एक व्यक्ति मुख्यतः स्वयं पर केन्द्रित है, तब शैतान शीघ्रता से उसके पास से उस प्रत्येक बात को हटा देता है जो उसने परमेश्वर के सत्य के बारे में सुनी हो। वह उसके विचारों के अग्र-स्थान से इन्हें हटाकर इनके स्थान पर कुछ और रख देता है (मत्ती 13:19)।

परिचित होने की हानि

पवित्र आत्मा की अगुआई में परमेश्वर के बारे में विचार करना आरम्भ करने पर, शैतान कई परिस्थितियों के द्वारा उनके जीवनों को दयनीय बनाने का प्रयास करता है, जिसमें मित्रों की हानि और संसार का प्रकोप आता है। शैतान को पता है कि अधिकांश लोग वह पसंद करते हैं जिससे वे परिचित होते हैं और वे आसानी से अपरिचित क्षेत्रों की ओर नहीं मुड़ते जिसमें बिना किसी अच्छे कारण से मित्रता करना भी शामिल है (मत्ती 13:20-21)। परन्तु जो लोग छोटे विश्वास से भी आगे बढ़ते हैं, परमेश्वर उन्हें अपने पास लाने को विश्वासयोग्य रहता है। वह उन्हें एक उचित जीवन जीने के ढंग को सिखाएगा।

सांसारिक सफलता

यीशु का अनुसरण करने का विचार करने पर, एक व्यक्ति को नये मित्र बनाने से कहीं अधिक बड़ी रुकावटों का सामना करना पड़ सकता है। मसीह उनकी प्राथमिकताओं को पुनः आकार देना आरम्भ करेगा जिसमें सफलता को पुनः परिभाषित करना आता है, जो शैतान को उन्हें अतिरिक्त स्रोतों से परीक्षा में डालने को आगे बढ़ाएगा। यदि वह उनका इन अतिरिक्त साधनों से ध्यान भंग कर पाता है जिसमें अतिरिक्त समय भी लगता है, अधिकांश लोग परमेश्वर के साथ आत्मिक रूप से बढ़ नहीं पाएंगे और धन के साथ-साथ अन्य ईश्वरों की आराधना करने चले जाएंगे (मत्ती 13:22)।

शैतान किसी भी व्यक्ति को परमेश्वर के प्रति वास्तविक समर्पण करने से रोकने के लिए उसे अतिरिक्त आर्थिक सफलता भी देगा। अपने को ऊंचा उठाने पर स्व-परिपूर्णता बहुत अच्छी लगती है, जब तक कि कोई परमेश्वर से यह नहीं सीख जाता कि उसके जीवन का ढंग कितना उत्तम है। परन्तु यदि जो लोग मसीह के साथ अपनी यात्रा में दूर तक आकर अपना इन्कार करने की वचनबद्धता करते और परमेश्वर के अनन्तकालीन पवित्र परिवार का निर्माण करने में उसके साथ जुड़ जाते हैं, परमेश्वर उन्हें आकार देना तब तक जारी रखता है जब तक कि वे मसीह के सिद्ध नैतिक स्वरूप की समानता में नहीं हो जाते और वे परमेश्वर और मनुष्यों के प्रति वृद्धिगत प्रेम में होकर दूसरों की परमेश्वर तक आने में अगुआई करते हैं।

यीशु का अनुसरण करना और युद्धों को तीव्र करना

जो लोग यीशु के पीछे चलना आरम्भ करते हैं वे पिता की इच्छा और तरीकों से अपने जीवन जीना चाहते हैं, इस कारण युद्ध सामान्यता तीव्र होते जाते हैं। शैतान उनके प्राणों के युद्ध को पहले से हार चुका है, अतः वह अब इस पर विचार करता है कि उन लोगों के द्वारा अधिक से अधिक प्राणों को उससे कैसे छीना जाएगा जिन्होंने परमेश्वर की अगुआई में चलने का ठोस निर्णय लिया है। मसीह के अनुयायी जानते हैं कि वे संसार की ज्योति हैं और कि परमेश्वर उनके द्वारा काम करता है न कि उनके आस-पास वालों के द्वारा। वे मसीह के हाथ और पांव हैं (इफि. 4:4; 1 कुरि. 12:13)। यदि शैतान मसीहियों को गड़बड़ी में डालते हुए उनकी सांसारिक गवाही को घटा सकता है, तो वह यह भी जानता है कि उसके पास गैर-मसीहियों को अंधकार में और परमेश्वर से दूर रखने के अभी बहुत से अवसर हैं।

मेरे अपने जीवन में, ऐसे बहुत से समय आए जब मैं उन कार्यों के प्रति सचेत हुआ जो परमेश्वर मुझसे कराने की आशा करता था, जिससे दूसरों को शारीरिक व आत्मिक रीति से सहायता मिलती। तब ऐसा लगता था कि सभी तरह की परिस्थितियाँ मुझे मेरे निर्धारित कार्य को करने से रोकने के लिए बिना देरी के आ जाती हैं (मत्ती 6:25-33)। पीछे मुड़कर जब मैं एक वयस्क के रूप में सही समर्पण के साथ यीशु के पीछे चलने के लगभग तीस वर्ष के अनुभव को देखता हूं, मैं यह प्रार्थना करता हूं कि मैंने परमेश्वर की इच्छानुसार समय के पचास प्रतिशत को तो पूरा किया। यीशु पर ध्यान केन्द्रित न करने पर भटक जाना बहुत सरल होता है (इब्रा. 12:1-3)। परमेश्वर मुझसे जिस मिशन या कार्य को करने के लिए कह रहा था, मुझे उसे करने से रोकनेवाली कई चीज़ों को मैं याद कर सकता हूंह्हमारे घर या कार की साधारण मरम्मत, परिवार की तात्कालिक आवश्यकताएं, सेवकाई की अन्य आवश्यकताएँ और वर्तमान सेवकाई को बढ़ाना या कोई और कार्य। मैं जानता हूं कि इस तरह के आत्मिक हमलों का अनुभव करनेवाला मैं अकेला ही नहीं हूं।

सफलता : एक जारी रहनेवाली परीक्षा

कुछ के यीशु के पीछे चलने का समर्पण करने के पश्चात् भी, शैतान लगातार एक सामान्य ध्यान भंग करनेवाली चीज़ का उपयोग करता रहता है जो समय को बढ़ाती है। वह मसीह के अनुयायियों को उनके परिवारों के लिए अतिरिक्त धन की आवश्यकता की परीक्षा में डालता है, कि वे केवल परमेश्वर की सेवा में अधिक समय देना छोड़ दें। वर्षों से मैंने शैतान को अपने बहुत से मित्रों और परिचितों को उन सेवाओं से दूर ले जाते देखा है जिन्हें परमेश्वर ने उनके हृदयों में डाला था। कई उससे बहुत उत्साहित हुए थे जो परमेश्वर ने उनसे करने को कहा था। इससे पहले कि वे परमेश्वर के कार्य में समय देते, उन्होंने अपने और अपने परिवारों के लिए अतिरिक्त धन कमाने के सुअवसरों का सामना किया, और सामान्यता, उस धन के साथ अतिरिक्त कार्य जुड़ा होता था। कई बार उन्होंने अतिरिक्त आर्थिक सुरक्षा पाने या अपनी अभिलाषाओं को पूरा करने में समय बिताने के लिए परमेश्वर की सेवकाई को त्यागने का चुनाव किया। परमेश्वर के निर्धारित कार्यों को छोड़ जब हम अतिरिक्त धन पाने का चुनाव करते हैं तब शैतान विजयी होता है। हम सभी को परमेश्वर की सुनना और उसके बाद उस सबको करने के लिए परिश्रम करना है जो परमेश्वर हम से चाहता है। मैं अनुभव से यह जानता हूं कि यदि हम परमेश्वर के प्रति विश्वासयोग्य हैं तो वह आत्मिक रीति से देखेगा और जिसका परिणाम शारीरिक और मानसिक युद्धों में सफलता होगा।

कुछ पाने के लिए, कुछ खोना पड़ता है

आज हमारी कलीसियाओं में हम जिस अन्य सामान्य छल को देखते हैं वह यह कि परमेश्वर नहीं चाहता हम कोई भी कार्य कठिनाई से करें। मसीह के अधिकांश अनुयायियों को यह विश्वास कराया जाता है कि यदि कोई भी काम कठिन है तो परमेश्वर उसके लिए द्वार को बन्द कर देता है। मसीह के कुछ अनुयायी कोई अच्छी बात नहीं जानते, परन्तु हमारी कलीसियाओं में एक दूसरा समूह भी है जो मसीह को नहीं जानता और इसलिए उसे इसकी बिल्कुल भी जानकारी नहीं है कि स्वयं का इन्कार करने, अपनी-अपनी क्रूस उठाने, और यीशु के पीछे चलने का क्या अर्थ है (लूका 14:26-27)। मसीह के संभावित अनुयायियों का यह समूह उनसे भ्रमित रहता है जो सच में यीशु के पीछे चलने का प्रयास कर रहे होते हैं, क्योंकि शैतान उन्हें आत्म-संतोष में रखता और अन्य असामान्यताओं को सामान्य दिखाता है (2 कुरि. 11:14-15)।

एक सच्चे मसीही की कसौटी संसार से बिल्कुल भिन्न होना है क्योंकि वह सच में पवित्र आत्मा की अगुआई को सुनता है। हमें केवल नये नियम में अपने पूर्वजों के विवरणों को देखना है जिन्होंने प्रथम शताब्दी में सेवकाई की और यह जानना है कि अधिकांश मसीह की सेवा करने के कारण कई परीक्षाओं और संकटों से होकर गए। मसीह के पीछे चलना सरल नहीं है, परन्तु इसे पूरी तरह से करना चाहिए! मसीह के पीछे चलना आसान नहीं होगा क्योंकि एक भी जीवन पर युद्ध का परिणाम महत्व रखता है। परमेश्वर सबसे प्रेम करता है और वह चाहता है कि उनके स्व-केन्द्रित तरीके उसके और उसके मार्गों के लिए हों, और ऐसा करते हुए वे बच जाएं (2 पतरस 3:9)। हमारे कामों के अनन्तकालीन परिणाम हैं। यीशु के पीछे चलना यद्यपि कठिन है, विश्वासयोग्य शिष्यता का परिणाम ईश्वरीय चरित्र, उत्तेजना, भीतरी शांति और महान आनन्द को उत्पन्न करता है (रोमि. 5:1-5; गला. 5:22; यूहन्ना 14:27; 15:8-11; 17:13)।

सार्थक संबन्ध

यदि शैतान मसीह के अनुयायियों को उनके परमेश्वर प्रदत्त कार्य से किसी भी तरह के अतिरिक्त कार्य या विपत्ति के द्वारा नहीं हटा पाता, वह उन्हें परमेश्वर के कार्य से दूर रखने को मनोरंजन और/या पापों में रखने का प्रयास कर सकता है (इब्रा. 12:1)। मेरा मानना है कि अमेरिका में परमेश्वर की इच्छा से हटाने का सबसे सुलभ साधन मनोरंजन है। सतर्क न होने पर, हम टेलीविज़न देखने, लाईव कार्यक्रमों में जाने, खेलों या अन्य मनोरंजक

गतिविधियों में अधिक समय बिताएंगे, या फिर अपने कंप्यूटरों, आई-पेड्स और अन्य उपकरणों (गेजेट्स) के साथ ईश्वरीय संबन्धों को बढ़ाए बिना व्यस्त रहेंगे। [13] यह पाप है!

शैतान ने बहुतों को सार्थक कार्य और स्व-केन्द्रित मनोरंजन तथा/या तकनीकी गतिविधि के साथ सामाजिक व्यवहार में बांध रखा है जिससे लोगों को कुछ करने का आभास तो होता है, परन्तु वास्तव में, वह उन्हें लीन रखता है। आज के समय में अधिकांश लोग प्रतिदिन संदेश भेजने, ई-मेल करने, इंटरनेट ब्राऊज़िंग, खेल खेलने, और सभी तरह की स्व-शोषित करनेवाली गतिविधियों में अनावश्यक रूप से अधिकांश समय बिता रहे हैं जो ठोस ईश्वरीय संबन्ध का निर्माण करने के प्रतिकूल हैं। क्या यह इक्कीसवीं शताब्दी की नई अफीम है? स्व-केन्द्रित गतिविधि और मनोरंजन सरल हैं; कठिन कार्य करने और सार्थक ईश्वरीय संबन्ध बनाने के लिए प्रयास करना पड़ता है।

परमेश्वर और हमारे लिए उसकी इच्छाओं को जानने पर (तीतुस 2:14), हम परमेश्वर और एक दूसरे के साथ घनिष्ठ पवित्र संबन्ध के महत्व को समझने लगते हैं। प्रतिदिन की दिनचर्या में भी, शैतान उन सभी चीज़ों को विकृत करने के द्वारा जिन्हें परमेश्वर ने अच्छे के लिए बनाया है, ईश्वरीय संबन्धों का नाश करने में कार्यरत् है (2 तीमु. 2:22-26)।

भोजन पर ध्यान दें। हमारी अस्थाई शारीरिक देहों को बनाए रखने के लिए परमेश्वर ने भोजन को बनाया है। शैतान ने बहुतों के लिए परमेश्वर के साथ ईश्वरीय घनिष्ठ संबन्ध रखने को पेटूपन के प्रतिस्थापना के रूप में रखा है। अधिक खाना (पेटूपन) सरल है, देखभाल करनेवाले घनिष्ठ संबन्धों का निर्माण करने में समय लगता है।

दवाओं पर ध्यान दें। देह की सुविधा के लिए कुछ रसायनों का उपयोग करने की बुद्धि हमें परमेश्वर ने दी है। शैतान ने बहुतों को ईश्वरीय देखभाल वाले संबन्ध के प्रतिस्थापन्न के रूप में सभी तरह की दवाओं का दुरुपयोग कराया है। दवाओं का दुरुपयोग सरल है, परन्तु देखभाल वाले संबन्ध बनाने में समय लगता है।

सैक्स पर ध्यान दें। परमेश्वर ने सैक्स को हमारी दैहिक क्रिया के रूप में बनाया है कि उसकी सृष्टि और अनन्तकालीन परिवार का प्रजनन की प्रक्रिया के द्वारा विस्तार हो जिसमें विवाह के अन्तर्गत एक स्त्री और पुरुष के बीच घनिष्ठता बढ़ती है। शैतान ने ईश्वरीय घनिष्ठ देखभाल करनेवाले संबन्ध को रखने के बजाय बहुतों को सैक्स के विकृत रूपों को स्वीकारने का प्रयास किया है। विकृत सैक्स आसान है, परन्तु एक पुरुष और स्त्री के बीच एक ईश्वरीय घनिष्ठ देखभाल करनेवाला संबन्ध बनाने में समय लगता है। ईश्वरीय इतरलिंगी संबन्ध हमारे बच्चों और संपूर्ण मानवजाति की उचित उन्नति के लिए एक आधार है। एक ईश्वरीय घर परमेश्वर और मनुष्य से प्रेम करना सीखने के लिए अत्यंत सहायक है, परन्तु सावधान रहें, शैतान जितना अधिक हो सके देखभाल करनेवाले संबन्धों को मारता और नाश करता है (1 पतरस 5:8)। परमेश्वर की सुनें! एक ठोस देखभाल करनेवाले संबन्ध को बनाने में वह आपकी सहायता करेगा और आपको हमारे संसार के खोए व दुःखी लोगों तक लेकर जाएगा (प्रका. 3:20; यूहन्ना 15:1-11)।

ध्यान केन्द्रित रखें!

परमेश्वर का भय मान और उसकी आज्ञाओं का पालन कर। सभो. 12:13 ब

सभोपदेशक का लेखक कठिन काम करने और बहुत कुछ किये जाने के बाद अपने जीवन के अन्त में निराश था। वास्तव में, आत्मिक दृष्टिकोण से देखने पर उसके प्रयास कुछ नहीं लगते थे। हमारे कठिन कार्य करने और चतुर होने तथा बहुत कुछ प्राप्त करने पर भी, मृत्यु पश्चात् हम अपना सब कुछ दूसरों के लिए छोड़ जाएंगे जो अपनी नई प्राप्त संपत्ति से जो चाहे वो करेंगे। यह चक्र तब तक चलता रहेगा जब तक कि परमेश्वर अपने अनन्तकाल के भाग को बन्द नहीं कर देता। जौन ऑर्टबर्ग ने "यह सब बॉक्स में चला जाता है" नामक एक पुस्तक लिखी, जिसमें किसी भी कीमत पर इस संसार को जीतने और इस पर ध्यान न दिये जाने की निरर्थकता को उद्धरित करने के एकाधिकार वाले विचार का उपचार करते हुए इस धारणा को चित्रित किया गया है, कि खेल पूरा हो जाने पर सभी टुकड़े वापस बॉक्स में लौट जाते हैं। शारीरिक मृत्यु आने पर कोई भी उन भौतिक वस्तुओं को अपने पास नहीं रखता जो उसकी थीं, परन्तु संबन्ध अनन्तकालीन रूप से महत्वपूर्ण हैं।

सुलैमान अपने जीवन के आखिरी पड़ाव पर एक स्थान पर आया जब उसने यह जाना कि जो बात वास्तव में महत्वपूर्ण है वह अनन्तकाल के इस ओर जीवन जीने में परमेश्वर के प्रति हमारी प्रतिक्रिया है। क्या हम परमेश्वर का आदर करते और परिणामस्वरूप उसके मानदण्डों पर बने रहते और दूसरों की उसे जानने में सहायता करते हैं, जिसका मूल्य अनन्तकालीन है (सभो. 12:13-14; यूहन्ना 8:31ब-32; 17:3), या क्या मूर्खतापूर्ण रहते और परमेश्वर से अलग होकर समापन करते तथा क्या उसके और उसके अनन्तकालीन परिवार के साथ शांति और आनन्द का अनन्त जीवन बिताने से वंचित हो जाते हैं? सृष्टि के आरम्भ से ही शैतान मानवजाति को मूर्खतापूर्ण रहने और अपमान तथा पीड़ा के अनन्तकालीन जीवन से समापन करने की परीक्षा में डालता रहा है।

वास्तव में, प्रत्येक पीढ़ी के लिए यही सत्य है कि यदि कोई परमेश्वर पर केन्द्रित होकर उसकी अगुवाई में नहीं चलता है तो शैतान उसे परमेश्वर और उसके राज्य के विरोध में कार्य करने के धोखे में डालेगा (यूहन्ना 8:12; 8:43-44; 2 पतरस 1:4; 1 यूहन्ना 2:16)। इससे कोई अन्तर नहीं पड़ता कि एक व्यक्ति स्कूल शिक्षक, नर्स, डॉक्टर, सामाजिक कार्यकर्ता, मंत्री, या क्या कोई और है जो अपने जीवन के एक हिस्से के रूप में लोगों की सहायता करता/करती है, यदि वह व्यक्ति मसीह के प्रभुत्व के अधीन नहीं रह रहा है, तो शैतान उसे भटकाकर गलत मार्ग पर ले जाएगा।

उन दिनों के धार्मिक उत्साही अगुवों के साथ हुई यीशु की बातचीत पर विचार करें जिनका सोचना था कि वे परमेश्वर के साथ चल रहे हैं। पवित्रशास्त्र इस बारे में स्पष्ट है कि भले ही कोई अच्छे काम करता प्रतीत हो; परन्तु जब तक वह वास्तव में परमेश्वर को नहीं सुन रहा है और उसकी इच्छानुसार नहीं कर रहा है, वह व्यक्ति परमेश्वर के अनन्तकालीन परिवार का हिस्सा नहीं बनता है (मत्ती 7:21-23; यूहन्ना 7:17)। ये लोग जो यीशु के दिनों में परमेश्वर की सेवा करने का दावा कर रहे थे कि यद्यपि वे जैविक रूप से अब्राहम के वंशज थे, परन्तु वास्तव में, दुष्ट, शैतान, के पीछे चल रहे थे, जो उनका पिता बन गया था जिसे वे अपने कामों से सम्मान दे रहे थे (यूहन्ना 8:37-44)। यीशु उन्हें यह समझाना चाहता था कि परमेश्वर की सावधानीपूर्वक सुनने के बजाय शैतान के धोखों के द्वारा देह की इच्छाओं के अनुसार चलने के क्या परिणाम हो सकते हैं।

यीशु की सेवकाई और उसके सभी कामों पर विचार करने पर, इतने धर्मी माने जानेवाले लोग उसके विरुद्ध होकर उसे क्रूस पर कैसे चढ़ा सकते थे? यीशु की परिपूर्ति अपने पिता की इच्छा को पूरा करने से आई (यूहन्ना 4:34), तौभी शैतान यीशु के समय के बहुत से लोगों को एक ऐसे स्थान पर लेकर आया जहां परमेश्वर के पुत्र की पहचान को लेकर वे अन्धे हो गए और अन्त में खुलकर यह भी कहा कि उनका कैसर के अलावा और कोई राजा नहीं है (यूहन्ना 19:15; मत्ती 28:18-20; प्रेरित. 1:7-8; तु.क. यूहन्ना 15:1-2)। उनका राजा होने पर परमेश्वर का क्या हुआ? शैतान धोखा देने में बहुत निपुण है और आज भी मसीह के अनुयायियों के ऊंघने पर वह उन्हें धोखा देना जारी रखता है।

आज, हमारी अधिकांश कलीसियाएं इस प्रकार से ऊंघ रही हैं कि वे अपनी सबसे महत्वपूर्ण बुलाहट की उपेक्षा कर रही हैं, जो कि परमेश्वर की भलाई और उद्देश्य को उन्हें बताना है जो उसे नहीं जानते। शैतान ने हमारी स्थानीय कलीसियाओं में बहुतों को उनके परिवारों के फायदे और संसार के पवित्रता में चलने और परमेश्वर की उपस्थिति में सिद्धता से चलने के फायदों के बारे में अंधा किया है। शैतान ने बड़ी मात्रा में उन लोगों को धोखा दिया है जो वर्तमान शुद्धिकरण और चाहे स्वर्ग में या नर्क में भावी नियोजन पर परमेश्वर की शिक्षा की उपेक्षा करने को नियमित रूप से चर्च जाते हैं। वास्तव में, वर्षों से शैतान ने बहुतों को दूसरे झूठ पर विश्वास कराया है जो आदम और हव्वा से बोले गए झूठ से भी बुरा है क्योंकि इसके परिणाम अनन्तकालीन हैं। आरम्भ से ही, शैतान संपूर्ण सृष्टि में परमेश्वर को झूठा कहता आ रहा है (उत्प. 3:1-5; यूहन्ना 8:44)। वह यह सिखाता रहा है कि परमेश्वर ने प्रत्येक से झूठ बोला है, और वास्तव में, कोई भी परमेश्वर से अनन्त अलगाव का अनुभव नहीं करेगा जिसे दूसरी मृत्यु कहा जाता है (प्रका. 20:11-15)। इस झूठ के द्वारा, वह यह बताता है कि हर कोई स्वर्ग जाएगा; चाहे वह परमेश्वर की सुने या न सुने क्योंकि परमेश्वर उनसे इतना अधिक प्रेम करता है कि वह किसी को भी नर्क नहीं जाने देगा। वास्तव में, परमेश्वर प्रत्येक से इतना अधिक प्रेम करता है कि वह किसी पर उससे और उसके अनन्तकालीन पवित्र परिवार से जुड़ने का दबाव नहीं डालेगा; प्रत्येक को

उसके साथ होने और परिवार पैकेज के एक भाग के रूप में उसके प्रभुत्व को स्वीकारना है।

और, ये जिन्हें परमेश्वर पर भरोसा है और उसके वचन से यह जानते हैं कि परमेश्वर से अनन्त अलगाव वास्तविक है, उनके पास शैतान दूसरे झूठ के साथ आता है और आज भी अधिक से अधिक लोगों को यह विश्वास दिलाने का प्रयास कर रहा है कि अनन्तकाल वास्तविक अनन्तकाल नहीं है। वह अधिक से अधिक लोगों को यह विश्वास दिलाने का प्रयास कर रहा है कि कलीसिया पिछले 2000 वर्षों से परमेश्वर के वचन को सही तरह से नहीं समझी है। शैतान अब यह सिखा रहा है कि नर्क जानेवाले कुछ समय के लिए ही नर्क जाएंगे, परन्तु इसका अनुभव अनन्तकाल के समान होगा। कितने आश्चर्य की बात है! शैतान पुनः यही कर रहा है। वह अधिक से अधिक लोगों को मृत्यु तक लाने के लिए झूठ बोलता रहता है, परन्तु परमेश्वर का वचन स्पष्ट है, जो लोग अपने अनन्तकालीन जीवनों के इस भाग में परमेश्वर और उसके जीवन के ढंग को ठुकराते हैं वे उससे सदा तक अलग रहेंगे।

5

आत्मिक युद्ध : स्वतंत्र इच्छा का सह-उत्पाद

> यूहन्ना बपतिस्मा देनेवाले के दिनों से अब तक स्वर्ग के राज्य पर जोर होता रहा है, और बलवान उसे छीन लेते हैं। मत्ती 11:12

> व्यवस्था और भविष्यद्वक्ता यूहन्ना तक रहे, उस समय से परमेश्वर के राज्य का सुसमाचार सुनाया जा रहा है, और हर कोई उसमें प्रबलता से प्रवेश करता है। आकाश और पृथ्वी का टल जाना व्यवस्था के एक बिन्दु के मिट जाने से सहज है। लूका 16:16-17

हर कोई स्वर्ग में अपने ढंग से जाने का प्रयास कर रहा है! आज भी शैतान उनके साथ युद्ध में है जिन्हें परमेश्वर ने उसके अनन्तकालीन परिवार का हिस्सा होने को बनाया है कि अधिक से अधिक को अंधा करे और धोखा दे। समस्त मानवजाति दो राज्यों के बीच युद्ध में पड़े संसार में रहती है, परमेश्वर के और विद्रोही के, जिसका मुख्य समर्थक शैतान है। शैतान एक स्व-घोषणा करनेवाला शासक है! जिसने सृष्टि के सम्मुख परमेश्वर को हराकर प्रत्येक चीज़ पर शासन करने का निर्णय लिया (मत्ती 4:8-10; इफि. 6:12)। संपूर्ण सृष्टि में पृथ्वी पर मसीह के हज़ार वर्ष के राज्य तक और सृष्टि के अन्त में कुछ क्षण के लिए शैतान परमेश्वर की न सुननेवालों की अगुआई करता है (यूहन्ना 12:31; 16:11; प्रका. 12:12)। पवित्रशास्त्र हमें सिखाता है कि शैतान परमेश्वर के विरुद्ध विद्रोह करता रहा है और अनन्तकालीन मृत्यु की झील, नर्क, में स्थायी रूप से डाले जाने तक वह विद्रोह करता रहेगा (यूहन्ना 8:44; मत्ती 25:41; प्रका. 20:10)।

पवित्रशास्त्र से यह स्पष्ट हो जाता है कि यह एक खूनी युद्ध है। यूहन्ना बपतिस्मा देनेवाला यह बताते हुए मर गया कि मसीहा और उसका राज्य यहां है। यीशु परमेश्वर को प्रस्तुत करते हुए मर गया और उसने अपने कामों और शब्दों से परमेश्वर के प्रेम को दिखाया। यीशु के अधिकांश शिष्य यीशु के पीछे चलनेवालों के लिए परमेश्वर के

योजनागत सत्य को बताते हुए मारे गए। शताब्दियों से, पवित्र आत्मा की अगुआई में यीशु के पीछे चलने के कारण हज़ारों-हज़ारों मारे गए।

यीशु ने कहा कि वह हमारे संसार में विश्व शांति बनाने को नहीं आया परन्तु इसके विपरीत उनके बीच अन्तर करने को जो उसके पीछे चलेंगे और जो उसके पीछे नहीं चलेंगे (लूका 12:49-51)। यीशु ने यह भी कहा कि यद्यपि अधिकांश अपने ढंग से स्वर्ग जाने का प्रयास कर रहे हैं, परन्तु ऐसा नहीं होगा। परमेश्वर का वचन अन्तिम है और व्यवस्था तथा भविष्यद्वक्ताओं द्वारा दी गई उसकी शर्तें स्थिर रहेंगी। परमेश्वर के वचन के पूरा न होने के बजाय आकाश और पृथ्वी का नाश होना सरल है (लूका 16:16-17; तु.क. मत्ती 5:17-20)। वचन, बाइबल, से यह स्पष्ट होता है कि परमेश्वर की इच्छा समय पर पूरी होगी!

पवित्रशास्त्र का अध्ययन करने पर, आप यह जान पाते हैं कि पिता परमेश्वर के नियंत्रण में आरम्भ से ही सब कुछ था। उसने यीशु को हमारे संसार में आगे की प्रगटीकरण की शिक्षा देने के लिए भेजा, और इसके बाद सही समय पर, वह सभी के लिए मरा (गला. 4:4; प्रेरित. 2:23; 4:27-28)। परमेश्वर हमें सिखाता है कि उसके राज्य और नर्क के राज्य के बीच के इस युद्ध का परमेश्वर के समय पर अन्त होगा, जब स्वर्ग का राज्य भर जाएगा (मत्ती 13:47-48; 22:1-14)। परमेश्वर के राज्य को सामान्यता स्वर्ग का राज्य कहा जाता है, और मसीह के छुटकारे के कार्य के कारण, इसे उसके प्रिय पुत्र का राज्य, मसीह का राज्य, भी कहा जाता है (कुलु. 1:13; इफि.5:5)। देह धारण कर हमारे बीच सेवा करने पर, यीशु हमारे लिए परमेश्वर के राज्य को लाया (मत्ती 4:17; 12:28)। यीशु ने संसार को सिखाया कि परमेश्वर के राज्य के मार्गों पर चलनेवाले लोग धन्य हैं (मत्ती 5:1-10; 7:21; 18:4)।

हमारे आस-पास चलनेवाले युद्ध में हमारी सहभागिता पर विचार करने पर हम सभी को अन्ततः हमारी अनन्तकालीन निष्ठा के संबन्ध में एक निर्णय लेना है। इस युद्ध क्षेत्र पर जो पृथ्वी कहलाता है, एकमात्र सच्चे परमेश्वर, यहोवा, के स्वभाव के बारे बहुत सी झूठी शिक्षाएं, बहुत सी झूठी धारणाएं बनी हुई हैं। हमने पहले भी चर्चा की है, यहाँ ऐसे बहुत से अस्तित्वहीन झूठे ईश्वर हैं जो शैतान का प्रतिनिधित्व करते हैं। मानवजाति को उन्हें यहोवा के स्थान पर दिया गया है। शैतान अपनी इन छाया का उपयोग सच्चाई को बिगाड़ने और लोगों को उनके सृष्टिकर्ता और एक अनन्तकालीन घनिष्ठ पवित्र परिवार के लिए उसकी इच्छा को जानने से वंचित करने को करता है। शैतान द्वारा बनाए ईश्वरों और धार्मिक संस्थाओं के बारे में पुस्तकों से अध्ययन किया जा सकता है जेसे जोश मैक डॉवल की 'अ रेडी डिफेन्स'। [14]

परमेश्वर का अभिषिक्त, यीशु, सच्चा मसीहा, लोगों की ज्योति में अगुआई करते हुए सच्चाई को सिखाने और उन्हें एकमात्र सच्चे परमेश्वर से अनन्तकालीन अलगाव से बचाने को आया। यीशु, मसीहा, उन सभी के लिए बहुतायत का जीवन लेकर आया जो यहाँ और अभी सुनते हैं तथा अनन्तकाल में सुनेंगे (यूहन्ना 10:10)। यीशु के द्वारा ही हमारे स्वर्गीय पिता तक पहुंचा जा सकता है (यूहन्ना 10:9; 14:6; इफि. 2:18)। यदि मसीह के अनुयायी उस पर ध्यान केन्द्रित रखें और उसके पीछे चलें, तो वे शैतान के धोखे में नहीं आएंगे और बहुतों को परमेश्वर की मेल करानेवाली ज्योति में लेकर चलेंगे (मत्ती 5:14-16; यूहन्ना 15:1-2)। परन्तु, मानवजाति के प्राणों के युद्ध के प्रबल होने पर, हम परमेश्वर से यह जान पाते हैं कि ऐसे बहुत से हैं जो दूसरों की कीमत पर अपने लिए कुछ पाने को अंधकार में रहेंगे और यह कि परमेश्वर उन पर बदलने का दबाव नहीं डालेगा (मत्ती 7:13; यूहन्ना 1:9-13; 3:19-20; 2 थिस्स. 2:10-12)।

क्रूस के पश्चात्

> इसके बाद यीशु ने यह जानकर कि अब सब कुछ हो चुका; इसलिये कि पवित्रशास्त्र की बात पूरी हो कहा, ''मैं प्यासा हूं।'' जब यीशु ने वह सिरका लिया, तो कहा, पूरा हुआ और सिर झुकाकर प्राण त्याग दिए। यूहन्ना 19:28-30

अब, क्रूस के पश्चात् यह भिन्न हो जाता है। जिन्होंने क्रूस से पहले उन सभी के साथ मिलकर परमेश्वर का आज्ञापालन किया जो यीशु मसीह का समर्थन करने के द्वारा परमेश्वर का आज्ञापालन कर रहे थे, उनका क्रूस के पश्चात् परमेश्वर के साथ एक घनिष्ठ अनन्तकालीन संबन्ध हो जाता है। क्रूस पर यीशु की मृत्यु के द्वारा, वह, जो अब तक परमेश्वर की आज्ञाकारिता में रहा है, परमेश्वर के साथ उसके घनिष्ठ पवित्र परिवार के सदस्य के रूप में धर्मी जीवन जीते हुए समापन करेगा (तीतुस 2:14; गला. 3:13-14)। परमेश्वर के अनन्तकालीन परिवार में जन्म लेने की प्रसव-पीड़ा का एक भाग क्रूस पर हुआ था (भजन. 90:2; रोमि. 8:22)।

यह जानते हुए कि उसका समय कम होता जा रहा है क्रूस पर मसीह की मृत्यु की वास्तविकता को छिपाने के लिए शैतान ने कार्य करना आरम्भ कर दिया है (यूहन्ना 17:4; 19:28-30)। शैतान अब भी बहुतों को यह विचार कराते हुए धोखा दे रहा है कि यदि वे किसी भी धर्म या जीवन-शैली का चुनाव कर परमेश्वर के राज्य में जाना चाहें, तो अन्त में, परमेश्वर उन्हें अनन्त उपस्थिति में ग्रहण कर लेगा। इस सच्चाई से आगे और कुछ

नहीं हो सकता! परमेश्वर ने अपने वचन से घोषणा करते हुए स्पष्ट रीति से कहा है कि यीशु नासरी परमेश्वर की उपस्थिति और राज्य तक पहुंचने का एकमात्र मार्ग है (यूहन्ना 14:6)। कोई भी अपनी स्वयं की इच्छा से, ारिवारिक सदस्यों और मित्रों की इच्छा से, और न ही स्वयं परमेश्वर के सिवाय किसी के भी द्वारा परमेश्वर की संतान बनेगा (यूहन्ना 1:12-13)।

शैतान का सामना करें

अपने एक अच्छे मित्र और भूतपूर्व पास्टर डॉ. मार्क कॉर्टस, के बारे में विचार करने पर, मैं एक ऐसे जीवन को स्मरण करता हूँ जो और कुछ नहीं परन्तु सरल था। प्रेरित पतरस के द्वारा परमेश्वर हमें शैतान का सामना करने के बारे में सिखाता है और यह कि वह भाग जाएगा (1 पतरस 5:8-9)। मसीह के अनुयायियों को कभी भी आत्मिक युद्ध को छोड़कर नहीं भागना है क्योंकि वे एक सच्चे परमेश्वर की सेवा करते हैं; वह सभी शत्रुओं पर विजय पाने में समर्थ हैं। परमेश्वर शैतान के किसी भी काम पर विजय पाने में समर्थ है, और वह अपनी समस्त आज्ञाकारी संतान के साथ और उनमें है (यूहन्ना 14:23; 1 यूहन्ना 4:4)।

मार्क कॉर्टस मसीह का एक अनुयायी था जिसने सही कार्य करते हुए शैतान का सामना किया। उसे अपने क्षेत्र के आत्मिक युद्धों से निपटना था, और अपने जीवन के अन्तिम पंद्रह वर्षों में, उसे भयानक शारीरिक बीमारी के रूप में आत्मिक युद्धों का सामना करना था। मार्क ने अपनी मृत्यु से पहले "आत्मिक युद्ध का सत्य : परमेश्वर और शैतान के बीच के युद्ध में आपका स्थान" नामक पुस्तक लिखी, जो उसके कुछ युद्धों और आत्मिक संघर्षों पर सामान्य रूप से चर्चा करती है।[15] परमेश्वर के वचन की घोषणा करने के अपने अटल कार्य और किसी भी कीमत पर परमेश्वर की इच्छानुसार करने के अपने संकल्प के कारण, वह अपने समय का एक प्रभावी अनुकरणीय व्यक्ति था। मार्क की स्वयं को दे देने और विश्वासयोग्यतापूर्ण यीशु के पीछे चलने की इच्छा के कारण मैं अपने जीवन में अट्ठाईस वर्ष की आयु में एक ऐसे स्थान पर आया जिसमें मैं वैसा ही करना चाह रहा था और मैंने अपनी पूरी क्षमता से यीशु के पीछे चलने की वचनबद्धता की।

मार्क की शिक्षा, विविध बाइबल कक्षाओं, और व्यक्तिगत बाइबल अध्ययन के अन्तर्गत, न केवल यीशु मुझे ढूंढने वाला मेरा बड़ा भाई बना, परन्तु वह मेरा प्रभु और प्रथम परामर्शदाता भी बना (यूहन्ना 8:31-32; 1 यूहन्ना 2:27)। जब मैं यीशु को पृथ्वी पर देखता हूँ, तब मैं वह देखने लगता हूँ जो उसने स्वर्ग में छोड़ा था (फिलि. 2:5-8; इब्रा. 2:9-11) और पृथ्वी पर दु:ख उठाया था कि प्रत्येक के पाप को हटाने का मार्ग निकाले

(2 कुरि. 5:21; 1 पतरस 2:24)। पवित्रशास्त्र का नियमित रूप से अध्ययन करने पर प्रेरित पौलुस मुझे यह सिखाते हुए दूसरा परामर्शदाता बन गया कि वश्वासयोग्यता कैसी होती है। सही समय पर, यीशु ने स्वयं को पौलुस पर प्रगट किया और उद्धार के लिए परमेश्वर की योजना पर उसकी समझ में सुधार किया (प्रेरित. 9:1-20; 22:1-16; गला. 1:11-17)। यहीं से, पौलुस अपनी धार्मिक प्रतिष्ठा और सुरक्षित जीवन को छोड़कर कष्ट पर कष्ट उठाता रहा ताकि धर्मी परमेश्वर (रोमि. 1:16-17) और मसीह के द्वारा उसके प्रायश्चित के कार्य की सच्चाई की घोषणा कर सके (यूहन्ना 3:16-17)। पौलुस ने उन सभी की बचाने में सहायता करने को सब कुछ छोड़ दिया जो परमेश्वर को नहीं जानते थे परन्तु जब उसने अपने कार्यों और शब्दों के द्वारा सुसमाचार की घोषणा की तो वे उसे सुनना चाहते थे (फिलि. 3:7-21; 2 कुरि. 11)।

अपने पिता की इच्छानुसार चलने पर यीशु ने केवल भला ही किया और बहुत दु:ख उठाया। यीशु के पीछे चलने के बाद पौलुस ने बहुत दु:ख उठाया। डॉ. कॉर्टस ने यीशु के पीछे चलने पर बहुत दु:ख उठाया। सामान्य रूप में, यीशु के पीछे चलनेवाले सभी लोगों को उस सब को छोड़ने के लिए कहा जाएगा जो इस संसार में उनका था। परमेश्वर अपनी संतान से जो भी कहता है वह दूसरों की सभी के लिए परमेश्वर के प्रेम और दया को देखने में सहायता करता है, जिससे कुछ को होश में आने और अपने जीवनों में परिवर्तन लाने में उससे सहायता की मांग करने में सहायता मिलती है कि उससे मेल रख सकें (लैव्य. 19:1-2; 2 कुरि. 5:17-18)। अपनी आज्ञाकारी संतान से परमेश्वर जो कुछ भी करने को कहता है वह दूसरों की यह देखने में सहायता करता है कि अभी और यहाँ तथा अनन्तकाल में जीवन का एक श्रेष्ठ मार्ग है।

मेरा मानना है कि परमेश्वर के अनुयायियों के विरुद्ध शैतान दो सबसे बड़े प्रतिरोधक-छल और डराना-धमकाना है। उसका सबसे बड़ा छल मसीह के अनुयायियों को यह विचार कराना है कि वे गवाही के योग्य नहीं हैं, गवाह होने के योग्य नहीं हैं, और/या उनकी ज़रूरत नहीं है। वास्तव में, मसीह के सभी अनुयायियों को गवाह होने को बुलाया गया है, उन्हें पवित्र आत्मा की सामर्थ से समर्थ बनाया गया है, और यह कि उनमें काम करनेवाली मसीह की धार्मिकता के द्वारा वे गवाही देने के योग्य हैं (मत्ती 28:18-20; यूहन्ना 15:1-5; प्रेरित. 1:8)। यदि किसी कारण से आपको गवाही देने का भय है, तो परमेश्वर से आपको परखने की क्षमता को देने और समर्थी बनाने को कहें। वह आपकी यह जानने में सहायता करेगा कि सभी परिस्थितियों में कब और कैसे गवाही देनी है।

परमेश्वर के सभी हथियारों को धारण करना

परमेश्वर उन्हें समर्थ करता और उनका मार्गदर्शन करता है जो उसकी सुनते हैं। पवित्र आत्मा के वास करने के द्वारा क्रूस से ही यीशु व्यक्तिगत रूप से अपने अनुयायियों का मार्गदर्शन करता, उनकी रक्षा करता और उन्हें समर्थ बनाता है (यूहन्ना 14:16-17; प्रेरित. 1:8)। सभी मसीही पंथों के यीशु के अनुयायियों को अपने आत्मिक हथियारों को सही कार्य स्थिति और उचित नाप में रखने और सारे समय में शैतान के छल को देखते हुए परमेश्वर की इच्छा में आगे बढ़ने की आवश्यकता है (इफि. 6:10-15)। परमेश्वर के सभी हथियारों को परमेश्वर द्वारा यीशु के उन सभी अनुयायियों को दिया जाता है जो उसके साथ एक अच्छे कार्य संबन्ध में बने रहते हैं। आत्मिक युद्धों में उनके यीशु के पीछे चलने पर परमेश्वर स्वयं उनकी रक्षा करता है। कई बार, परमेश्वर अपनी संतान से भौतिक जीवनों को छोड़ दूसरों की अपने त्यागपूर्ण जीवनों से उसे जानने में सहायता करते हुए घर तक लाने को कहता है।

इफिसियों 6 में परमेश्वर के सभी हथियारों को धारण करने के अलंकार का उपयोग किये जाने पर कि शैतान और उसके साथियों के विरुद्ध आत्मिक युद्ध के लिए मार्ग तैयार किया जाए, वह मसीह के अनुयायियों को यह आभास कराना चाहता है कि उन्हें परमेश्वर की सहायता की आवश्यकता है, और जब तक वे परमेश्वर की इच्छा में होकर चलते हैं, उनके पास समस्त आवश्यक सुरक्षा होती है। एक अच्छे सैनिक के समान जो युद्ध के लिए उचित रीति से तैयार रहने को प्रत्येक आक्रामक और रक्षात्मक हथियार को धारण किये रहता है, उन्हें भी यीशु के पीछे विश्वासयोग्यता के साथ चलने पर परमेश्वर के साथ कार्य करते हुए समर्थ होना होगा।

आत्मिक हथियारों से बनी पौलुस की सूची को देखें जिसे मसीह के सभी अनुयायियों को धारण करना है :

(1) सत्य, जो उनके सभी आत्मिक उपकरणों के लिए एक पेटी (बेल्ट) को बनाता है;

(2) धार्मिकता, जो उनके महत्वपूर्ण अंगों की रक्षा करते हुए एक झिलम को बनाती है;

(3) मेल के सुसमाचार को बताने की तैयारी, परमेश्वर उन्हें जहाँ भी लेकर जाता है यह उन्हें वहाँ प्रभावी गवाह बनाता है;

(4) विश्वास, जो एक गतिशील ढाल को देता है जिसे शैतान की जानलेवा धमकियों को रोकने के लिए आवश्यकतानुसार रखा जाता है;

(5) (उद्धार, जो उनके सिरों को ढांकनेवाला एक टोप देता है, ताकि जो हो रहा है उसे देखने, सुनने और समझने की योग्यता को न खोएं;

(6) पवित्र आत्मा की शिक्षा और उसकी अगुआई में चलने की इच्छा के द्वारा परमेश्वर के वचन का ज्ञान, जो सत्य को जानने के मार्ग को स्पष्ट करने के लिए प्रत्येक को रक्षात्मक व आक्रामक तलवार चलाने में सक्षम करता है; और

(7) नियमित प्रार्थना-सभी समयों में प्रार्थना के द्वारा परमेश्वर के संपर्क में रहना।

पवित्र आत्मा के निर्देश और अगुआई के द्वारा पवित्र जीवन जीना और परमेश्वर के वचन पर सही रीति से व्यवहार करने से मसीह के अनुयायी शैतान के विरुद्ध अपनी रक्षा करते और अंधकार में चलनेवालों के विरुद्ध शैतान की छली रीतियों पर विजयी होते हैं (इफि. 6:10-18; 1 थिस्स. 5:14-22)।

चाहे हम धर्मी जीवन जीयें, परमेश्वर के वचन का अध्ययन करें, और पवित्र आत्मा की अगुआई में चलें, पवित्र जीवन का यह अर्थ नहीं है कि किसी दिन हम युद्ध का शिकार नहीं होंगे। परमेश्वर पिता यीशु के समान हमारे प्रयासों का उपयोग, जिसमें हमारे शारीरिक जीवनों की हानि भी शामिल है, अपने राज्य और पवित्र परिवार को बनाने में करता है, जो हमारा भी राज्य और अनन्तकालीन संगठित परिवार है। परमेश्वर अपनी संतान द्वारा अनुभव किये जाने वाले प्रत्येक दु:ख और पीड़ा से भलाई को निकालेगा (रोमि. 8:28; तु.क. कुलु. 1:24)।

स्वर्ग या नर्क?

क्या आपको कभी इस पर आश्चर्य हुआ है कि परमेश्वर हममें से प्रत्येक को स्वर्ग ले जाकर हमें उसे क्यों नहीं दिखाता, ठीक वैसे ही वह हमें नर्क ले जाकर ऐसा क्यों नहीं करता ताकि हम पक्की जानकारी के साथ यह निर्णय ले सकें कि हमें अनन्तकाल कहाँ बिताना है? जब मैं छोटा था, तब ऐसा सोचता था। ऐसा लगता था कि दोनों को देखने पर बहुतों को परमेश्वर के पीछे चलने को बाध्य करना सरल होगा। परन्तु, जैसे-जैसे मैं आयु में बढ़ने लगा, मैंने जाना कि परमेश्वर यह नहीं चाहता कि चीज़ों के आधार पर उसका अनुसरण करने का निर्णय लिया जाए, परन्तु इसके विपरीत वह यह चाहता है कि वह जिस अनन्तकालीन संबन्ध को देता है उसके आधार पर वे ऐसा करें। यद्यपि स्वर्ग एक

महान स्थान बनने जा रहा है, जिसे घर कहा जाता है, एक ऐसा स्थान जो पृथ्वी पर साधारण स्तर के दिखनेवाले स्थानों से उत्तम होगा, परमेश्वर चाहता है कि हम अपने परिवार और मित्रों का अनन्तकालीन चुनाव उसके साथ रहने की इच्छा के आधार पर करें। यदि हम अपने प्रेमी स्वर्गीय पिता के प्रति समर्पित नहीं होते और उसके नैतिक और पारिवारिक स्वरूप में अपने को रूपान्तरित करने की अनुमति नहीं देते, हम अपने अनन्तकालीन घर के लिए स्वतः नर्क का चुनाव करते हैं (2 थिस्स. 2:10-12)। पवित्रशास्त्र नर्क के बारे में क्या सिखाता है?

नर्क

> यदि तेरी आंख तुझे ठोकर खिलाए तो उसे निकाल डाल, काना होकर परमेश्वर के राज्य में प्रवेश करना तेरे लिये इस से भला है, कि दो आंख रहते हुए तू नरक में डाला जाए। जहां उनका कीड़ा नहीं मरता और आग नहीं बुझती। मरकुस 9:47-48 (तु.क. मत्ती 7:13-14)

शैतान ने अपने को परमेश्वर से अलग करने और संभावित रूप से उसे उसके स्थान से हटाने का अनन्तकालीन निर्णय पहले से ही ले लिया है। शैतान पिता, पुत्र, पवित्र आत्मा और सभी उनसे जुड़े हुओं को यदि मार सके तो वह ऐसा अवश्य करेगा। परन्तु शुभ संदेश यह है कि परमेश्वर न केवल उनके प्रति प्रेमी-दया से भरा है जो उसे ग्रहण करते हैं, वह महान और नियंत्रण रखे जाने में भी सक्षम है। परमेश्वर ने जो निर्धारित किया है शैतान उसे परिवर्तित नहीं कर सकता, और परमेश्वर ने दो राज्य रखे हैं : स्वर्ग का राज्य और नर्क का राज्य। परमेश्वर यह आश्वासन दे रहा है कि वह और वे सब, जिन्हें उसने अपने अनन्तकालीन संगठित परिवार का हिस्सा होने को चुना है वे इससे प्राप्त होनेवाले आनन्द और शांति के साथ सिद्धता में रहें। नये स्वर्ग में वह किसी बाधा को नहीं आने देगा, परन्तु नर्क का राज्य दु:ख और निराशा से भरा होगा।

नर्क के राज्य की क्रियाशील स्थिति को अधिक पूर्णता से समझने के लिए जब हम परमेश्वर के वचन की ओर देखते हैं, तब हममें अधिक से अधिक लोगों को स्वर्ग के राज्य में लाने की इच्छा उत्पन्न होती है। नर्क अत्यंत पीड़ादायी और हानिकारक स्थान है। एक बार वहां किसी के अपमान में रहने पर, वह वहां सदा तक रहता है (दानि. 12:2; मत्ती 25:46)। पवित्रशास्त्र से हम यह जाने पाते हैं कि जिन्हें अनन्तकाल के लिए नर्क में डाला गया है वे अनन्तकालीन अपमान और दु:ख से होकर जाते हैं जो उन्हें शारीरिक और मानसिक रूप से प्रभावित करता है। हम आग से निरन्तर जलते रहने की शारीरिक पीड़ा

और एक अनन्त कीड़े को देह को खाते देखते हैं परन्तु वह देह कभी अपना काम पूरा नहीं कर पाता है जिसके लिए अलंकृत भाषा का प्रयोग किया गया है (यशा. 66:24; मर. 9:47-48)। [16] हम नर्क की पीड़ा को अपने उस प्रिय जन को खोने के अनुभव में देखते हैं जो कि आपका बहुत प्रिय है जिसके कारण अत्यंत ''रोना और दांतों का किटकिटाना'' होता है (मत्ती 8:12; 13:42; 25:30)। सामान्य अपमान, निरादर और कष्ट के अन्य आलंकारिक रूप भी है जिनमें कीड़ों के बिस्तर पर सोने और ओढ़ने के लिए एक विशाल कीड़े का भी अलंकारिक स्वरूप है (यशा. 14:11; दानि. 12:2)। नर्क में सदा तक रहने की पीड़ा, दु:ख और अपमान के बारे में कोई स्पष्ट कथन नहीं है, परन्तु हमारे पास पर्याप्त रूप से अलंकृत भाषा है जो चिल्ला कर कहती है, ''सतर्कता, बाहर रहना, पीड़ा, खतरा और अपमान आये हैं!''

जब कोई व्यक्ति परमेश्वर को ठुकराता है, उसकी शारीरिक मृत्यु पश्चात् ही उसके दु:ख और पीड़ा का आरम्भ हो जाता है (लूका 16:23-35)। निचले अधोलोक में उस पीड़ा को सहते हुए वह यीशु के हज़ार वर्ष के राज्य के अन्त में परमेश्वर के न्याय आसन के सम्मुख अपने अन्तिम न्याय की प्रतीक्षा करता है। सभी आज्ञा न माननेवाले उस समय तक अधोलोक में प्रतीक्षा करते हैं जब तक महान न्याय का दिन नहीं आ जाता जिस समय उन पर अभियोग लगाकर उनके कामों के अनुसार उनका न्याय होगा (मत्ती 25:45; रोमि. 2:13; प्रका. 20:12), और उन्हें दूसरी मृत्यु की सज़ा होगी, जो कि परमेश्वर से पूर्णतया उस स्थान के लिए अनन्तकालीन अलगाव है जिसे नर्क, गेहन्ना, आग की झील कहा जाता है (प्रका. 20:11-15), जो सदा जलती रहती है (मत्ती 25:41, 46; प्रका. 19:20)।

शब्दों पर ध्यान दें, नर्क शब्द दो यूनानी शब्दों गेहन्ना और तार-तारोसस से निकला है। सर्वप्रथम, पवित्रशास्त्र से हम यह जान पाते हैं कि नर्क (गेहेना) अधोलोक के समान नहीं है जिसका उपयोग नये नियम में हुआ है (प्रेरित. 2:27, 31)। [17] पवित्रशास्त्र से जांचने पर, हमें यह पता चलता है कि अधोलोक एक जेल या बंदीगृह है, अन्तिम न्याय के लिए प्रतीक्षा करने का स्थान (मत्ती 11:21-24; लूका 16:19-31; प्रका. 20:14)।

यीशु के क्रूस पर सभी के पापों के लिए मरने से पहले, अधोलोक वह स्थान था जहाँ सभी मृत्यु पश्चात् जाते थे (1 शमू. 2:6; 2 शमू. 22:6; भजन. 88:3; 89:48; यहेज. 26:20), क्योंकि प्रत्येक को मसीह के प्रायश्चित कार्य की प्रतीक्षा करनी थी। उसके आने तक, सभी ने या तो ऊपरी या निचले अधोलोक में प्रतीक्षा की। ऊपरी अधोलोक में वे थे जिन्होंने अपने जीवनकाल में परमेश्वर पर भरोसा किया था जबकि निचले अधोलोक में वे थे जिन्होंने नहीं किया था।

1 शमूएल 28:15 से हम यह जान पाते हैं कि राजा शाऊल अधोलोक में शमूएल के जीवन में हस्तक्षेप कर सका था कि उसके साथ भविष्य में होनेवाली घटनाओं के बारे में बात कर सके। ऐसा लगता है कि राजा दाऊद को इस बारे में कुछ समझ थी कि परमेश्वर भविष्य में इस स्थान से अस्थाई रूप से रखे हुओं को जिला सकता है और जिलाएगा भी (भजन. 49:15; 86:13)। दानिय्येल भविष्यद्वक्ता ने भी अधोलोक में रहनेवालों के पुनरुत्थान की घोषणा की कि कुछ परमेश्वर के साथ अनन्त जीवन पाएंगे और कुछ अपमान और निन्दा की अवस्था को पाएंगे (दानि. 12:2)। दाऊद के एक भजन के द्वारा परमेश्वर ने यह बताया कि दाऊद ने जिस पुनरुत्थान की आशा की थी उसके अतिरिक्त, परमेश्वर का अभिषिक्त, आनेवाला मसीहा, देह के सड़े बिना अधोलोक से जिलाया जाएगा (प्रेरित. 2:22-36)।

पुराने नियम के लेखक अधोलोक के दो क्षेत्रों के बारे में जानते थे : उच्च क्षेत्र विश्वासयोग्य लोगों के लिए आरक्षित था और दूसरे से श्रेष्ठ माना जाता था, जो अधोलोक की गहराई में था और दुष्टों के लिए आरक्षित था (व्यवस्था. 32:22; नीति. 9:18)। यीशु के साथ जिन अपराधियों को क्रूस पर चढ़ाया गया था उनमें से एक से उसने प्रतिज्ञा की, कि आज ही तू मेरे साथ ऊपरी क्षेत्र, 'स्वर्गलोक'' में होगा (लूका 23:43)। यीशु की शिक्षाओं में से एक में, वह क्रूस से पूर्व के शिओल के दो क्षेत्रों की अतिरिक्त अन्तर्दृष्टि देता है : पहले क्षेत्र में वे पाए जाते हैं जिन्होंने पृथ्वी पर अपने नश्वर समय में परमेश्वर पर भरोसा करना सीखा था। वे छुटकारे की प्रतीक्षा करते हुए दुःख उठाए बिना अब्राहम, इसहाक और याकूब के साथ रह रहे थे (लूका 16:22, 25-26)। दूसरे क्षेत्र में वे थे जिन्होंने परमेश्वर की नहीं सुनी थी, और दुःख में रह रहे थे (लूका 16:22-24)। बाद वाला समूह अभी भी उस बंदीगृह में अंतिम न्याय के लिए प्रतीक्षा कर रहा था जिसे हम निचले शिओल (अधोलोक) के रूप में जानते हैं जब वे परमेश्वर के सम्मुख खड़े होंगे और उनको अपने चुनावों के अनुसार वे परमेश्वर से अनन्त अलगाव की सज़ा पाएंगे, जिसे दूसरी मृत्यु के रूप में भी जाना जाता है (प्रका. 20:14)।

जो ऊपरी क्षेत्र, स्वर्गलोक, में विश्वासयोग्यों के लिए यीशु की बचानेवाली मृत्यु से पहले रह रहे थे वे यीशु के अधोलोक में से उसके तीसरे दिन स्वर्ग में उठाए जाने पर स्वतंत्र किये गए और परमेश्वर की उपस्थिति में लाए गए (इफि. 4:8-10; इब्रा. 2:9; 2 कुरि. 5:6-8; तु.क. 2 कुरि. 12:1-4)। इगनेशियस, एक आरम्भिक मसीही लेखक और शहीद ने कहा, क्रूस की मृत्यु पश्चात् यीशु अकेले ही अधोलोक गया परन्तु मध्यम दीवार को तोड़ते हुए बहुतों के साथ स्वर्ग पर चढ़ गया, जो परमेश्वर और मनुष्य को बांट रही थी।[18] पौलुस की गवाही से यह दिखता है कि स्वर्गलोक तीसरे स्वर्ग में बदल गया था (2 कुरि. 12:4; तु.क. लूका 23:43), जिसमें परमेश्वर ने पौलुस को जाने व उन बातों को

सुनने दिया जिनसे उसे प्रोत्साहन मिला, परन्तु उसने उन्हें दोहराने का साहस नहीं किया (2 कुरि. 12:1-6)। क्रूस के पहले जो लोग परमेश्वर पर भरोसा कर रहे थे, मसीह के प्रायश्चित के कार्य को पूरा करने के बाद धर्मी बनाए जाने के योग्य थे। अब, अधोलोक की निचली गहराई में वे हैं जो न्याय के उस महान दिन में फैसले की प्रतीक्षा कर रहे हैं, जो सभी परमेश्वर के ठुकरानेवालों पर आ रहा है (प्रका. 20:13)।

नया स्वर्ग

> फिर मैंने सिंहासन में से किसी को ऊंचे शब्द से यह कहते हुए सुना कि देख, परमेश्वर का डेरा मनुष्यों के बीच में है, वह उनके साथ डेरा करेगा, और वे उसके लोग होंगे, और परमेश्वर आप उनके साथ रहेगा, और उनका परमेश्वर होगा। और वह उनकी आंखों से सब आंसू पोंछ डालेगा; और इसके बाद मृत्यु न रहेगी और न शोक, न विलाप, न पीड़ा रहेगी; पहली बातें जाती रहीं। प्रका. 21:3-4; तु.क. प्रका. 21:1; 2 पतरस 3:10-13

पतरस ने कहा, ''हमारे प्रभु यीशु मसीह के परमेश्वर और पिता का धन्यवाद हो, जिसने यीशु मसीह के मरे हुओं में से जी उठने के द्वारा, अपनी बड़ी दया से हमें जीवित आशा के लिये नया जन्म दिया'' (1 पतरस 1:3-5; प्रका. 12:7; यूहन्ना 3:5; रोमि. 1:16-17; 8:30)। अतः, पवित्रशास्त्र से हम नये स्वर्ग के बारे में क्या क्या जान पाते हैं?

यद्यपि परमेश्वर नये स्वर्ग और नये यरूशलेम के बारे में विस्तृत विवरण नहीं देता, तथापि, वह सबको यह बताने के लिए पर्याप्त जानकारी देता है कि यह पृथ्वी पर किसी भी साधारण दिखनेवाले से सबसे उत्तम होगा। क्या आप अंतरिक्ष में लटके किसी नगर में गए या पृथ्वी पर किसी ऐसे स्थान पर बैठे हैं जो अनुलम्बीय रूप से 1500 मील की ऊंचाई तक फैला हो? अपनी वर्तमान सीमाओं में हम यह अनुभव करते हैं कि हम उन भवनों का निर्माण कर अच्छा कर रहे हैं जो ऊपर की ओर एक चौथाई से आधा मील तक फैला है।[19] परन्तु उस नगर के निर्माण के बारे में क्या कहें जो इसकी चकित कर देनेवाली भव्यता में परमेश्वर की महिमा को दिखाता है जिसका आरम्भ इसके आकार से होता है (प्रका. 21:11) : 1500 मील चौड़ा, 1500 मील गहरा और 1500 मील ऊंचा। यह नये यरूशलेम का बाहरी आयाम है (प्रका. 21:2, 16)! स्वर्ग में परमेश्वर की समस्त संतानों के लिए यह नगर एक घर है, इसके फाटक स्वर्ग में पाई जानेवाली अनन्तकालीन शांति में

सभी के लिए हर समय खुले रहेंगे (प्रका. 21:25)। इस नगर की दीवारें (शहरपनाह) यशब से बनी हैं, इसकी नींवें हर प्रकार के बहुमूल्य पत्थर से संवारी गई हैं, इसकी सड़क शुद्ध सोने की हैं (प्रका. 21:18-21)। इस नगर के तीन फाटक हैं, प्रत्येक फाटक मोतियों का बना है (प्रका. 21:21)। वहाँ उजाले की ज़रूरत नहीं होगी, क्योंकि परमेश्वर के तेज से वहाँ उजाला हो रहा होगा और मेम्ना इस उजाले का मुख्य स्रोत होगा (प्रका. 21:23; 22:5)। वाह!

स्वर्ग का संबन्धात्मक पक्ष

> ...पर हमारा स्वदेश स्वर्ग पर है; और हम एक उद्धारकर्त्ता प्रभु यीशु मसीह के वहां से आने की बाट जोह रहे हैं। वह अपनी शक्ति के उस प्रभाव के अनुसार जिसके द्वारा वह सब वस्तुओं को अपने वश में कर सकता है, हमारी दीन-हीन देह का रूप बदलकर, अपनी महिमा की देह के अनुकूल बना देगा। (फिलिप्पियों 3:20-21)

> हे प्रियो, अभी हम परमेश्वर की सन्तान हैं, और अब तक यह प्रगट नहीं हुआ कि हम क्या कुछ होंगे! इतना जानते हैं कि जब वह प्रगट होगा तो हम भी उसके समान होंगे, क्योंकि उस को वैसा ही देखेंगे जैसा वह है। (1 यूहन्ना 3:2)

अब, परमेश्वर हमसे कैसा संबन्ध चाहता है? हम यह जानते हैं कि परमेश्वर ने हमें उसके अनन्तकालीन संगठित परिवार का हिस्सा होने को बनाया है, और यदि हम उसे अपने जीवनों में प्रभु और उद्धारकर्त्ता के रूप में ग्रहण करें, तो परमेश्वर की इच्छा हमारे लिए वास्तविक बन जाती है। परमेश्वर ने हममें से प्रत्येक को एक घनिष्ठ पारिवारिक सदस्य होने के लिए बनाया है कि उसके साथ सदा तक सिद्ध शांति और आनन्द को अनुभव करें।

अपने अनुयायियों के लिए यूहन्ना को दिये यीशु के व्यक्तिगत प्रकाशन में इस पर ध्यान दें कि हमारे भावी स्वर्ग में, परमेश्वर अपनी संतान के साथ है (प्रका. 21:3)। परमेश्वर स्वयं को अपनी संतान से किसी भी तरह से दूर नहीं करता, परन्तु इसके विपरीत, वह अपने परिवार के मध्य में होता है। प्रत्येक व्यक्ति जो परमेश्वर पर भरोसा रखना सीखता है वह उसके स्वभाव की समानता में बदलता चला जाएगा (फिलि. 3:20-21; रोमि. 8:29)।

एक समान पुनरुत्थित देहों के साथ मसीह समान होने का अर्थ यह है कि क्रूस पर यीशु की मृत्यु का चमत्कार उन सभी के लिए चमत्कार बन जाएगा जो समय के आरम्भ से लेकर अन्तिम न्याय के समय तक परमेश्वर पर भरोसा करना सीखते हैं (इब्रा. 10:10-14; तु.क. 1 पतरस 3:18)। स्वर्ग में पाप को उसकी समस्त प्रवृत्ति के साथ हटा दिया गया है (रोमि. 6:22; 8:28-30)। स्वर्ग में पाप के बिना कोई पीड़ा, दुःख और मृत्यु नहीं होगी (प्रका. 21:4; 22:3)। परमेश्वर की सन्तान जल के स्रोतों में से पीयेगी और जीवन के वृक्ष में से बहुतायत से खाएगी (प्रका. 21:6; 22:1-2)।

क्रूस पर संसार के उद्धारकर्त्ता के रूप में मरने से पहले की रात में यीशु की प्रार्थना पर विचार करने पर, हमें इस सच्चाई पर विशेष ध्यान देना चाहिए कि उसने कहा कि वह उन सभी को अपनी महिमा में सहभागी बना रहा था जो उस पर भरोसा कर रहे थे और आनेवाले समय में करेंगे। अपने अनुयायियों के द्वारा (यूहन्ना 1:14; 20:17), वह हमारी घनिष्ठ पवित्र एकता का आश्वासन दे रहा था। परमेश्वर के परिवार का हिस्सा बननेवाले सभी लोगों को उसके पिता और परिवार के अन्य सभी सदस्यों के साथ सिद्ध एकता की गारंटी दी जाती है (यूहन्ना 17:22-23)।

जब हम यीशु की हमारे लिए उद्धार की यात्रा को देखते हैं, यह स्पष्ट हो जाता है कि हमें बचाने की प्रक्रिया में वह तीन परिवर्तनों से होकर गया। पहला, पिता ने और उसने आत्मिक से शारीरिक (भौतिक) क्षेत्र तक रूपान्तरण पर कार्य किया (आत्मा व सत्य : यूहन्ना 1:1-2; 4:24; देहधारण 1:14)। पुत्र, जो स्वभाव में पिता के समान था वह जीवन के सबसे निम्न रूप को लेकर प्रत्येक के खातिर अपनी मृत्यु की पराकाष्ठा पर पहुंचता है (फिलि. 2:5-8)। पिता, पुत्र और पवित्र आत्मा के संयुक्त कार्य के द्वारा परमेश्वर हमसे आमने-सामने होकर बोलता है (यूहन्ना 14:9)। दूसरा परिवर्तन अपमान सहने, भयानक रीति से पीटे जाने, और क्रूस पर दम घुटने से आया। संसार के पापों को उठाने के कारण पतित आत्मिक अवस्था में यीशु ने उन्हें बचाने के लिए पापों को उठा लिया और अधोलोक में दण्ड के रूप में अपने स्वर्गीय पिता से अलगाव को सहा (यशायाह 53; मत्ती 12:39-40; इब्रा. 2:9; प्रेरित. 2:22-36)। इसके पश्चात् तीसरा परिवर्तन आया, पिता ने हमारे सभी पापों को साफ किया और यीशु को जीवन की नवीनता में (1 यूहन्ना 2:1-2, 29; 3:5), एक नये पुनरुत्थित रूप में जिलाया। समस्त मानवजाति के लिए दुःख उठाने के पश्चात्, यीशु को पुनः फिर कभी नहीं मरना होगा (इब्रा. 6:20; 7:24-25)। यीशु ने सृष्टि की पूर्ण अवस्था को लिया, एक आत्मिक मानवीयता को, और अभी भी बहुतों को घर लाने का कार्य कर रहा है कि उनका भी अन्त इसी अवस्था में हो (फिलि. 3:20-21; 1 यूहन्ना 3:1-2)।

जब हम पुनरुत्थान पश्चात् यीशु की शारीरिक-आत्मिक बनावट (ओन्टोलोजी) पर विचार करते हैं (1 कुरि. 15:1-9), हमारा ध्यान इस पर जाता है कि वह दीवार के पार होकर जा सका (यूहन्ना 20:19, 26), वह अपने रूप को बदल सका (लूका 24:13-35; मरकुस 16:12), लोग उसकी देह को छूकर पदार्थ का अनुभव कर सके (लूका 24:39; मत्ती 28:9; यूहन्ना 20:17), वह भोजन खा सका (लूका 24:41-43; यूहन्ना 21:12-15), और वह इस क्षेत्र से उस देह में अपने स्वर्गीय पिता की आत्मिक उपस्थिति में जा सका (प्रेरित. 1:9)। पुनरुत्थित देह की क्षमताएं अद्भुत हैंघ्शारीरिक रूप से उत्कृष्ट और आत्मिकता से प्रत्यक्ष संबद्धित। यीशु के पीछे चलनेवाले सभी लोगों की अद्वितीय व्यक्तिगत विशेषता होंगी परन्तु वे यीशु की पुनरुत्थित देह की समानता में होंगे। नये आकाश और नई पृथ्वी के आने पर उनमें भौतिक और आत्मिक संसार में कार्य करने की योग्यताएं होंगी।

इसी कारण हम परमेश्वर के परिवार का घनिष्ठ हिस्सा बनने के योग्य होने जा रहे हैं। यीशु के पीछे चलनेवालों से परमेश्वर ने यह प्रतिज्ञा की है कि वे यीशु के अन्तिम रूपान्तरण जैसी अवस्था में ही रूपान्तरित होंगे। परमेश्वर की संतान को कोई भी विभाजित नहीं कर पाएगा। इसके अतिरिक्त, पारिवारिक सदस्यों के रूप में सामाजिक उत्तरदायित्व के कारण, प्रत्येक अपने निर्धारित उत्तरदायित्वों को लेगा और अधिकारिक रूप से कार्य करेगा (प्रका. 3:21)।

इसी कारण स्वर्ग इतना बड़ा बनने जा रहा है। क्या कभी आपने विचार किया कि एक ऐसे स्थान पर रहना कैसा होगा जहाँ आपको हर कोई इस सीमा तक प्रेम करे कि आपको कभी यह चिन्ता न करनी पड़े कि कोई आपको आत्मिक रूप से, मानसिक रूप से या शारीरिक रूप से दुःख पहुंचाने का प्रयास कर रहा है। स्वर्ग में हम एक दूसरे की सहायता और बचाव के लिए तैयार रहेंगे, और हम अपने गलत कामों की शर्मिन्दगी और दूसरों को दुःख पहुंचाने (पाप) के अपमान के कारण परमेश्वर से नहीं छिपेंगे। हम पूरी तरह से बदल जाएंगे। और हमें यह भय नहीं होगा कि दूसरे लोग भविष्य में हमारे साथ क्या कर सकते हैं, हम अपने निर्धारित उत्तरदायित्वों को लेते हुए आनन्द से एक दूसरे की सेवा करेंगे। हम पिता और पुत्र के प्रभुत्व में बिना किसी पाप के सिद्ध प्रेम में होकर एक दूसरे की सेवा करेंगे। हम एक ऐसे संसार में रहेंगे जहाँ हमारे स्वर्गीय पिता और बड़े भाई ने हमें पाप के बंधन और भ्रष्टाचार से बचाया है ताकि हम उनके और एक दूसरे के साथ प्रेम, आनन्द और शांति के सिद्ध प्रेम को अनुभव कर सकें (रोमि. 8:21, 35; 1 कुरि. 2:7-9; गला. 5:22-23)।

स्वर्ग महान बनने जा रहा है! यह भौतिक और आत्मिक क्षेत्र के कारण महान नहीं होगा परन्तु इसलिए कि हम अन्ततः परमेश्वर को जान सकें और उसकी उपस्थिति में

सदा तक रहें। समय की इस सीमा पर, हम इसकी केवल कल्पना ही कर सकते हैं कि हमारे स्वर्गीय पिता, यीशु मसीह, पवित्र आत्मा और युगों से परमेश्वर की आज्ञाकारिता से सुननेवालों के साथ हमारी सामान्य बातचीत कैसी होगी। यद्यपि इसका सच होना बहुत अच्छा लगता है, हममें से जो मसीह के पीछे चल रहे हैं, उस दिन की ओर देख रहे हैं जब हम परमेश्वर और एक दूसरे के साथ अपने घनिष्ठ संबन्ध को वास्तव में जान पाएंगे।

आप, जिन्होंने अपने जीवनों में अब तक मसीह के पीछे चलने की वचनबद्धता नहीं की है, मैं आपको कुछ और अपने साथ चलने और यीशु के पीछे गंभीरतापूर्वक चलने को प्रोत्साहित करना चाहता हूँ। यद्यपि बहुत से लोग जो यीशु के पीछे नहीं चल रहे हैं और जानते हैं कि कुछ गलत है और कुछ उत्तम करना चाहते हैं, शैतान उन्हें यह विचार कराते हुए धोखा देता रहा है कि वे बदल नहीं [20] सकते। यह झूठ है! परमेश्वर प्रत्येक को अपनी ओर फिरने और उसके तथा उसके जीवन के मार्ग पर आज्ञाकारिता से चलने के अवसर देता है। परमेश्वर ही मसीह के अनुयायियों की बदलने में सहायता करता है।

परमेश्वर हमारे समर्पण के योग्य है। यदि आप इस निष्कर्ष पर आकर उसके अनन्तकालीन घनिष्ठ पवित्र परिवार का हिस्सा बनने की इच्छा करें, हम मिलकर प्रार्थना करेंगे कि इस पुस्तक के समाप्त होने से पहले आप उसे अपने जीवन में ग्रहण करें। यदि आप पहले से ही यीशु के पीछे चले रहे हैं, मेरी प्रार्थना है कि शेष पुस्तक उन चीज़ों पर व्यक्तिगत रीति से नियंत्रण न करने में आपको प्रेरित करे जिन पर परमेश्वर को नियंत्रण करना चाहिए और आप अपनी श्रेष्ठ योग्यता से यीशु के पीछे चलने की वचनबद्धता करें। ऐसा करने पर, आप उससे अधिक पाएंगे जो आपने छोड़ा है और आप
ईश्वरीय उत्तेजना, आनन्द तथा भीतरी शांति को अनुभव करने लगेंगे।

6

आत्मिक जागरुकता : अपने आपे में आना

इसी समय, कुछ समय के लिए, अपनी आँखें बन्द करें, और निम्नलिखित पटकथा पर विचार करें। 11 मार्च 2011 की शुक्रवार की संध्या को जापान के उत्तरी तट होंशु पर होने की कल्पना करें, जब इतिहास का सबसे बड़ा नौ पाइंट का भूकम्प आया था। भूकम्प आने के कुछ मिनट पश्चात् ही, तटीय क्षेत्र पर तीस फुट की सुनामी लहर का प्रहार हुआ... आप छुट्टियों में समुद्र तट पर बैठे जीवन पर विचार कर रहे हैं, तभी पृथ्वी अचानक से बुरी तरह से कांप उठे और आपके पीछे की सभी इमारतें विघटित हो जाएं। इससे पहले कि आप भूकम्प के प्रभाव के सदमे से स्वयं को संभाल पाते और वहाँ होने वाली चीख-पुकार के लिए कुछ कर पाते, आप एक बड़ी गर्जन को सुनते हैं, आप समुद्र की ओर घूमते हैं, और अपनी ओर आती तीस फुट ऊंची लहर को देखते हैं। उस समय में आप परमेश्वर से क्या कहते? उस खतरे में, क्या आप भीतरी शांति के भाव में किसी भी परिणाम के लिए धीरज रखेंगे, यह जानते हुए कि यदि आपकी मृत्यु हो जाए, आप उसी क्षण शारीरिक देह को छोड़कर परमेश्वर से आमने-सामने मिलेंगे, या आप आशाहीनता के भाव से मर जाएंगे?

क्या आपको कभी ऐसा सपना आया जिसमें सपने में होनेवाली प्रत्येक चीज़ इतनी वास्तविक थी कि जागने पर आपको यह जानकर आश्चर्य हुआ कि यह तो एक सपना ही था? इसी तरह से, परमेश्वर की सुनने पर हर कोई यह जानने लगता है कि हमारी आँखें जो देखती हैं उससे भी अधिक संसार में है। परमेश्वर हमें सीधे आत्मिक संसार से व्यवहार नहीं करने देता जो हमारे भौतिक संसार से सीधा जुड़ा होता है, परन्तु वह हमें जागरुकता देता है। हमारे भौतिक संसार में, परमेश्वर ईश्वरीय सामाजिक व्यवहार के बारे में सिखाता और प्रत्येक से उसके साथ अनन्तकाल के लिए जीवन का चुनाव करने को कहता है (प्रका. 3:20; 21:1-4; 22:1-5)।

यद्यपि हमें हमारे आस-पास के आत्मिक संसार से सीधे व्यवहार करने की योग्यता नहीं दी गई है, परमेश्वर की सुननेवालों को यह सिखाया जाता है कि व्यक्तिगत

रूप से हम जिन अधिकांश संघर्षों का अनुभव करते हैं वे आत्मिकता पर आधारित होते हैं और उन्हें केवल उसकी सहायता से ही जीता जा सकता है (इफि. 6:10-18)। भौतिक संसार आत्मिक से प्रभावित है और ऐसा ही इसके विपरीत है। वर्तमान में, हम भौतिक संसार के अपने कामों और अपनी प्रार्थनाओं के द्वारा आत्मिक संसार पर प्रभाव डालते हैं तथा परमेश्वर और उसकी स्वर्गीय सेना दोनों संसार में धार्मिकता का बचाव करती है। परमेश्वर की सुननेवालों के लिए भावी आत्मिक संसार की वास्तविकता को दो अलग अलग क्षेत्रों में बांटा गया है जिसे स्वर्ग और नर्क कहा जाता है, जो हमारे यहाँ शारीरिक जीवनों में रहते हुए भी मुख्य केन्द्र बन जाते हैं (1 पतरस 1:3-9;2:9-10; फिलि. 3:17-4:1)। हमारा संसार अस्थाई और भावी पापरहित स्वर्ग और पापपूर्ण नर्क स्थाई हैं।

सृष्टि के आरम्भ से ही परमेश्वर ने प्रत्येक से चुनाव करने को कहा है। आदम और हव्वा के भले और बुरे के ज्ञान वाले वृक्ष की पाप में साझेदारी करने के कारण, सभी पाप में जन्मे हैं और उन पर भले व बुरे का अनुभव करने का दबाव पड़ता है। दोनों को जानने पर हमें परमेश्वर के पीछे चलने या अपने स्व-केन्द्रित मार्गों पर चलने के लिए आज्ञापालन या आज्ञा उल्लंघन का चुनाव करना होता है। परमेश्वर की रचनात्मक रचना में सभी को बड़ी मात्रा में स्वतंत्र इच्छा देने का प्रावधान रहा है ताकि प्रत्येक को यह निर्धारित करने का अवसर मिले कि क्या वह पवित्र जीवन में परमेश्वर और अन्य लोगों के साथ जुड़ना चाहता है या नहीं। परमेश्वर अपनी सृष्टि पर सही करने का दबाव नहीं डालता। पवित्र आत्मा की शिक्षा के द्वारा परमेश्वर हम सभी के विवेकों में कार्य करता और हमें उसके साथ शांति और आनन्द में पवित्र जीवन बिताने के लाभों को दिखाता है।

हमारे जीवनों में परमेश्वर के अनुग्रहकारी कार्य के कारण अधिकांश उसका और उसके पवित्र जीने के ढंग का विरोध करते हैं (रोमि. 5:8-10)। परन्तु परमेश्वर किसी को नाश नहीं करना चाहता, वह चाहता है कि सभी उसके पीछे चलने के लिए अपने और अपने परिवार पर से ध्यान हटाकर सभी के लिए उसके ध्यान को पाएं और बदलाव की खोज में स्वेच्छा से उसके पास आएं (2 पतरस 3:9)। हम अपने चारों ओर की भलाई और बुराई से सीखते हैं, और परमेश्वर हमसे यह कहता रहता है कि अपने लिए जीना छोड़कर हम उसके प्रति समर्पण करें और उसके अनन्तकालीन घनिष्ठ पवित्र परिवार का हिस्सा बनें। सभी के लिए परमेश्वर के महान प्रेम के कारण प्रत्येक को स्वेच्छा से परमेश्वर के अधिकार के अधीन आना चाहिए, परन्तु अधिकांश उसके बजाय अपने अधिकार अथवा प्रभुत्व का चुनाव करते हैं जिसके कारण वे भीतरी शांति और आनन्द को खोने के साथ साथ परमेश्वर के साथ स्वर्ग के भावी जीवन को भी खो देते हैं।

आज, कुछ का सोचना है कि परमेश्वर हमसे इतना अधिक प्रेम करता है कि वह किसी को न तो उसे अस्वीकारने देगा और न ही नर्क जाने देगा या कि नर्क जाना अस्थाई

होगा और केवल अनन्तकाल की अनुभूति ही होगी। यह गलत है! परमेश्वर के प्रति समर्पण किये बिना, लोगों का भविष्य एकान्त स्थान में सीमित होगा, एक कैद, जिसे नर्क कहा जाता है जहाँ परमेश्वर और उसके धर्मी अनुयायियों के साथ सदा तक कोई संपर्क नहीं कर पाएगा। प्रत्येक का चुनाव महत्व रखता है!

स्वतन्त्र-इच्छा संकटपूर्ण है

परमेश्वर ने प्रत्येक को ऐसे चुनाव करने के लिए स्वतन्त्र बनाया है जिनके अनन्तकालीन परिणाम हैं और वह किसी पर भी उसके ढंग से जीवन जीने का दबाव नहीं डालता। पवित्रशास्त्र से यह स्पष्ट हो जाता है कि परमेश्वर को यह अच्छा लगता है कि हर कोई उस पर भरोसा करना सीखे और उसके साथ अनन्तकाल तक रहने का चुनाव करे (यूहन्ना 3:16, 19-20), परन्तु वह जानता है कि अधिकांश ऐसा नहीं करेंगे (मत्ती 7:13-14)। वह प्रत्येक को अपने से आगे देखने और उसके तथा दूसरों के साथ शांति और आनन्द के जीवन का चुनाव करने को प्रोत्साहित करता है, जो स्वयं ऐसा चाहते हैं। एक ऐसा समय होगा जब परमेश्वर उसके पीछे न चलनेवालों को उनका जीवन दुर्दशापूर्ण नहीं बनाने देगा जो उसके पीछे चलते हैं।

अन्यों का सोचना है कि परमेश्वर किसी को भी उसे अनन्तकाल के लिए ठुकराने, या स्वीकार करने का चुनाव नहीं करने देगा, परन्तु वह ऐसा नहीं करता। भौतिक सृष्टि से पहले, परमेश्वर को पता था कि सृष्टि में प्रत्येक व्यक्ति के जन्म लेने पर प्रतिदिन और प्रतिक्षण क्या होनेवाला है (इफि. 1:4)। उसकी सृष्टि पूर्वज्ञान पर आधारित है, पहले से यह जानते हुए कि क्या होगा (1 पतरस 1:1-2; तु.क. रोमि. 8:28-30)।

परमेश्वर की आत्मिक योग्यता की सरल समीक्षा को उससे देखा जा सकता है जो हम अपने भौतिक संसार में कर सकते हैं। परमेश्वर ने हमें चीज़ों को बनाने की योग्यता दी है जैसे, कार, घर, पुल आदि। हमें पहले से पता होता है कि हमारी रचना कैसी दिखेंगी। विस्तृत स्तर पर, परमेश्वर में पहले से ही यह जानने की योग्यता है कि सृष्टि की रचना करने पर उसमें रहनेवाले लोग कितनी बुद्धिमानी से कार्य करेंगे। परमेश्वर पहले से जानता है कि कौन उसकी सुनकर उसके अनन्तकालीन घनिष्ठ पवित्र परिवार का हिस्सा बनना चाहेंगे और कौन ऐसा नहीं करना चाहेंगे (1 पतरस 1:1-2)।

परमेश्वर को पता है कि किसका और कब जन्म होगा, और कि उसकी सृष्टि का प्रत्येक व्यक्ति अपना जीवन कैसे जीएगा/जीएगी। परमेश्वर को पहले से यह भी पता है कि वह प्रत्येक व्यक्ति को बुराई से सत्य के लिए और स्व-केन्द्रीयता से उसकी ओर

मार्गदर्शन पाने को आने के लिए प्रोत्साहित करेगा। अपने इस ज्ञान के आधार पर कि उसकी सृष्टि का प्रत्येक व्यक्ति क्या करेगा, उसने अंतरिक्ष को बनाने से पहले यह निर्धारित कर लिया था कि कौन उसके अनन्तकालीन राज्य और परिवार का हिस्सा बनेगा और कौन नहीं बनेगा। यद्यपि परमेश्वर सभी को अपने परिवार का हिस्सा बनाना चाहता है, तौभी वह प्रत्येक को यह अन्तिम निर्णय लेने का अवसर देता है कि उसे स्वीकार करे या ठुकराए और यह निर्धारित करने का कि वह अपना अनन्तकाल कहाँ बिताएगा (यिर्म. 20:12; लूका 8:17; 16:15; 2 थिस्स. 210)।

वास्तव में, परमेश्वर सभी को आमंत्रित करता है, परन्तु अपनी बुलाहट के प्रति उनकी प्रतिक्रिया के आधार पर ही कुछ को चुना जाता है। यीशु ने एक दृष्टांत बताया जो इससे संबद्धित सभी बाइबल पदों को समझने में हमारी सहायता करता है। परमेश्वर सभी को निमंत्रण देने के द्वारा अपने राज्य और अनन्तकालीन परिवार को भर रहा है, परन्तु यदि कोई उसके राज्य में आना चाहता है तो उन्हें परमेश्वर की इच्छा पर चलना होगा और मसीह की समानता में होना होगा (मत्ती 7:21; गला 3:26-27)। उनके ऐसा नकरने पर उन्हें निकाल दिया जाएगा (मत्ती 22:1-14)। इसी कारण यीशु सभी को चेतावनी देता है कि यदि वे उसकी सुनना नहीं चाहते हैं, तो वे उसके अनुयायी बनने के योग्य नहीं हैं (लूका 14:26-33; तु.क. मत्ती 10:38)। हर कोई जो परमेश्वर के परिवार का सदस्य बनना चाहता है उसे परमेश्वर को प्रथम स्थान पर रखना है और उसकी अगुआई में चलना है (लूका 14:26)।

वास्तव में, हमारे चुनाव महत्व रखते हैं! पुराने और नये नियम दोनों में परमेश्वर की शिक्षाएं अटल हैं। लोग अपने पार्थिव जीवन में जो निर्धारित करते हैं, वही महत्व रखता है। इब्रानियों के लेखक ने कहा कि हम सभी का एक बार मरना और उसके बाद न्याय का होना निर्धारित है (इब्रा. 9:27; प्रका. 20:11-15)। कोई पुनर्जन्म नहीं है। सभी लोग अपने अनन्तकालीन जीवन के इस भौतिक भाग को एक ही बार जीते हैं, और प्रत्येक का न्याय अनन्तकाल की इस छोटी अवधि में परमेश्वर की प्रतिक्रिया के अनुसार होगा (1 पतरस 1:17)। हर कोई जो सभी के लिए परमेश्वर के महान प्रेम के कारण उसकी आज्ञा मानता और उस पर भरोसा करता है वह उसके अनन्तकालीन घनिष्ठ पवित्र परिवार और दिये गए काम का हिस्सा बनेगा (उदा. यिर्म. 1:5; गला. 1:15-16; इफि. 2:10)।

यद्यपि इस पर विश्वास करना कठिन हो सकता है, अधिकांश लोगों के लिए जीवन का सबसे कठिन भाग अपने आस-पास के आत्मिक संसार की जागृति के लिए जागना है। यदि हम परमेश्वर को हमें सिखाने का अवसर नहीं देते, हमारी अपनी व्यक्तिगत इच्छाएं छोटे बच्चों के समान हो जाती हैं और हमारा तर्क करना हमें उस समय की स्थिति

के लिए अंधा बना देता है। इसके अतिरिक्त, शैतान सभी तरह की फूट और व्यस्तता से हम पर बमबारी करता रहता है।

हमारी स्व-केन्द्रित इच्छाएं शैतान के धोखों और व्यस्तता के साथ मिलकर मानसिक और आत्मिक कुहरे को उत्पन्न करती हैं जो बहुतों को सच्चाई जानने से दूर रखता है। उसके प्रकाशन के द्वारा, हम यह जान पाते हैं कि उसके साथ घनिष्ठ संबन्ध के बिना हमारे जीवन कितने खाली हैं और कि उसके बहुत से विश्वासयोग्य अनुयायी विश्वस्तरीय स्तर पर अधिक से अधिक लोगों को उसकी अनन्तकालीन उपस्थिति में सुनने के लिए लाने को कार्यरत् हैं।

परमेश्वर प्रचारकों, सुसमाचार-प्रचारकों, शिक्षकों, परिवार सदस्यों, मित्रों, साथियों और अजनबियों के द्वारा भी सभी लोगों के जीवनों में सच्चाई को लाता है, जो सभी तरह की मीडिया का उपयोग करते हैं जिसमें पेम्फलेट्स, पत्रिका, पुस्तकें, फोन, कंप्यूटर, आई-पेड्स, रेडियो, टी.वी. आदि शामिल हैं। वह सभी से उसके वचन, बाइबल, को पढ़ने के लिए कहता है, ताकि सच्चाई को देखने के लिए अपने आस-पास के अंधकार को हटा सकें, जो बदले में उन्हें उनके पापी बंधन से मुक्त करता है (यूहन्ना 8:31 ख-32)।

बिली ग्राहम ने एक बार एक युवती के बारे में लिखा जिसने उन्हें पत्र लिखकर बताया था कि वह अपने पूर्व आत्मा-मुक्त जीवन के कारण कितनी बुरी दशा में रही थी। वह इस संसार की कामुक प्रसन्नता के पीछे रही थी, परन्तु उसे उससे न तो भीतरी शांति मिली थी और न ही चिरकालिक आनन्द। परमेश्वर के मार्गदर्शन से, उसने एक बाइबल अध्ययन में जाने और प्रत्येक को अपने निराशावाद से चकरा देने का फैसला किया। इसके विपरीत, परमेश्वर ने उस समय का उपयोग उसमें वचन पढ़ने की रुचि उत्पन्न करने में किया। वह नियमित रूप से बाइबल का अध्ययन करने लगी और कई माह पश्चात् परमेश्वर उसे एक ऐसे स्थान पर लेकर आया जहाँ उसने जाना कि परमेश्वर सच में उससे प्रेम करता था और उसकी अपने जीवन के लिए जो योजना थी परमेश्वर की उससे भी श्रेष्ठ उसके जीवन के लिए एक योजना थी। इस स्तर पर, उसने अपना जीवन अपने प्रेमी सृष्टिकर्ता को सौंप दिया। उसने अपने पत्र में कहा कि मसीह के पीछे चलने का समर्पण करने के पश्चात्, उसने एक ऐसी खुशी का अनुभव किया जिसके अस्तित्व को उसे पता तक नहीं था। उसने बताया कि वे सभी कामुक प्रसन्नता के वे जाल थे जो उसे गड़बड़ी, दु:ख, अपराध बोध और आत्महत्या तक लेकर गए। अब मसीह का अनुसरण करने के कारण वह सच में स्वतंत्र थी।[21]

स्वर्ग में जाने के प्रवेश-पत्र नहीं हैं!

यदि हम एक दूसरे के साथ ईमानदार हों, तो हममें से अधिकांश यह स्वीकार करेंगे कि हम चीज़ों को अपनी तरह से करना चाहते हैं और हम प्रत्येक चीज़ जितना अधिक संभव हो सरल बनाना चाहते हैं। परमेश्वर के वचन से मैं यह देखता हूँ कि कुछ भी करने के लिए समर्पण और प्रयास की ज़रूरत है, फिर चाहे वह चीज़ भली हो या बुरी। बुराई के पक्ष में, पवित्रशास्त्र स्पष्ट है कि शैतान परमेश्वर और उसकी संतान को परास्त करने के लिए कठिन परिश्रम करता रहा है और करता रहेगा, जब तक कि उसे मसीह के हज़ार वर्ष के राज्य के पश्चात् स्थाई रूप से नर्क में नहीं डाल दिया जाता। वह जीतेगा नहीं परन्तु जितना अधिक संभव हो वह परमेश्वर की बहुत सी संतानों को अपने साथ नर्क में डाले जाने के लिए प्रयासरत् है। भलाई के पक्ष में, पवित्रशास्त्र स्पष्ट है कि परमेश्वर आरम्भ ही से मानवता के लिए संकट झेलने के साथ-साथ कठिन परिश्रम करता रहा है। परमेश्वर का पुत्र यीशु मसीह, अपने पिता के साथ कार्य करते हुए शारीरिक और आत्मिक रूप से मरा भी ताकि अनन्तकालीन रूप से विजयी होने को भलाई के लिए मार्ग बनाए। हमारे खातिर अपनी आत्मिक मृत्यु के द्वारा, यीशु पहली बार अपने पिता की घनिष्ठ सहभागिता से अलग हुआ ताकि परमेश्वर पर भरोसा करनेवाले एक क्षण के लिए भी कभी आत्मिक मृत्यु का अनुभव न करें (यूहन्ना 11:25-26; इफि. 4:8-10; इब्रा. 2:9, 11)। यीशु ने गलत को नाश करने के लिए एक मार्ग निकाला और इसे उन्हें देता है जो स्वयं का उसके समान धार्मिकता में परमेश्वर को समर्पण करते हैं (गला. 3:13-14; 2 कुरि. 5:21)। किसी भी प्रगति के लिए चाहे वह अच्छी हो या बुरी, समर्पण और प्रयास ज़रूरी है।

यदि सभी तरह की प्रगति समर्पण और प्रयास चाहती हैं, तब अधिकांश ऐसा क्यों सोचते हैं कि परमेश्वर, जो हमारे लिए लड़ रहा है, वह यह चाहता है कि उसकी संतान बेकार बैठे और कुछ न करे? पवित्रशास्त्र की प्रत्येक बात हमें यह सिखाती है कि परमेश्वर की सन्तान को पूरी तरह से पवित्र जीवन जीने और परमेश्वर की अगुआई में भलाई से बुराई को परास्त करते हुए धार्मिकता के काम करने हैं। तथापि ऐसे बहुत से लोग हैं जो मसीही (मसीह समान) होने का दावा करते हैं, जो न तो परमेश्वर की पवित्रता के अनुसार जीवन जीते और न ही पवित्र आत्मा की अगुआई में चलने का प्रयास करते हैं। यही लोग आपसे कहेंगे कि उन्हें इस बात का निश्चय है कि वे मृत्यु पश्चात् स्वर्ग जाएंगे। इस तरह की विचारधारा परमेश्वर के वचन के पूर्णतया प्रतिकूल है। पवित्रशास्त्र में कहीं भी परमेश्वर यह नहीं सिखाता कि कोई उसके पास आ सकता है, स्वर्ग में जाने का प्रवेश-पत्र उठा

सकता है, अपने आस-पास के संघर्षों की उपेक्षा कर सकता है, शारीरिक रूप से मरने पर यीशु स्वर्ग में उसकी आत्मा की रक्षा करता है।

अतः आज क्यों इतने लोगों ने इस तरह के विश्वास-कथन को एक पेशा बना लिया है कि उन्हें परमेश्वर पर भरोसा है और शिशु बपतिस्मा पाने या मसीह को उद्धारकर्ता के रूप में ग्रहण करने की घोषणा किये जाने के बाद कभी भी "मसीह में" नई सृष्टि होने का अनुभव नहीं पाते हैं (2 कुरि. 5:17)? वास्तव में, यीशु के पीछे चलने का सही समर्पण किये बिना परमेश्वर के परिवार में न तो आत्मिक जन्म होगा और न ही नई सृष्टि जैसा कोई व्यवहार होगा।

सृष्टि के आरम्भ से ही शैतान ने संसार से अपना सबसे बड़ा झूठ कहा है। आज, बहुत से हैं जो यह मानते हैं कि उद्धार स्वर्ग में जाने के प्रवेश-पत्र को पाने से अधिक और कुछ नहीं है जिसका उपयोग मृत्योपरांत किया जाता है। इस झूठ के कारण लोग यह सोचते हैं कि किसी भी चीज़ के श्रेष्ठ होने के लिए उन्हें स्वर्ग जाने तक की प्रतीक्षा करनी है। कितना बड़ा झूठ! शुद्धिकरण को परमेश्वर द्वारा ढाला व रचा गया है, और भले कार्यों का आरम्भ शीघ्र ही उनके लिए हो जाता है जो सच में यीशु के पीछे चलने लगते हैं (रोमि. 6:22)।

आज शैतान का सबसे बड़ा झूठ, जिसे बहुतों ने फैलाया है, वह उससे भी बुरा है जिसे उसने मध्य युग में बनाए रखा जिसके कारण मसीहियों में एक मुख्य सुधार आया। उस समय में शैतान ने कलीसिया के एक भाग में एक झूठ को बनाए रखा। जो पवित्रशास्त्र की गलत समझ से निकला था जैसे मत्ती 16:17-19। शैतान के झूठ ने बहुतों को इस विचार के धोखे में रखा कि वे अपने और/या अपने प्रियजनों तथा मरे हुओं के पापों की क्षमा के लिए कलीसिया के अधिकारियों को भुगतान कर सकते हैं, जिसमें उन्हें अधोलोक से निकलकर स्वर्ग जाने का प्रवेश-पत्र दिया जाता था।

यह नया झूठ, जिसका प्रसार बहुतों ने यह घोषण करते हुए किया कि कोई भी अपने पापों का अंगीकार करने और यीशु को अपना उद्धारकर्ता मानकर भले ही प्रभु के रूप में उसका अनुसरण न करे, स्वर्ग में जाने का प्रवेश-पत्र पा सकता है, बहुतों के यीशु मसीह का सही रीति से अनुसरण करने का विचार करने में बाधक रहा है। अपने अहम् से हटने और यीशु के पीछे चलने (पश्चात्ताप) के द्वारा ही एक व्यक्ति पापी होने के न्याय से बचता और परमेश्वर के परिवार में आत्मिक रीति से जन्म लेता है। आत्मिक नवीनीकरण परमेश्वर की इच्छा और नियमों अनुसार उसकी ओर से ही आता है (यूहन्ना 1:13; 2 पतरस 3:9)। परमेश्वर के परिवार में आत्मिक जन्म के द्वारा पापों का निष्कासन और परमेश्वर की धार्मिकता में विकास आता है। परमेश्वर का वचन स्पष्ट है, यदि लोग यीशु के पीछे चलने का सही समर्पण न करें, तो वे उसके शिष्य नहीं हो सकते (लूका

14:26-27; मत्ती 10:38)। यीशु के पीछे चलने का सही समर्पण किये बिना परमेश्वर के अनन्त पवित्र परिवार में आत्मिक जन्म नहीं होता। स्वर्ग परमेश्वर की संतान, उसके विश्वसनीय स्वर्गदूतों और उसके आत्मिक प्राणियों के लिये ही खुला है (प्रका. 21:7-8, 27)।

शैतान का समकालीन झूठ हव्वा से बोले गए उसके प्रथम झूठ से भी इस भाव में बुरा है कि हव्वा के निर्णय ने स्वयं उसे और शेष संसार को अनन्तकालीन रूप से दोषी नहीं ठहराया, परन्तु शैतान के वर्तमान झूठ के उन सभी के लिए अनन्तकालीन परिणाम हैं जो परमेश्वर के बजाय उसकी सुनते हैं। शैतान के वर्तमान सत्य की विकृति ने बहुतों को अनन्तकालीन सुरक्षा का झूठा भाव दिया है, और इसलिए नियमित रूप से चर्च जानेवाले भी संसार के अन्य लोगों के समान रह रहे हैं और सक्रियता से यीशु के पीछे नहीं चल रहे हैं।

नियमित रूप से चर्च न जानेवाले लोग जब हमारी समकालीन कलीसियाओं को देखते हैं, तो उन्हें पवित्र गवाही नहीं दिखाई देती जहाँ परमेश्वर के लोगों में ईश्वरीय प्रेम है। इसलिए हम शैतान के वर्तमान झूठ के कारण दुगने प्रहार को सह रहे हैं:

(1) चर्च जानेवाले अधिकांश लोगों ने न तो उद्धार पाया है और न ही वे आत्मिक रीति से बढ़ रहे हैं; और
(2) स्थानीय कलीसियाओं से बाहर बहुतों में परमेश्वर के बारे में जानने की कोई इच्छा नहीं है क्योंकि मसीहियत एक सामाजिक क्लब के रूप में दिखाई देती है जहाँ लोग साहचर्य द्वारा एक दूसरे की सहायता कर परमेश्वर के सम्मुख धर्मी होने का अनुभव करते हैं परन्तु अन्य दूसरों की कोई चिन्ता नहीं करते हैं।

यह अधर्मी गतिविधि परमेश्वर के हृदय को तोड़ रही है! यह बहुतों की परमेश्वर के प्रति एक भयानक गवाही है जो यह दावा करते हैं कि मसीह उनका उद्धारकर्ता है। हमारे समकालीन संसार में शैतान का सबसे बड़ा झूठ बहुतों को यह झूठी आशा देते हुए बना हुआ है कि हर कोई स्वर्ग जा रहा है। यह अधर्मी गतिविधि परमेश्वर के सुसमाचार के संदेश को बिगाड़ रही है जो लोगों को विनाश के चौड़े मार्ग पर से उतरने को प्रोत्साहित नहीं करती। इसी कारण बहुत से लोग आत्मा से जन्म लेने और परमेश्वर के साथ उसकी वर्तमान सृष्टि में जुड़ने के बजाय रिक्त अवस्था में अपने जीवन जीते हैं।

परमेश्वर कार्यरत् है

शुभ संदेश का एक भाग यह है कि परमेश्वर सभी की आत्मिक और भौतिक संसार की सच्चाई को समझने में सहायता करने के लिए सदैव कार्यरत् है। हर कोई भौतिक संसार में जो कुछ देखता है उसके द्वारा अनुभव करता है (रोमि. 1:18-22; 2:11-16; यूहन्ना 3:19-20), परन्तु अपने सृष्टिकर्ता की सुनने की इच्छा के द्वारा ही हर कोई आत्मिक को समझने में सक्षम होता है (यूहन्ना 3:21; प्रेरित. 22:14अ; 1 कुरि. 2:10,16)। इस समझ के द्वारा, एक व्यक्ति अधिक पूर्णता से भौतिक संसार को भी समझने में सक्षम होता है। दु:ख की बात है कि बहुतों का ध्यान पाने के लिए परमेश्वर उनके जीवनों में बुरी चीज़ें होने देता है। ऐसा लगता है कि जब चीज़ें हमारे सोचने के तरीके के अनुसार होती हैं, हमारे पास न तो परमेश्वर की सुनने के लिए समय होता है और न ही इच्छा; चाहे हम उस पूर्ण जीवन का अनुभव भी नहीं कर रहे होते हैं जिसकी इच्छा परमेश्वर हमारे लिए करता है (प्रका. 3:17-18)। तौभी, परमेश्वर सभी सुननेवालों को जगाने के कार्य में लगा रहता है। पवित्र आत्मा सदैव सभी के हृदयों और मनों में सक्रियता के साथ कार्य करते हुए सच्चाई को सिखाता रहता है (रोमि. 2:11-16; यूहन्ना 16:8-11)। कई बार परमेश्वर शांत क्षणों में, कई बार चमत्कारी घटनाओं द्वारा, कई बार त्रासदियों द्वारा जैसे किसी घनिष्ठ की मृत्यु का अनुभव और कई मामलों में दैनिक अनुभवों के द्वारा हमारा ध्यान अपनी ओर लाता है।

इस तरह के विचार के लिए अय्यूब एक अच्छा उदाहरण है। अय्यूब परमेश्वर का आदर करनेवाला एक धर्मी व्यक्ति था (अय्यूब 1:1, 8), परन्तु परमेश्वर को अच्छी तरह से नहीं जानता था। इसके अतिरिक्त, यद्यपि वह परमेश्वर के सम्मुख एक खरा व्यक्ति था, वह परमेश्वर की शेष सृष्टि के समान परमेश्वर की इच्छा को सिद्धता से पूरा नहीं कर पाया था (रोमि. 3:23)। बारी-बारी से क्लेश के द्वारा परमेश्वर ने शैतान को अनुमति दी कि अय्यूब को दु:ख दे (अय्यूब 30:25-31)। जब समय सही था और अय्यूब ने अपनी धार्मिकता की प्रशंसा की (अय्यूब 27:6), परमेश्वर ने स्वयं का उससे एक अत्यंत व्यक्तिगत ढंग से परिचय कराया और अय्यूब को पापी होने का अंगीकार कराने की स्थिति में लेकर आया। यशायाह के समान (यशा. 6:1-17), जब अय्यूब ने जाना कि उसने अपने जीवन में पाप किया था, उसने पश्चात्ताप किया और अधिक पूर्णता के साथ परमेश्वर का अनुसरण करने की वचनबद्धता की (अय्यूब. 38:1-40;4-42:6)। कई तरह से, हमारे जीवन संघर्ष भी ऐसे ही होते हैं और परमेश्वर उनका उपयोग ठीक वैसे ही हमारे चरित्र को बनाने में करता है जैसा उसने अय्यूब से किया था-यदि हम सुनें (रोमि. 5.3-5)।

यद्यपि हमारे आस-पास कार्य करनेवाली आत्मिक शक्तियों को हमारी शारीरिक इन्द्रियों से अनुभव नहीं किया जा सकता, उनमें से कुछ बुरी को परमेश्वर की ज्योति से पहचाना जाता है। यदि हम परमेश्वर को हमारे साथ कार्य करने और सहवर्ती भौतिक व ात्मिक संसारों की सच्चाई को प्रकाशित करने की अनुमति न दें, हम अपने चारों और प्रबलता से होनेवाले आत्मिक युद्धों से अनभिज्ञ रहते हैं क्योंकि शैतान प्रत्येक व्यक्ति की आत्मा का नाश करने को लड़ता है। सभी का सृष्टिकर्त्ता के प्रभुत्व में पूरे हृदय से समर्पण करना ज़रूरी है। यह परमेश्वर को अवसर देता है कि प्रत्येक को उसके अनन्तकालीन पवित्र परिवार का हिस्सा बनने का प्रशिक्षण दे व समर्थ करे।

सबसे बड़ा आत्मिक युद्ध जिसका सामना प्रत्येक व्यक्ति को करना है वह यह कि क्या वह परमेश्वर को अपनी स्वप्न समान स्थिति से जिसमें वह रहता/रहती है जगाने की अनुमति देगा/देगी या नहीं? वास्तव में, जागने के बजाय इस स्वप्न समान स्थिति में रहना आरामदायक और सुरक्षित लगता है। यह स्थिति चेतना की बदली हुई स्थिति की तरह है जिसमें व्यक्ति अज्ञात भले या बुरे से बचने के लिए निश्चित मित्रों और गतिविधियों के समूह में रहकर एक परिचित स्थान को पाता है। इसकी तुलना एक हिरोईन (नशीला पदार्थ) के आदी से जी जा सकती है जो इस संसार की अपनी आत्मिक और भावनात्मक पीड़ा से बचता है। एक बार हिरोईन का नशा कर लेने पर, वह उसका आदी हो जाता/जाती है और उस सुन्न बना देनेवाली अवस्था पर निर्भर हो जाता/जाती है जिसमें हिरोईन रहित संसार को जगाना मानसिक और शारीरिक रूप से बहुत ही असुविधाजनक होता है क्योंकि देह को भावना के अनुकूल करना होता है।

परमेश्वर को मौजूदा आत्मिक संसार की सच्चाई के लिए हमें जगाने की अनुमति देना जो हमारे भौतिक संसार को प्रभावित करती ओर उसमें व्याप्त हो जाती है, जो नशीली दवा को बंद करने के समान चौट पहुंचाने वाला हो सकता है। परमेश्वर हमारे आत्मिक संसार के साथ साथ हमारे भौतिक संसार और हमारे आगे लिये जानेवाले निर्णयों के परिणामों की सच्चाई के लिए हमें निरन्तर जगाता रहता है।

हमारे भौतिक संसार में, परमेश्वर और जिस आत्मिक संसार में हम रहते हैं उसे समझने में कई तरह की व्यस्तता बाधक है। राजा सुलैमान इसका एक अच्छा उदाहरण है। राजा के रूप में, संसार के दृष्टिकोण से वह बहुत बुद्धिमान राजा था और उसने अच्छे कार्य किये: उसने अपने आस-पास के संसार से स्वयं को बचाने और अपने लोगों की रक्षा करने के लिए अपने नगरों और सेना को बनाया (1 राजा 4:20-28; 10:14-29; सभो. 2:1-10), परन्तु वह अपनी व्यक्तिगत और राष्ट्रीय आत्मिक शक्ति को बनाने में असफल रहा (1 राजा 11:1-13)। अपने जीवन के अन्तिम समय में, उसने अनन्तकाल के प्रकाश में विचार करने पर जाना कि भौतिक संसार में उसकी व्यस्तता अधिक महत्वपूर्ण नहीं थी।

जीवन में उसे यह जानने में बहुत देरी हो गई कि किसी के भी जीवन का सबसे महत्वपूर्ण भाग परमेश्वर का आदर करना और सभी सुननेवालों की एक ऐसे स्थान के लिए अगुआई करना है जहाँ बुराई से घृणा और परमेश्वर से प्रेम किया जाता है (सभो. 3:14; 12:13-14)।

सभी सुननेवालों को परमेश्वर उनके पहले संसार से भी बड़े संसार के मार्ग पर चलाना आरम्भ करता है। जो लोग परमेश्वर को जगाने की अनुमति देते हैं वे अतीत के पापों का पुनर्मूल्यांकन करने की आवश्यकता को जानना आरम्भ करते हैं और उचित समायोजन करते हैं ताकि परमेश्वर और दूसरों के साथ उचित संबन्ध को जान सकें। सत्य संसार के लिए उनकी चेतना का आरम्भ उस बदलाव से होता है जो पहले स्व-केन्द्रित रही थी और अब अधिक से अधिक परमेश्वर, उसके मानदण्ड और उसकी सृष्टि के साथ मेल खाती है। परमेश्वर अधिक से अधिक लोगों को अपने स्वभाव के एकत्रीकरण में ला रहा है-सुननेवालों के लिए अनन्त जीवन को उत्पन्न करते हुए; जो प्रेम, आनन्द, भीतरी शांति उत्तेजना से भरा है।

जो लोग परमेश्वर को अनुमति देते हैं कि वह उन्हें उनके व्यक्तिगत, स्व-केन्द्रित और पाप-मोह के संसारों से जगाए और सृष्टि के सृष्टिकर्ता से सीखना और आज्ञाकारिता के साथ भरोसा करते हैं, वे अंत में एक ऐसे स्थान पर आते हैं जहाँ वे यह जानने लगते हैं :

(1) सभी के लिए अच्छे या बुरे परिणामों के साथ जीवन सच में अनन्तकालीन है जो अनन्तकाल के इस भाग में लिये चुनावों पर आधारित है;
(2) वे, जो अनन्तकाल के अपने इस भाग में आज्ञाकारिता के साथ परमेश्वर की सुनते हैं, मसीह के नैतिक स्वरूप में सिद्ध निष्कलंक व्यक्तियों के रूप में रूपांतरित होंगे; और
(3) आज्ञाकारिता से परमेश्वर की सुननेवाले स्वर्ग में सदा तक परमेश्वर के और अन्य सिद्ध संतानों के साथ उसके अनन्तकालीन घनिष्ठ पवित्र परिवार में ईश्वरीय प्रेम, आनन्द और भीतरी शांति को अनुभव करते हुए रहेंगे।

एक बार मरने के लिए जन्म लेना

और जैसे मनुष्यों के लिए एक बार मरना और उसके बाद न्याय...इब्रा. 9:27

बहुत समय पहले, एक राजा था जो यह चाहता था कि परमेश्वर उसकी यह स्मरण रखने में सहायता करे कि अपने भौतिक जीवन को जीने के लिए उसके पास सीमित समय है। इससे उसे जीवन में महत्वपूर्ण चीज़ों पर ध्यान केन्द्रित करने में सहायता मिलती (भजन. 39: 4-5)। हम सभी के समान, राजा दाऊद को पता था कि अनन्तकाल के इस भाग में रहने के लिए उसका सीमित समय था। वह अपने सीमित समय के लिए उचित दृष्टिकोण रखना चाहता था ताकि इस भाग को ऐसे जीये जो उसके सृष्टिकर्ता को प्रसन्न योग्य हो (भजन. 103:33-105:5)।

जिस समय से एक व्यक्ति भौतिक रूप से समझना आरम्भ करता है, उसका एक अनन्तकालीन अस्तित्व हो जाता है। इसके बाद, परमेश्वर उन्हें इस भौतिक या शारीरिक अवस्था में अनन्तकालीन पवित्र परिवार के सदस्यों के रूप में बढ़ाने लगता है जो अपने अनन्तकालीन जीवन के इस भाग में उसकी सुनते हैं। सृष्टि प्रक्रिया में है और परमेश्वर के अनन्तकालीन परिवार में लोगों को लाती रहेगी जब तक कि यीशु के हज़ार वर्ष के राज्य का अन्त नहीं हो जाता। इस समय में प्रत्येक में आत्मा के दान को ग्रहण करने और परमेश्वर के प्रति समर्पण करने के द्वारा अनन्त जीवन के अनुरूप रहने की योग्यता है। यदि लोग परमेश्वर के तरीकों (पवित्रता) और पवित्र आत्मा की अगुआई में चलेंगे, उनका दूसरी बार जन्म होगा। इस बार उनका जन्म पवित्र आत्मा के अनन्तकालीन अन्तर्वास करने के द्वारा परमेश्वर के अनन्तकालीन परिवार में होता है (यूहन्ना 3:1-8; इफि. 1:13-14;1 यूहन्ना 4:7)।

पवित्रशास्त्र में, पवित्र लेखकों ने विविध शब्दों का उपयोग किया है जैसे परमेश्वर की ''बुलाहट, चयन और चुनाव'' उन्हें सूचित करने लिए जो परमेश्वर के पति समर्पण करने के कारण परमेश्वर से जन्मे हैं। परमेश्वर का प्रेम ही बहुतों को उसके पास लेकर आता है। परमेश्वर का वचन यह भी स्पष्ट करता है कि किसी को भी यीशु के सामने चरित्र की गवाही देने की अनुमति नहीं है कि उसके महान श्वेत न्याय सिंहासन पर उनकी ओर से बोले। वह प्रत्येक के उद्देश्यों और कार्यों को जानता है और संपूर्ण सृष्टि पर सब कुछ प्रगट करता है (लूका 8:17; प्रका. 20:11-15; तु.क. 2 थिस्स. 2:10)।

विनाश की ओर जानेवाले चौड़े मार्ग पर पाप में जन्म लेना

परमेश्वर की सृष्टि पर विचार करने पर, हम कुछ कथन बना सकते हैं :

(1) प्रत्येक को अनन्त प्राणी होने को बनाया गया था;

(2) आदम और हव्वा के अतिरिक्त हर किसी का जन्म पाप से भ्रष्ट संसार में हुआ और धब्बेदार चरित्र के साथ जीवन भर विनाश के चौड़े मार्ग पर चलते हैं;
(3) जो कोई परमेश्वर के अनन्तकालीन घनिष्ठ पवित्र परिवार का हिस्सा बनकर परमेश्वर के साथ रहना चाहता है उसे उसके प्रभुत्व में समर्पण करना है।

अतः हम कितने धब्बेदार हैं, और कोई क्यों परमेश्वर के प्रभुत्व के प्रति समर्पण करना चाहेगा?

परमेश्वर हमसे न तो पतित भ्रष्ट संसार से प्रेम करने और न ही संसार के विविध तरीकों से प्रेम करने को कहता है क्योंकि वे परमेश्वर के नहीं हैं (1 यूहन्ना 2:15), और वे अन्त तक नहीं रहेंगे (2 पतरस 3:7-13; प्रका. 22:1)। वह स्व-केन्द्रित बनाम सभी के लिए परमेश्वर-केन्द्रित प्रेम के आधार पर संसार के तरीकों को बताता है। परमेश्वर का वचन स्पष्ट है: एक स्व-केन्द्रित जीवन-शैली अनन्त पीड़ा और दु:ख की ओर लेकर जाती है; परन्तु जो परमेश्वर की इच्छा और तरीकों के अनुसार जीवन जीना चाहते हैं, उनके लिए शीघ्र ही परमेश्वर के साथ अनन्त जीवन और भीतरी शांति व आनंद का आरम्भ हो जाता है (रोमि. 6:22)।

आइये उड़ाऊ पुत्र की ओर ध्यान से देखें। एक प्रेमी पिता और दो स्व-केन्द्रित पुत्रों के बारे में मसीह की शिक्षा को देखने पर (लूका 15:1-2, 11-32), हम कुछ महत्त्वपूर्ण तथ्यों पर ध्यान देते हैं :

(1) प्रेमी पिता ने अपने परिवार और कर्मचारियों की आवश्यकता पूर्ति के लिए कठिन परिश्रम किया। उसने अपनी ओर कोई ध्यान नहीं दिया परन्तु इसके विपरीत उसने अपना जीवन सच्चे प्रेम के आधार पर इस तरह से जीया कि दूसरों के लिए आशीष बन सके;
(2) अत्यंत विद्रोही छोटे बेटे को न तो दूसरों की और न ही भविष्य की कोई चिन्ता थी। कुछ बड़ा होने पर, उसने सांसारिक आनन्द पाने के लिए घर छोड़ दिया, इस पर ध्यान न देते हुए कि इसका उसके भविष्य पर क्या प्रभाव पड़ेगा; और
(3) दूसरा पुत्र, जिसे यीशु की कहानी में आगे रखा गया है, उसे घर में टिके रहने और भूमि की देखभाल में सहायता करने के द्वारा कुछ मात्रा में पिता के प्रति विश्वासयोग्य दिखाया गया है, परन्तु दूसरों के प्रति सच्चे प्रेम की कमी,

विशेषकर अपने भटके भाई के प्रति, इस कारण वह छोटे भाई के समान ही परमेश्वर से दूर था।

वास्तव में, यीशु की कहानी का अन्त दो खोए पुत्रों से होता है, जिन्होंने अपने जैविक पिता के प्रेम का अनुभव पाया था और अपने भीतर परमेश्वर के प्रेम को बढ़ने नहीं दिया था। एक पुत्र पश्चात्ताप करते हुए उसके कारण घर आया था, जो उसके पिता ने उसे दिया था, और दूसरा जो घर पर रह रहा था वह अपने पिता की नैतिक कसौटी में कानूनी रूप से रहा था परन्तु हृदय से नहीं।

इस कहानी को समाप्त करने पर, यीशु ने यह नहीं कहा कि दोनों में से किसी भी पुत्र में अपने पिता और दूसरों के प्रति सच्चा प्रेम था। ऐसा संभव है कि दोनों ने पूर्णतया भिन्न स्थिति का अनुभव करने पर परमेश्वर को उन्हें उसके मानदण्ड के आधार पर सिखाने की अनुमति दी। यदि वे ऐसा नहीं करते तो उनमें से किसी को भी परमेश्वर के अनन्तकालीन परिवार में प्रवेश नहीं मिलता। परमेश्वर के अनन्तकालीन पवित्र परिवार का हिस्सा बनने के लिए उससे तथा दूसरों से प्रेम करने हेतु हमें परमेश्वर को हममें से प्रत्येक की अगुआई करने और सिखाने की अनुमति देनी है (मत्ती 5:43-48; 22:37-40; लूका 10:30-37)।

यीशु की कहानी पर विचार करने पर हमारे लिए इस पर ध्यान देना महत्वपूर्ण हो जाता है कि यीशु फरीसियों से बात कर रहा है (लूका 15:1-2)। फरीसियों को नैतिक रूप से अच्छा जाना जाता है और उनकी हमारे समकालीन कलीसियाई सदस्यों से तुलना की जा सकती है। आज अधिकांश कलीसिया सदस्य नैतिक रूप से अच्छे हैं परन्तु उनमें दूसरों की चिन्ता या परवाह करने की कमी है। परमेश्वर के नैतिक नियमों का विश्वासयोग्यता से अनुसरण करना अच्छा है, परन्तु दूसरों के प्रति सच्चे प्रेम और परवाह किये जाने के बिना, उसी से चूक रहे हैं जो सबसे महत्वपूर्ण है (1 कुरि. 13:1-8अ)।

हम में से कितनों में, जो नियमित रूप से चर्च जाते और परमेश्वर की सामान्य आज्ञाओं पर चलने का प्रयास करते हैं, भटके हुओं के लिए सच्ची दया नहीं है? वास्तव में दोनों पुत्रों की जीवन-शैली अधर्मी थी, और ऐसी जीवन-शैली का परमेश्वर के पवित्र परिवार में कोई स्थान नहीं है। यदि हममें दूसरों के लिए सच्चा प्रेम नहीं है तो परमेश्वर से शैतान के धोखे और हमारी अपनी स्व-केन्द्रित इच्छाओं को प्रगट करने को कहें ताकि हम परमेश्वर के पास आने और उसे अधिक पूर्णता से प्रेम करने का निर्णय पूरे हृदय से ले सकें। कोई भी तब तक परमेश्वर के परिवार का हिस्सा नहीं बनता जब तक कि वह परमेश्वर को उसकी समानता में अपने को आकार देने व ढालने की अनुमति नहीं दे देता (मत्ती 5:3-12; गला. 5:22-23)।

यीशु हमें इस बात को कई तरह से बताता है कि भले को जानने और भला करने की योग्यता स्वर्गीय पिता की ओर से ही आती है (मत्ती 19:17; लूका 18:19; यूहन्ना 20:17)। केवल वही भला है और सारी भलाई उसी से प्रवाहित होती है। इसलिए, उस सबमें जो हम करते हैं हमारे उद्देश्यों का पुनर्मूल्यांकन करने के लिए हमें एक सृष्टिकर्ता की ज़रूरत है। जब भी हम चेतन या वचेतन रूप में अपने आप को, अपने परिवारों को या अन्य संस्थाओं को दूसरों से पहले रखते हैं, हम संसार को वैसे नहीं देख रहे होते हैं जैसे परमेश्वर उसे देखता है।

परमेश्वर का जीवन का ढंग और मानदण्ड ऊंचे हैं परन्तु पुरस्कृत करनेवाले हैं। किसी भी सच्चे धर्मी प्रेम को जानने का एकमात्र तरीका, जो भीतरी शांति और आनंद उत्पन्न करता है, परमेश्वर की सुनते हुए जीवन बिताना और उसके मानदण्ड के अनुसार जीना है। हमारे प्रति उसके महान प्रेम और दिलचस्पी के कारण वह प्रभु के रूप में हमारा समर्पण पाने के योग्य है। परमेश्वर चाहता है कि हम अच्छे जीवन के बारे में जानें और वह सभी सुननेवालों की उस प्रेम को सीखने में सहायता करता है जो वह हमसे करता है (यूहन्ना 13:34; 15:10-13)।

परमेश्वर की धार्मिकता

> पर अब बिना व्यवस्था परमेश्वर की वह धार्मिकता प्रगट हुई है, जिसकी गवाही व्यवस्था और भविष्यद्वक्ता देते हैं। अर्थात् परमेश्वर की वह धार्मिकता, जो यीशु मसीह पर विश्वास करने से सब विश्वास करनेवालों के लिये है; क्योंकि कुछ भेद नहीं। इसलिये कि सबने पाप किया और परमेश्वर की महिमा से रहित हैं। परन्तु उसके अनुग्रह से उस छुटकारे के द्वारा जो मसीह यीशु में है, सेंतमेंत धर्मी ठहराए जाते हैं। (रोमियों 3:21-24)

पाप का परिणाम

पौलुस के माध्यम से परमेश्वर हमें सिखाता है कि देह और हमारे पतित स्व-केन्द्रित स्वभाव के कारण व्यवस्था दुर्बल थी (रोमि. 8:3)। अन्य शब्दों में, कई बार हमारी स्वामी इच्छाएं जिनका परिणाम पाप और मृत्यु होता है। उन पवित्र आत्मिक इच्छाओं पर प्रबल होती हैं जिन्हें परमेश्वर हमारे मनों में डालता है। पवित्रशास्त्र हमें पष्टतया सिखाता है कि कोई भी पाप और कार्य जो परमेश्वर के निर्देशों का उल्लंघन करता है, उसका दण्ड

मृत्यु, परमेश्वर और उसके अनन्तकालीन घनिष्ठ परिवार से अलगाव है। हमें परमेश्वर के अनन्तकालीन घनिष्ठ परिवार का हिस्सा होने को बनाया गया है, परन्तु पाप के कारण, हम उस परिवार से अलग हो जाते हैं।

मूसा के दिनों में, परमेश्वर ने सिखाया कि उसके पीछे चलनेवालों को पवित्र जीवन जीना होगा : ऐसा जीवन जो उनसे दूर व पृथक है जो उसके मार्गों पर नहीं चलते। इस्राएल परमेश्वर का अनुसरण करने को तैयार था और उससे एक पवित्र राष्ट्र बने रहने को कहा गया था कि समस्त संसार पर परमेश्वर के परवाह करनेवाले स्वभाव को व्यक्त करे (निर्ग. 19:5-6)। उन्हें आज के मसीह के अनुयायियों के समान संसार के लिए ज्योति बनना था। परमेश्वर अपने पवित्र जीने के ढंग में किसी बाधा को पसंद नहीं करेगा। इसलिए वह पाप को उन लोगों में नहीं रहने देना चाहता जो उसकी अनन्त उपस्थिति में रहने का चुनाव करते हैं। धर्मी स्वभाववाला परमेश्वर अपनी उपस्थिति में भलाई और बुराई दोनों के अस्तित्व को अनुमति नहीं देता। इसी कारण पवित्रशास्त्र हमें बार-बार सिखाता है कि परमेश्वर पवित्र है और वह चाहता है कि हम, उसकी संतान, पवित्रता की खोज करें (लैव्य. 19:1-2; 1 पतरस 1:14-19)।

सभी पाप कर रहे हैं

चूंकि हमारा स्वर्गीय पिता पवित्र है और वह पाप को अपनी समीपता में नहीं रहने देता, पौलुस ने सुस्पष्ट रूप से बताया कि ''पाप की मज़दूरी मृत्यु है'' (रोमि. 6:23)। जी उठे प्रभु से सामना होने और कई वर्षों तक पवित्र आत्मा की अगुआई में चलने पर पौलुस ने यह भी सुस्पष्ट रूप से कहा कि ''सभी ने पाप किया है और परमेश्वर की महिमा से रहित हैं'' (रोमि. 3:23)। यह पौलुस की विचारधारा में बदलाव था, जिसने अपने आरम्भिक वर्षों में अपने देश के लोगों के साथ इस पर विश्वास किया था कि वे व्यवस्था के निर्देशों पर चलते हुए परमेश्वर के लिए उत्साहपूर्ण जीवन जी सकते हैं और दु:ख उठानेवाले मसीहा के प्रायश्चित के कार्य के बिना वे बचाए जा सकते हैं (यशा. 52:13-:12; रोमि. 9:30-10:4)। इब्रानियों के लेखक ने निर्भीकता का कथन कहा कि बैलों और बकरों का लहू उसकी ओर संकेत कर रहा था जो परमेश्वर का पुत्र करने जा रहा था और कि पाप को उनके बलिदानों से नहीं हटाया गया था; इसे मसीह के द्वारा हटाया गया था (इब्रा. 9:23; 10:14)।

जी उठे प्रभु से सामना होने के पश्चात् पौलुस यह समझ गया कि वह और उसके उत्साही देशवासी उस आवश्यकता को नहीं समझ पाए थे जिसमें परमेश्वर ने उनके जीवनों से पाप को हटाने के लिए अपनी धार्मिकता में एक बहुमूल्य चमत्कार किया था (रोमि. 1:16-17; फिलि. 3:4-11; 2 कुरि. 5:21)। परमेश्वर की व्यवस्था में, पाप को कैंसर के बुरे कीटाणुओं के समान हटाया जाना था न कि उन्हें ढांकना था। जब हम यह समझने लगते हैं कि वास्तव में परमेश्वर कितना धर्मी है और हम कितने पापी हैं, हम

यशायाह के साथ जुड़कर यह व्यक्तिगत रूप से कह सकते हैं, "हाय! हाय! मैं नष्ट हुआ; क्योंकि मैं अशुद्ध होंठवाला मनुष्य हूँ.... (मुझे यह पता है क्योंकि) मैंने सेनाओं के यहोवा महाराजाधिराज को (जो अगुवा है, जो पवित्र, पवित्र, पवित्र है) अपनी आँखों से देखा है" (यशा. 6:5)।

एक वास्तविक समस्या

अत: जब हम यह समझने लगते हैं कि परमेश्वर किसी को भी अपनी अनन्त उपस्थिति में पाप के साथ नहीं आने देगा, तब हम यह समझना आरम्भ करते हैं कि हमारी एक वास्तविक समस्या है। पाप परमेश्वर से अलग करता है (यशा. 59:1-8, रोमि. 6:23)। हम यह समझना आरम्भ करते हैं कि परमेश्वर पवित्र है और कि वह किसी भी पाप करनेवाले व्यक्ति को अपनी अनन्त उपस्थिति में नहीं आने देगा क्योंकि पाप स्वीकार्य नहीं है। यह कैंसर के समान है। जांच न किये जाने पर यह उस धर्मी संबन्ध के लिए मृत्यु लाएगा जो संबन्ध हम परमेश्वर के साथ रखते हैं। तथापि, हम यह जानते हैं कि परमेश्वर ने हमें उसके साथ घनिष्ठ समीपता में रहने को बनाया है कि अनन्तकाल में उसके घनिष्ठ पारिवारिक सदस्यों के रूप में रहें। इसके अतिरिक्त, हम यह जान पाते हैं कि यद्यपि परमेश्वर ने अपने अनुग्रह के विविध कार्यों में से एक में हमें मूसा के द्वारा अपनी लिखित व्यवस्था को दिया है, तौभी न ही व्यवस्था और न ही हमारी आज्ञाकारिता किसी को भी बचा पाती है क्योंकि व्यवस्था सिद्धता से जीवन जीने की मांग करती है जो हम कर नहीं पाते।

परमेश्वर की उपस्थिति में रहने के लिए, सिद्ध अथवा संपूर्ण संबन्धों में विनाश के कारक के रूप में पाप नहीं होना चाहिए। हमारा इस वास्तविकता से आमना-सामना होता है कि परमेश्वर की सहायता के बिना, हम सभी प्रकाशितवाक्य 20:11-15 (तु. क. गला. 3:24) में कथित दूसरी मृत्यु का सामना करेंगे। परमेश्वर के हस्तक्षेप के बिना, हम अनन्तकाल के लिए उससे अलग हो जाएंगे। उसकी सहायता के बिना, किसी को भी उसके साथ अनन्त, घनिष्ठ पारिवारिक सदस्य के रूप में रहने की अनुमति नहीं होगी। कोई अनन्त शांति नहीं होगी।

धर्मी ठहराना : परमेश्वर के समान पवित्र होना

हमारे लिए परमेश्वर के सर्वोच्च धर्मी कार्यघ्उसके अभिषिक्त, मसीहा, यीशु, की मृत्यु पर विचार करने पर हम यह जान पाते हैं कि यद्यपि पिता ने अपने पुत्र की अस्वीकृति और मृत्यु पर बड़ा दु:ख सहा, दोनों को ही यह पता था कि वे हमारे लिए उनके साथ पुनर्मेल करने का एकमात्र मार्ग बना रहे थे जो सदा का था। परमेश्वर की मृत्यु

उनके सभी पापों को हटाने के लिए ज़रूरी थी जिन्होंने उस पर भरोसा करना सीखा था (यूहन्ना 3:14-15; तु. क. यशा. 53; 2 कुरि. 5:21)। परमेश्वर की व्यवस्था में, दूसरों के अपराध के दण्ड को इस तरह से चुकाया जाना था कि सारे पाप हटा दिये जाएं और अनन्तकाल तक के लिए मिटा दिए जाएं। परमेश्वर की किसी भी सृष्टि के उसके साथ रहने के लिए धर्मी ठहराया जाने, पाप के बिना धर्मी बनाए जाने की ज़रूरत थी; यह वैकल्पिक नहीं था (यूहन्ना 3:47-17; 2 कुरि. 5:21)।

जब कोई परमेश्वर की पवित्रता और अपने पापी होने की दशा को जानना आरम्भ करता है, तब परमेश्वर के सम्मुख समर्पण करने से पहले एक व्यक्ति के जीवन में सफाई करने की व्यक्तिगत इच्छा हो सकती है। समस्या यह है कि परमेश्वर की सहायता के बिना, कोई भी सिद्ध पवित्रता को अपनी पाप से भ्रष्ट शक्ति से प्राप्त नहीं कर सकता। इसी कारण हमारे स्वर्गीय पिता ने विषय को अपने हाथों में लेकर अपने पुत्र की मृत्यु के द्वारा हमारे पापों को हटाने के लिए एक मार्ग निकाला और इस प्रकार अपनी पवित्र समानता में हमारे चरित्र को नया बनाता है। यह परमेश्वर का धर्मी कार्य है - (रोमि. 1:16-17) न कि हमारा अपना-परमेश्वर में हमें पवित्र लोगों के रूप में रूपान्तरित करने की क्षमता है जो उसके स्वर्गीय राज्य में उसके और एक दूसरे के साथ रहने के योग्य हैं। क्रूस पर यीशु की मृत्यु के चमत्कार के द्वारा, उसके अनुयायियों के सभी पापों को हटाकर बदले में उन्हें परमेश्वर की धार्मिकता को दिया जाता है (2 कुरि. 5:17; 1 पतरस 2:24)।

मैंने व्यक्तिगत रूप से कइयों को वर्षों से परमेश्वर के उसके परिवार में आने के निमंत्रण को ठुकराते देखा है, क्योंकि वे तब तक प्रतीक्षा करना चाहते थे जब तक कि अपने जीवनों को उसके साथ अधिक पवित्रता में नहीं ढाल लेते। मैं जानता हूँ कि ऐसा कोई भी नहीं है जो पश्चात्ताप किये बिना अपने जीवन को सही कर परमेश्वर तक पहुंचने में समर्थ हो। शुभ समाचार यह है कि किसी को ऐसा नहीं करना है। परमेश्वर हम से केवल इतना चाहता है कि हम पवित्र जीवन जीयें और उसका तथा उसके मार्गों का अनुसरण करने की वचनबद्धता करें। वह विश्राम करता है। परमेश्वर ही है जो हमें आकार देता और हमें समर्थ करता है कि हम यहाँ और अभी धर्मी जीवन जीना आरम्भ कर सकें (प्रेरित. 1:8; रोमि. 8:14; गला. 5:22-23)।

मन में इसे रखते हुए, आइये रोमियों 8:28-30 के अनुसार पुत्र के रूप में पुनर्मेल के अर्थ को नये सिरे से पकड़े रहें। हमारा स्वर्गीय पिता हमें बता रहा है कि यदि हम अपने परमेश्वर के हमारे प्रति महान प्रेम के कारण उससे प्रेम करना सीखते हैं :

(1) हमारे प्रतिक्रिया देनेवाले प्रेम के कारण हमें बुलाया (चुना) गया है, और उस बुलाहट में, परमेश्वर हमें अपने शुद्ध स्तर के अनुग्रह और धार्मिकता में अधिक से अधिक यीशु की समानता में परिपक्व होने में सहायता करेगा (याकूब 1:12);

(2) हमें धर्मी ठहराया गया है: हमारे पापों को परमेश्वर के महान चमत्कारी कार्य के द्वारा हटा दिया गया है, जिसने हमारे पापों को अपने पापों के रूप में लिया,

और हमारे पापों के बदले में उसने हमें अपनी धार्मिकता दी है (तु. क. रोमि. 3:21-28; गला. 3:13; 2 कुरि. 5:17-21) और;

(3) हम पूर्ण महिमा पाए हुए, पूर्ण पुत्रत्व प्राप्त और यीशु के पुत्रत्व व चरित्र से मेल खाते हुए सिद्ध नैतिक चरित्र को पाते हैं (तु. क. यूहन्ना 17:23, 26; रोमि. 8:14-17; 1 यूहन्ना 3:1-2)।

जैसे ही हम यीशु से प्रेम करना, उसकी आज्ञा मानना और उस पर भरोसा रखना सीखते हैं, हम अपने पिता की प्रतिज्ञाओं के लिए मान्य होने लगते हैं। परमेश्वर के साथ चलने पर, हम ईश्वरीय परिवार और उसके अनुरूप शांति के लिए परमेश्वर की सिद्ध योजना पर भरोसा करने लगते हैं और उस दिन की ओर देखने लगते हैं जब हम स्वर्ग में उसके साथ होंगे। परमेश्वर के महान कार्य में उसके साथ जुड़ने और समय के साथ उसे हमें बढ़ाने की अनुमति देने पर, हम यह जान पाते हैं कि हमारे अनन्तकालीन जीवन के इस भाग में हम सिद्धता को प्राप्त नहीं कर पाएंगे, परन्तु हमारे रूपान्तरण के पूरा होने के लिए हम परमेश्वर पर भरोसा करते हैं (फिलि. 1:6)। अपने हृदयों को निरन्तर कोमल बनाते रहने पर, हम दूसरों के प्रति अधिक से अधिक दयालु बन जाते हैं। हमें यह जानकर बड़ी तसल्ली मिलती है कि हमारा भविष्य जो दूर नहीं है, हमारे पाप पूरी तरह से हटा दिये जाएंगे, हम पूर्णतया मसीह के नैतिक स्वरूप में होंगे (रोमि. 8:29; 1 यूहन्ना 3:1-2), और हम परमेश्वर की उपस्थिति में प्रवेश करेंगे जहाँ कोई दुःख और पीड़ा नहीं होगी (प्रका. 21:1-7)।

आत्मिक जागरूकता : अपने आपे में आना

> ... उस देश में एक बड़ा अकाल पड़ा ...वह चाहता था कि उन फलियों से...पेट भरे... वह अपने आपे में आया ....उठकर, अपने पिता के पास चला। लूका 15:14-20

क्या आपने कभी ऐसा अनुभव किया कि परमेश्वर ने आपसे ऐसा कहा या अभी कह रहा है, "मेरे प्रिय उठ?" परमेश्वर लोगों और राष्ट्रों को जगाता रहा है कि पाप के परिणामों को समझें और उसके साथ पवित्र जीवन बिताना आरम्भ करें (यशा. 60:1-3)। प्रत्येक युग के समान यीशु के दिनों में भी, अधिकांश लोग अपने संबन्धों और संपत्ति को बनाने में व्यस्त थे, परन्तु अत्यधिक व्यस्तता परमेश्वर और अन्य लोगों के साथ संबन्ध बनाने के प्रतिकूल है। हमने पहले भी विचार किया, चाहे यह तकनीकी विकर्षण, सामान्य मनोरंजन, विकार, विकृत संबन्ध, काम, या सामान्य व्यस्तता है, किसी भी व्यस्तता को उन्हें परमेश्वर की सुनने से हटाने की अनुमति नहीं देनी चाहिए। पवित्र आत्मा के कार्य और यीशु की अगुआई के द्वारा परमेश्वर प्रत्येक पीढ़ी के अपने विश्वासयोग्य लोगों का उपयोग

उन्हें जगाने के लिए करता है जो आत्मिक रूप से ऊंघ रहे हैं, ऐसा व्यक्तिगत सम्पर्क और सभी तरह की मीडिया के द्वारा किया जाता है जैसे पैम्फलेट, पत्रिका, पुस्तक, रेडियो, टी. वी., ई-मेल, आई-पोड, आई-पेड, आदि की एक बड़ी सूची है। वह प्रत्येक व्यक्ति के जीवन में व्यक्तिगत कष्टों या अन्य घटनाओं का उपयोग लोगों को अपने निकट लाने या उन्हें बल देने को करता है जो पहले से उसका अनुसरण करने को वचनबद्ध हैं।

आरम्भ में, अधिकांश लोग नहीं सुनते कि परमेश्वर क्या कह रहा है। वे परमेश्वर से केवल अपनी स्व-केन्द्रित इच्छाओं को पूरा करने को कहते हैं। वास्तव में परमेश्वर को न समझते हुए, वे परमेश्वर को जिन्न मानते हैं जिसमें उनकी प्रत्येक इच्छा को पूरा करने की क्षमता है। परमेश्वर का कार्य ही है जिससे वह कुछ को ऐसे स्थान पर ला पाता है जहाँ वे वास्तविक रूप में परमेश्वर और अपने पड़ोसियों की परवाह करना आरम्भ करते हैं (मत्ती 22:37-40)।

यद्यपि लोग परमेश्वर से निरन्तर अनुमोदन या कृपा की मांग करते रहते हैं, तौभी अधिकांश तब तक सृष्टिकर्ता की सुनना आरम्भ नहीं करते जब तक कि उनके जीवनों में कुछ बुरा नहीं हो जाता ठीक वैसे ही जैसे लूका 15:14-20 में हठीले पुत्र को चित्रित किया गया है। अधिकांश लोग तक तब परमेश्वर के पास नहीं आते जब तक कि उनके जीवनों में किसी विशेष चीज़ की आवश्यकता नहीं होती। इन अवसरों का उपयोग परमेश्वर स्वयं को प्रगट करने और दूसरों की चिन्ता करने के महत्व को सिखाने में करता है। कठिन समयों में जबकि लोग उसकी ओर ध्यान देते हैं, वह उन्हें अपनी सहायता की आवश्यकता को उनकी परिस्थितियों से दिखाते हुए उनके जीवनों में कार्य करता है। वह उन्हें दिखाता है कि एक अनन्तकालीन समुदाय के परवाह करनेवाले सदस्य बनने, पापों को हटाने की आवश्यकता के लिए उन्हें उसकी सहायता की कितनी अधिक आवश्यकता है, और कि कैसे अपने महान प्रेम के द्वारा उसने यीशु मसीह के माध्यम से प्रत्येक व्यक्ति के लिए एक मार्ग बनाया है कि सिद्ध बनने के साथ-साथ उसके पवित्र परिवार का हिस्सा बनें (यूहन्ना 17:23; 20:17; इफि. 4:1-6; प्रका. 21:3)।

जो लोग अपनी तात्कालिक चिन्ताओं से परे सुनना आरम्भ करते हैं परमेश्वर उन्हें विनाश की ओर जानेवाले चौड़े मार्ग से हटाकर सकरे मार्ग पर लेकर चलता है। ये सकरे मार्ग न केवल मसीह के अनुयायियों को अनन्त जीवन पर ले जाने के लिए नियत किये गए हैं परन्तु ये उनकी सहायता दूसरों को उसके बारे में बताने में मार्गदर्शन भी करते हैं। वह दृढ़ता से उनके साथ रहकर उनसे कहता है कि उसे उनके जीवनों में अधिक पूर्णता से जुड़ने की अनुमति दें (प्रका. 3:20)।

इसके अतिरिक्त, पवित्र आत्मा द्वारा स्पष्ट किये जाने पर परमेश्वर अपनी सृष्टि के माध्यम से प्रत्येक व्यक्ति को जो कुछ सिखाता है (रोमि. 1:18-32; 2:11-16), वह सभी तैयार लोगों से पूछेगा-उसके वचन को पढ़ने के द्वारा उसके बारे में अधिक सीखने को वे समर्पित हैं या नहीं (व्यवस्था. 4:1; 30:15-16; भजन. 103:17-18; 119:5-12)। अपने वचन के प्रत्येक लेखक को परमेश्वर ने प्रेरित किया है और यह सभी सुननेवालों के लिए लाभदायक है (2 तीमु. 3:16-17)। जिन लोगों में परमेश्वर की इच्छा को पूरा करने

का मन है उन्हें पवित्र आत्मा सिखाएगा और वे अन्त में यीशु मसीह और उसके बचानेवाले कार्य की सच्चाई को जान पाएंगे (1 यूहन्ना 2:27; यूहन्ना 7:17)।

यदि आपमें परमेश्वर के बारे में अधिक जानने की इच्छा है या आपने मसीह के पीछे चलने की वचनबद्धता की है, आपको नियमित रूप से परमेश्वर के वचन को पढ़ना है और उसे आपको सच्चाई सिखाने की अनुमति देनी है, ऐसा करने पर व्यक्ति स्व-केन्द्रीयता और तत्कालिक पाप से स्वतंत्र हो जाता है। यीशु प्रतिज्ञा करता है कि उसके वचन में "बने रहने वाले" (पढ़ना और इसे जीना) सच्चाई को जानेंगे और पाप से स्वतंत्र होंगे। (यूहन्ना 8:37ब-36)

परमेश्वर को उसके वचन से आपको सिखाने की अनुमति देना महत्वपूर्ण है बजाय वे हर काम करने के जो दूसरे करते हैं : वे उसके वचन में वह पढ़ते हैं जो दूसरों ने कहा या जो वे स्वयं कहना चाहते हैं ताकि वह उनकी वर्तमान जीवन-शैली से मेल खा सके। बहुत से, जो वास्तव में पवित्र जीवन जीना और परमेश्वर का अनुसरण करना नहीं चाहते, जानबूझकर या अनजाने में बाइबल से वह पढ़ते हैं जो वे कहना चाहते हैं, बाइबल के उन भागों की उपेक्षा करते हैं जो उनके जीवन की अभिलाषाओं से मेल नहीं खाते, और सामान्य रूप से कहा जाए तो परमेश्वर के वचन को अनुमति नहीं देते कि उनके जीवनों को आकार दे।

विषय का मूल भाग यह है। आदम और हव्वा के पाप के कारण, हर किसी ने अपने पड़ोसियों की अधिक चिन्ता किये बिना अपने और अपने परिवारों के लिए स्व-केन्द्रित इच्छाएं करना आरम्भ कर दिया था। प्रत्येक ने एक बच्चे के समान आँखों पर पट्टी बांध ली कि अपने कामों के बुरे प्रभावों को न देख सकें। परमेश्वर प्रदत्त इन जगाने के समयों में प्रत्येक को यह निश्चित करना है कि वह या तो व्यक्तिगत इच्छाओं को संतुष्ट करेगा या परमेश्वर के वचन और उसके नेतृत्व में रहनेवाले जीवन को चुनेगा।

इन स्पष्ट समयों में, प्रत्येक को एक भीतरी संघर्ष से होकर जाना है जिसमें उन्हें यह निर्धारत करना है कि वे अस्थाई सांसारिक आनन्द को छोड़ना चाहते हैं या नहीं। इन स्पष्ट समयों में यह लोग जान पाते हैं कि यदि वे अपने ढंग से चीज़ों को पाने के बजाय परमेश्वर के पवित्र परिवार का हिस्सा बनने को तैयार हैं, तो परमेश्वर के पास उनके लिए एक श्रेष्ठ जीवन है। बहुत से लोग, जिनका ध्यान अपने पर ही रहता है, जल्द ही संतुष्ट करनेवाले जीवन में लौट आते हैं और आत्मलीन होकर जल्द ही उस श्रेष्ठ जीवन को भूल जाते हैं जो परमेश्वर ने उन्हें दिखाया था (याकूब 1:23-24; प्रका. 3:15-20)।

परन्तु, यीशु के सच्चे अनुयायी रूपान्तरित होते हैं (2 कुरि. 5:17; गला. 5:22-23), और जैसे परमेश्वर सबसे प्रेम करता है वे भी दूसरों से प्रेम करना सीखते हैं (1 यूहन्ना 3:14; 4:16-19)। उनकी शारीरिक मृत्यु होने पर, उन्हें स्वर्ग जाने के लिए किसी से भी प्रवेश पत्र लेने की ज़रूरत नहीं होती जैसे कलीसिया के अगुवों से; क्योंकि वे परमेश्वर की सन्तान हैं। स्वर्ग परमेश्वर और उसकी सन्तान का है (यूहन्ना 14:1-3; 17:24; 20:17; रोमि. 8:17)। शारीरिक मृत्यु होने पर, यीशु उनसे मिलेगा जबकि वे

अपनी देह को छोड़ देंगे और उनके अनन्त पिता की उपस्थिति में उनके साथ रहेगा (यूहन्ना 14:3; 1 यूहन्ना 3:1-2; प्रका. 21:3)।

7

आज्ञाकारी शिष्यता का अनुभव करना

यीशु ने सिखाया कि हर एक के लिए किये गए परमेश्वर के प्रायश्चित के कार्य और परमेश्वर को समझने के लिए प्रत्येक की समझ सीमित है, जब तक कि कोई उसकी इच्छा पर चलना न चाहे (यूहन्ना 7:17)। हमारे स्वर्गीय पिता के प्रेम पर विचार करने पर, क्या आपमें उसका अनुसरण करने की इच्छा उत्पन्न होती है? यीशु ऐसा करता है। यीशु ने कहा कि उसके पिता की इच्छा पर चलने पर उसे भोजन से अधिक बल मिलता है (यूहन्ना 4:34)। अपने जीवन में पाप न होने पर, यीशु ने अपने स्वर्गीय पिता को प्रसन्न करने पर ध्यान केन्द्रित किया (यूहन्ना 4:34; 8:29)। हमें भी ऐसा करना चाहिए। यदि हम परमेश्वर से हमारे पाप दिखाने को कहें, और हम उसके सामने इसका अंगीकार करें, वह हमें पाप से शुद्ध करेगा कि हम उसके प्रेम में लौट आएं और अपने पड़ोसियों के प्रति प्रेम में बढ़ें (1 यूहन्ना 1:9)। जैसे यीशु जीवन में कोई पाप नहीं था, वैसे ही यदि हमारे जीवनों से पाप को हटा दिया जाए, तो हम खुशी-खुशी परमेश्वर की आज्ञा मानेंगे और एक दूसरे से प्रेम करना सीखेंगे (1 यूहन्ना 3:23; 4:7-19; 5:3)। यशायाह पर विचार करें जो परमेश्वर के पवित्र स्वभाव (उसकी महिमा) और अपने पतित पापी स्वभाव को देखने के पश्चात् सहायता के लिए परमेश्वर की ओर मुड़ा। परमेश्वर द्वारा यशायाह के पाप को हटा दिये जाने के पश्चात् यशायाह तत्काल ही परमेश्वर की इच्छानुसार कार्य करने के साथ-साथ भविष्यद्वक्ता के रूप में एक अत्यंत कठिन कार्य को करना चाहता था कि अपने देशवासियों को निकटवर्ती आगामी विनाश के बारे में बताए (यशा. 6:1-13)। पवित्रशास्त्र से यह स्पष्ट हो जाता है कि हमारे स्वर्गीय पिता और यीशु के साथ हमारा संबन्ध उसकी इच्छानुसार कार्य करने को हमारी इच्छा के स्तर पर आधारित है (मत्ती 12:49ब-50)। यदि हम केवल खुले मन और हृदय से परमशेवर की ओर फिरें और उसके वचन का अध्ययन करना और उस पर कार्य करना आरम्भ करें (यूहन्ना 8:31ब-32), हम उसके प्रेमी महिमामयी स्वभाव को देखने लगेंगे। परमेश्वर को अधिक पूर्णता से जानना उसकी परवाह करनेवाली अगुआई का अनुसरण करने की हमारी इच्छा में सहायता करनेवाला होना चाहिए।

समर्पण

क्या आपने कभी इस विचार पर ध्यान दिया कि किसी एक पंथ और/ या किसी एक स्थानीय कलीसिया का सदस्य होना उद्धार तथा स्वर्ग में परमेश्वर के साथ स्थान नहीं देता? यद्यपि ऐसे बहुत से लोग हैं जो चेतन या अवचेतन रूप से ऐसा सोचते हैं कि स्थानीय कलीसिया या पंथ (डिनोमिनेशन) में उनकी सदस्यता उन्हें स्वर्ग में परमेश्वर के साथ एक सहज स्थान देती है, परन्तु वास्तव में, ऐसा नहीं है। परमेश्वर के साथ स्वर्ग में होना पूर्णतया उसके अनन्त घनिष्ठ पवित्र परिवार का हिस्सा होने पर निर्भर करता है। परिवार के सदस्य परमेश्वर के साथ होंगे, गैर-पारिवारिक सदस्य उसके परिवार में हिस्सा नहीं होंगे।

जो लोग यीशु के पीछे चलने का विचार करे हैं उनके लिए यीशु की अपेक्षा (मांग) पर ध्यान करने पर, हमारा बार-बार इस सच्चाई से आमना-सामना होता है कि परमेश्वर यह मांग करता है कि हर कोई अपने अनन्त जीवन के नाशवान हिस्से में एक सही निर्णय ले। नये स्वर्ग में सदा तक परमेश्वर के साथ रहने के लिए प्रत्येक व्यक्ति को मृत्यु पूर्व यह निर्धारित करना है कि वह उस अनुग्रहकारी और प्रेमी परमेश्वर के प्रति समर्पण करेंगे या नहीं करेंगे, जो निश्चित रूप से प्रत्येक के प्रेम और निष्ठा को पाने के योग्य है। शुभ समाचार में यह तथ्य आता है कि परमेश्वर हम सभी को हमारे स्व-केन्द्रित मार्गों से उसके अनन्त जीवन के प्रेम मार्ग पर लौटा लाने को प्रोत्साहित करने के लिए निरन्तर कार्यरत् हैं (रोमि. 1:18-32; 2:11-16; तु. क. 2 पतरस 3:9)।

हममें से अधिकांश अपनी स्वयं की महत्वाकांक्षाओं और इच्छाओं में जकड़े हुए हैं और अनन्त भलाई व बुराई तथा परमेश्वर के अनन्तकालीन घनिष्ठ पवित्र परिवार में उसके खुले निमंत्रण पर कभी भी गंभीरता से ध्यान नहीं देते हैं। यीशु ने अपने दिनों के लोगों और उनकी व्यक्तिगत व्यस्तता से संबद्धित एक महत्वपूर्ण दृष्टांत सिखाया। उसने सिखाया कि कैसे अत्यधिक व्यस्तता के कारण अधिकांश लोग स्वर्ग में परमेश्वर के साथ स्थान को खो देते हैं। यह दृष्टांत सभी युगों पर लागू होता है क्योंकि ऐसे लोग हमेशा होते हैं जो अपनी व्यक्तिगत अभिलाषाओं और व्यक्तिगत महत्वाकांक्षाओं को पूरा करने में इतने अधिक व्यस्त होते हैं कि उनके पास परमेश्वर के अनन्त परिवार और राज्य में प्रवेश करने के उसके निमंत्रण को सुनने और ग्रहण करने का समय नहीं होता है (मत्ती 22:1-14)। यीशु के दृष्टांत के दो महत्वपूर्ण तथ्य हैं :

(1) परमेश्वर के अनन्तकालीन पवित्र परिवार में आने के उसके निमंत्रण को स्वीकारोक्ति की प्रतिक्रिया देना न छोड़ें, क्योंकि आपके जीवन में एक ऐसा

समय आ सकता है जिसमें आप संभवतः और अधिक परमेश्वर के निमंत्रण को सुनना न चाहें; और

(2) यदि आप यीशु का अनुसरण करने के उसके निमंत्रण (उचित वस्त्र पहनना) को स्वीकार करते हैं, परमेश्वर उससे जुड़ी बातों को भी आपको स्वीकार करने को कह रहा है जिसमें ये बातें सम्मिलित हैं : अपना इन्कार करना (स्वयं के लिए मरना), प्रतिदिन अपनी क्रूस उठाना और उसके प्रभुत्व के अधीन होना।

जैसा दृष्टांत में बताया गया है, यदि आप परमेश्वर के परिवार में आने के उसके निमंत्रण को स्वीकार करते हैं तो परमेश्वर आपसे उचित रीति से कार्य करने की आशा करता है। यदि आप निमंत्रण की शर्तों को स्वीकार न करें, जिन्हें पवित्रशास्त्र में कई स्थानों पर स्पष्ट रीति से बताया गया है- उसके दृष्टांत के समान-आप उसके परिवार से अनन्तकालीन अलगाव के साथ समापन करेंगे और आग की अनन्तकालीन झील, नर्क, में आपको भेज दिया जाएगा। इससे परमेश्वर का हृदय टूट जाता है।

यीशु के दिनों में, जब लोग किसी शिक्षक या गुरु के शिष्य (विद्यार्थी) बनते थे, वे सामान्यता अपने शिक्षक के साथ घनिष्ठ संबन्ध में रहते, और शिक्षक की शिक्षाओं तथा उसके जीवन के ढंग का अनुकरण करते थे। आधुनिक शब्दों में, उसके अनुयायी घनिष्ठ शिष्य हैं। यीशु अपने शिष्यों से उसका अनुकरण किये जाने की आशा करता है। वह सभी से पिता की शिक्षा, उसकी अगुआई के प्रति समर्पित होने को कहता है, और अपने अनुयायियों को उस सीमा तक ईश्वरीय प्रेम सिखाने को कहता है कि उसके अनुयायी दूसरों के प्रति ईश्वरीय प्रेम को प्राप्त करें। वह अपने शिष्यों से एक दूसरे के लिए अपने जीवन दे देने के लिए तैयार रहने को कहता है (यूहन्ना 13:34; 15:12-13)। सभी अनुयायियों से उसके महान बचाव कार्य का हिस्सा बनने को परमेश्वर की इच्छानुसार दुःख उठाने की आशा की जाती है (फिलि. 1:29-30; कुलु. 1:24-29; तु.क. इब्रा. 12:1-3)। यह सब परमेश्वर की शुद्धिकरण की प्रक्रिया का एक भाग है।

यीशु का अनुसरण करना सरल नहीं है, वास्तव में, कई बार यह कठिन होता है और इसके लिए कठिन श्रम की आवश्यकता होती है, परन्तु किसी भी अन्य कार्य की तुलना में इसका प्रतिफल बड़ा है जिसे हम अनन्तकाल के इस भाग में कभी करेंगे। यदि आप परमेश्वर के परिवार का सक्रिय भाग बनने और इस महान बचाव कार्य में यीशु का अनुकरण करने को वचनबद्ध व तैयार हैं, जब आप परमेश्वर के साथ जुड़कर उन लोगों को बचाने में सहायता करते हैं जिन्हें आपने व्यक्तिगत रूप से परमेश्वर के माध्यम से प्रेम किया है, आप एक महान आनन्द को अनुभव करने लगेंगे। यदि आप अपने जीवन में कई बार यीशु का अनुकरण करने की वचनबद्धता करते हैं, आप परमेश्वर और अपने साथी मनुष्यों से प्रेम करने के कारण फल को देखेंगे (मत्ती 28:18-20; यूहन्ना 15:1-5)।

आपके चरित्र को विकसित करने में पवित्र आत्मा कार्य करेगा और मसीह के माध्यम से पिता तक दूसरों को लाने में आपकी सहायता करेगा (प्रेरित. 1:8; गला. 5:22-24)।

आइये परमेश्वर पर भरोसा करने के बारे में बात करें। इब्रानियों, अध्याय 11, परमेश्वर में वैयक्तिक विश्वास के महत्व की हमें महान अन्तर्दृष्टि देता है। विश्वास भरोसा है। नये नियम की मूल बाइबल भाषा में ''विश्वास'' और ''भरोसे'' का एक ही यूनानी शब्द, पिस्तिस' से अनुवाद किया गया है। परमेश्वर पवित्रशास्त्र में दूसरों और हमारे लिए व्यक्तिगत रूप से जो कहता है क्या हम उसके लिए परमेश्वर पर भरोसा करते हैं? क्या वह विश्वसनीय और सक्षम है? परमेश्वर हम सभी से विश्वास में कदम बढ़ाने और उसका अनुकरण करने को कहता है, हमारे यह न जानते हुए भी कि परमेश्वर कहाँ लेकर जाएगा। इब्रानियों 11 हमें उन व्यक्तियों की सूची देता है जिन्होंने अपनी कष्टदायक परिस्थितियों के बावजूद परमेश्वर पर भरोसा कर उसका अनुकरण किया।

इब्रानियों 11 के लेख का पुराने नियम में अभिलिखित विवरण से मेल हो जाने पर, हम ध्यान देते हैं कि ये सभी व्यक्ति समय के साथ-साथ अपने विश्वास में बढ़े। हर कोई विश्वास के स्थान, परमेश्वर और उसकी योग्यता में भरोसे के एक स्थान तक बढ़ा, कि जब परमेश्वर ने उनसे कठिन कार्य करने को भी कहा तो उन्होंने उसे किया :

(1) नूह पर विचार करें, जिसने एक बड़ी विश्वव्यापी बाढ़ की प्रतीक्षा करते समय एक बड़े जहाज़ को सूखी भूमि के सैकड़ों हज़ारों जानवरों को घर देने के लिए बनाया (इब्रा. 11:7);
(2) अब्राहम पर विचार करें, जो सौ वर्ष की आयु होने तक प्रतीक्षा किये जाने के बाद अपने और सारा के एकमात्र जैविक पुत्र को उसे लौटाने को तैयार था (इब्रा. 11:17-19);
(3) एलिय्याह पर विचार करें, जो इस्राएलियों के सामने बाल के झूठे भविष्यद्वक्ताओं का कर्मेल पहाड़ पर सामना करने को गया, जिसे उसके इस विश्वास के लिए जाना जाता है कि परमेश्वर न तो उसे और न ही इस्राएल को झुकने देगा (1 राजा 18:16-39); और
(4) तत्पश्चात्, यीशु पर विचार करें, जो अपने संसार में नवजात शिशु के रूप में देह धारण करके आया और उन पापी तथा विरोधी लोगों के बीच रहा जो भले काम करने और सत्य बोलने के कारण अन्त में उसे क्रूस पर चढ़ानेवाले थे। उसने उनके पाप को लिया और पाप को हटाने तथा मृतकों से उसे जिलाने के लिए पिता पर भरोसा किया ताकि मृत्यु को परास्त करे और अधिक से अधिक लोग उसे स्वीकार करें (स्वीकार करना : यूहन्ना 1:12; प्रका. 3:20 मृत्यु को परास्त करना : यूहन्ना 1:29; फिलि. 2:5-11; प्रका. 11:15; 12:11; 1 यूहन्ना 2:1-2; 3:5)।

पिछले 30 वर्षों से भी अधिक समय में मैं परमेश्वर की भलाई और उसके बचानेवाले कार्य का गवाह रहा हूँ। अपनी व्यस्तता के कारण जो लोग परमेश्वर की सुनने में धीमे हुए हैं उनके लिए मैंने जिस सबसे बड़ी बाधा को देखा है वह यह कि वे उस चौड़े मार्ग पर अभी भी जीवन का आनन्द ले रहे थे जो विनाश की ओर जाता है बजाय इसके कि उसके और उसके जीवन के मार्ग के प्रति समर्पण करें। शुभ समाचार का एक भाग यह है कि परमेश्वर नहीं चाहता कि कोई भी नाश हो (2 पतरस 3:9)। वह अपनी संतान को अपने पास लाने के लिए प्रत्येक को विशेष आत्मिक जागरूकता देता रहा है।

अपने जीवन-वृत्तान्त में बिली ग्राहम हमें बताते हैं कि उनकी एक प्रचारक, डॉ. मोर्दकै हेम, से उस समय पर भेंट हुई जब उसने उनके क्षेत्र में जागृति सभाओं में प्रचार किया था। पवित्र आत्मा द्वारा इस प्रचारक के माध्यम से उनसे बात करने और उन्हें स्वर्ग और नर्क के बारे में सिखाने पर वह स्तब्ध रह गए थे।[22] हेम की शिक्षा से बिली ने यह अनुभव किया कि उनका मसीह के साथ व्यक्तिगत संबन्ध नहीं था और पापों से बचने के लिए वह न तो अपने माता-पिता के साथ और न ही अपनी स्थानीय कलीसिया के साथ अपने संबन्ध पर निर्भर हो सकते थे।[23] कई बार समर्पण के लिए संघर्ष करने के पश्चात्, एक रात बिली ग्राहम आगे बढ़े और अपना जीवन परमेश्वर के अधीन कर दिया।[24] परमेश्वर के अधीन में अपने जीवन का समर्पण करने के निर्णय के साथ, वह शांति और आनन्द का अनुभव करने वाले स्थान पर आए।[25]

वर्षों पश्चात् बिली ग्राहम ने जोर्ज डब्ल्यू. बुश से बात की, जो तिरतालीसवें राष्ट्रपति बननेवाले थे। इस अवसर का उपयोग परमेश्वर ने जोर्ज बुश की यह जानने में सहायता करने को किया कि यद्यपि बाइबल स्व-सुधार के महत्वपूर्ण सुझाव देती है, तौभी यह बाइबल का वास्तविक संदेश नहीं था। जीवन का केन्द्र स्वयं से हटाकर मसीह को बनाना था, जिसे जीवन का प्रभु बनना था।[26] राष्ट्रपति बुश ने कहा कि अपना जीवन प्रभु को समर्पित करने से पहले, धर्म सदा से ही उनके जीवन का एक भाग रहा था, परन्तु वह एक विश्वासी, मसीह का सच्चा अनुयायी, नहीं रहे थे।[27]

व्यक्तिगत अनुभव से मैं यह जानता हूँ कि प्रभु को समर्पण करना गंभीर बात है। साठ वर्ष की आयु में मैंने अपने जीवन में प्रभु को स्वीकार किया था। यह परमेश्वर का प्रेम ही था जो उस समय में मुझे परमेश्वर के निकट लाया था। नौ वर्ष की आयु में जब मेरा बपतिस्मा हुआ, परमेश्वर ने मुझे एक विशेष दान दिया। उस दिन उसने कमरे में प्रत्येक के लिए उसके कुछ प्रेम का मुझे अनुभव करने दिया। उस आशीष ने बाद में मेरे अपने कुछ क्लेशों के माध्यम से मेरी सहायता की और अधिक समझदार सेवक बनने में मेरी सहायता की। परन्तु, यद्यपि बहुत ही कम आयु में परमेश्वर द्वारा मुझे बचाया गया था, परमेश्वर ने तब भी एक वयस्क के रूप में पूर्ण समर्पण करने का मुझ पर दबाब डाला। बीस वर्ष पश्चात् अट्ठाईस वर्ष की आयु में कलीसिया में एक रविवार की संध्या को महीनों तक परमेश्वर के प्रभुत्व के प्रति पूर्ण समर्पण की मुठभेड़ करने के पश्चात् अपने

जीवन में मैं एक ऐसे स्थान पर आया जब परमेश्वर की भलाई के मेरे ज्ञान ने परमेश्वर पर मेरे भरोसे की एक ऐसे स्थान पर आने में सहायता की जिसके कारण मैं उसके प्रभुत्व के प्रति पूर्ण समर्पण कर सका। मैंने प्रभु से यह कहते हुए प्रार्थना की कि मैं तब तक यीशु का अनुसरण करने को तैयार नहीं था जब तक कि मैं इस योग्य नहीं हो जाता कि जहाँ कहीं वह मुझे ले जाना चाहे वहाँ उत्तमता से जा सकूं।

जीवन चुनें!

लगभग पैंतीस सौ वर्ष पूर्व, परमेश्वर ने इस्राएल से कहा, उन लोगों से जो उसके पीछे चलने को तैयार थे कि उसने उनके आगे जीवन और भली चीज़ें तथा मृत्यु और बुरी चीज़ें रखी हैं जो इस पर आधारित है कि वे कैसा जीवन जीते हैं। उसने उन्हें आगे बताया कि यदि वे उसके प्रेम में लौट आएं, उससे जुड़े रहें (उस पर भरोसा करें), उसकी आज्ञाओं, विधियों और निर्णयों का पालन करते हुए उसके मार्गों पर चलें तो वह उस देश में उन्हें आशीष देगा जो उसने उन्हें दिया है; वे और उनका वंश बहुतायत का जीवन जीएंगे (व्यवस्था. 30:15-19)।

लगभग पन्द्रह सौ वर्ष पश्चात्, परमेश्वर द्वारा भेजा गया पुत्र, यीशु मसीह, ने इस्राएल और शेष संसार को बताया कि प्रत्येक को सावधान रहने और इस पर विचार करने की आवश्यकता है कि जीवन में सरल व स्व-केन्द्रित मार्ग लेनेवाले स्वर्ग में प्रवेश नहीं करेंगे (मत्ती 7:13-14)। उसने थोमा को स्पष्ट किया कि जो परमेश्वर तथा दूसरों के साथ रहना चाहते हैं, जो पवित्र है उनके लिए उसके तथा उसके जीवन के मार्ग पर चलना ज़रूरी है (यूहन्ना 14:6)।

हमारा स्वर्गीय पिता हमें स्वतंत्र इच्छा देता और हमें अतीत से शुद्ध होने के लिए उसकी खोज करने और भविष्य ये विकास करने को कहता है (मत्ती 6:33; 7:7-8, 14; लूका 11:9-10)। क्रूस पर अपने छुटकारा देनेवाले और पुनर्मेल कराने के कार्य के द्वारा हमारे प्रति अपने अद्वितीय प्रेम को दिखाते हए, परमेश्वर ने हमारे साथ परिपक्व संबन्ध की निष्कपट इच्छा का प्रमाण हमें दिया है। उसके धर्मी स्वभाव और हमारे प्रति महान प्रेम के कारण हमें अपनी इच्छा को उसके अधीन लाना और उसके परिवार के योग्य सदस्यों के रूप में बढ़ने की अनुमति देना है। परमेश्वर हमें अपने नैतिक स्वरूप के अनुसार बनाना चाहता है जिससे हम उसके साथ सदा तक मेल से रह सकें। अपनी पुस्तक 'मसीह शिष्यता के लिए बुलाता है', में जेम्स बायस हमें यह स्मरण कराते हैं कि खुशी तब ही मिलती है जब हम परमेश्वर को हमारे जीवनों को उसके मानदण्डों के अनुसार पुनःस्थापित करने देते हैं। [28] परमेश्वर को हमारे जीवनों को रूपान्तरित करने देने के लिए, हमें स्वयं के लिए मरना और उसके तथा एक दूसरे के लिए जीना है।

परमेश्वर ठट्ठों में नहीं उड़ाया जाएगा

धोखा न खाओ, परमेश्वर ठट्ठों में नहीं उड़ाया जाता (गला. 6:7; तु. क. लूका 8:17; 16:15)। हममें से प्रत्येक का हमारे अनन्तकालीन जीवन के इस लघु नाशवान भाग में अपने निर्णयों और कार्यों के अनुसार न्याय किये जाने पर समापन होगा (रोमि. 2:11-16; 1 पतरस 1:17)। जो लोग परमेश्वर की सुनते और मसीह तथा उसकी शिक्षाओं का अनुसरण करना सीखते हैं वे उसके घनिष्ठ परिवार का हिस्सा बन जाते हैं (भजन 90:12; यूहन्ना 14:21, 23)। ऐसा न करनेवाले नाश होंगे। वे परमेश्वर, उसके निकटवर्ती परिवार और उसकी समस्त स्वर्गीय सेना से अनन्तकाल के लिए अलग होंगे (2 पतरस 3:7-10; प्रका. 20:11-15)।

यीशु हमें सिखाता है कि परमेश्वर से अपने सारे हृदय, प्राण और बुद्धि से प्रेम करने के साथ-साथ अपने पड़ोसी से भी अपने समान प्रेम करना व्यवस्था जीने के लिए परमेश्वर के निर्देश के अभिप्राय को पूरा करता है (मत्ती 22:37-40)। वास्तव में, यीशु कहता है कि वह व्यवस्था को पूरा करने आया और कि सृष्टि के अंतिम समापन तक व्यवस्था से कुछ भी हटाया नहीं जाएगा (मत्ती 5: 17-19)। पौलुस ने रोम के मसीहियों को यही बात उस समय सिखाई जब उसने उन्हें बताया कि यीशु व्यवस्था का अन्त था, जिसका अर्थ है कि यीशु परमेश्वर व्यवस्था की परिपूर्ति है जो सभी परमेश्वर पर भरोसा करनेवालों को धार्मिकता की ओर लेकर जाता है (रोमि. 10:4)।

यद्यपि व्यवस्था ने पाप की ओर संकेत किया और मसीहा के आगामी छुड़ानेवाले कार्य की गवाही दी (रोमि. 3:19-20; गला. 3:19, 24), यह किसी को पाप करने से रोक नहीं पाई (रोमि. 3:21, 23; 6:23; गला. 3:21)। वास्तव में, हमारे विद्रोही भ्रष्ट स्वभाव के कारण, अधिकांश लोग परमेश्वर के विरुद्ध विरोध और पाप में भी बढ़े (रोमि. 5:20)। परन्तु, परमेश्वर के अनुग्रह से अनन्त जीवन उसके धर्मी प्रेमी कार्य के द्वारा संभव बनाया गया (रोमि. 1:16-17)। पौलुस इसे इस तरह से कहता है,

> परन्तु जब समय पूरा हुआ तो परमेश्वर ने अपने पुत्र को भेजा, जो स्त्री से जन्मा, और व्यवस्था के अधीन उत्पन्न हुआ। ताकि व्यवस्था के अधीनों को मोल लेकर छुड़ा ले, और हमको लेपालक होने का पद मिले। और तुम जो पुत्र हो, इसलिये परमेश्वर ने अपने पुत्र के आत्मा को, जो "हे अब्बा, हे पिता" कहकर पुकारता है, हमारे हृदय में भेजा है। गलातियों 4:4-6

पौलुस जैसे लोगों के माध्यम से, परमेश्वर सभी को सिखाता है कि वह किसी के भी प्रति अपने प्रेम और मार्गदर्शन में पक्षपाती नहीं है। यदि कोई व्यक्ति पाप करे और

चाहे शारीरिक रूप से परमेश्वर के निर्देशों को सुने या न सुने, सभी पाप के परिणाम हैं। पौलुस ने घोषणा की कि जो लोग परमेश्वर की सिखाई बातों के अनुसार काम करेंगे, वे धर्मी ठहराए जाएंगे (रोमि. 2:11-13)। व्यवस्था को परमेश्वर के अनुग्रह से पाप को प्रगट करने और अधिक से अधिक लोगों को मसीह की सुनने के लिए लाने को दिया गया था (यूहन्ना 1:16-17; गला. 3:19, 24)। क्या परमेश्वर का अनुग्रह व्यवस्था को रद्द करता है, पौलुस स्पष्ट रूप से कहता है, ''नहीं।'' परमेश्वर की आज्ञाकारी संतान मसीह की मृत्यु और अगुआई के द्वारा व्यवस्था को स्थापित करती है (रोमि. 3:28-31; तु. क. 7:12)।

पवित्रात्मा की अगुआई में चलनेवालों के लिए शुभ समाचार यह है कि जब भी कोई व्यवस्था को पूरा नहीं कर पाता है, तब क्रूस पर यीशु की मृत्यु पापों के निष्कासन को देती है, जिसके कारण मसीह के सच्चे अनुयायी उससे प्राप्त धार्मिकता के साथ परमेश्वर की उपस्थिति में प्रवेश करते हैं (रोमि. 8:14-17;10:1-4; 2कुरि. 5:21)

विनाश की ओर ले जानेवाले चौड़े मार्ग से मुड़ना

> यीशु ने सिखाया, ''सकेत फाटक से प्रवेश करो, क्योंकि चौड़ा है वह फाटक और सरल है वह मार्ग जो विनाश को पहुंचाता है; और बहुतेरे हैं जो उससे प्रवेश करते हैं। क्योंकि सकेत है वह फाटक और सकरा है वह मार्ग जो जीवन को पहुंचाता है, और थोड़े हैं जो उसे पाते हैं।''
> मत्ती 7:13-14

वाह! कितनी कठिन शिक्षा। अधिकांश लोगों के लिए जीवन जीने की तुलना में परमेश्वर के मार्गों पर चलना कठिन क्यों है, और यदि परमेश्वर अपनी सृष्टि के साथ रहना चाहता है तो उसने अपने साथ रहना इतना कठिन क्यों बनाया है? आधार-रेखा यह है कि परमेश्वर पूर्णतया पवित्र है। उसका स्वभाव शुद्ध प्रेम का है (1 यूहन्ना 4:16), और वह सभी को अपने समान पवित्र बनाना चाहता है।

जो लोग अपने जीवनों के लिए परमेश्वर और उसकी इच्छा की खोज करते हैं वे यीशु के द्वारा अनन्त जीवन के सकरे मार्ग को पाएंगे। पिता तक जाने का एकमात्र मार्ग यीशु है-निःसन्देह पिता की उपस्थिति में जाने का वह ''द्वार'' है (यूहन्ना 10:7;14:6), और परमेश्वर तक जाने के अन्य सभी तथाकथित मार्ग विनाश के चौड़े मार्ग का हिस्सा हैं, जिसे शैतान ने वर्षों से छलपूर्वक यीशु मसीह के द्वारा परमेश्वर के एक और एकमात्र मार्ग के विरुद्ध व्यवहार्य विकल्पों के रूप में दिया है। इब्रानियों का लेखक हमें बताता है कि मसीह, अनन्त महायाजक, ने स्वयं को एक ही बार सभी लोगों हेतु सदाकाल के लिए

प्रायश्चित के बलिदान के रूप में दे दिया (इब्रा. 4:16-5:10; 10:10-14; तु. क. 1 पतरस 3:18)।

चूंकि परमेश्वर सभी के साथ बहु-व्यक्तिगत संबन्ध रखना चाहता है, वह किसी पर भी अपने साथ जुड़ने के लिए दबाव नहीं डालता; ठीक वैसे ही जैसे कोई पति या पत्नी अपने जीवन-साथी के साथ रहने के लिए उसे विवश नहीं करता। परमेश्वर हमें चिताता है कि स्वार्थ और अनाज्ञाकारिता तथा पाप में रहना उससे अनन्त अलगाव (दूसरी मृत्यु) में लेकर जाता है। हमें परमेश्वर की सुनना सीखने के साथ-साथ वह करना है जो परमेश्वर हमसे करने को कहता है अन्यथा हमारा अलगाव इतना पूर्ण हो जाएगा कि हम इतनी पीड़ा को अनुभव करेंगे जिसे समझना कठिन है (लूका 13:24-28)।

आपके विचार से मैं कौन हूँ?

अपने शिष्यों को सिखाने और उन्हें उसका अनुपालन करने और हज़ारों की सेवकाई में अपने साथ सहभागी बनाने के पश्चात्, यीशु ने उनसे पूछा कि लोग उसके बारे में क्या सोचते थे कि वह कौन है। सामान्य सर्वसम्मति यह थी कि अधिकांश का यह सोचना था कि यीशु एक महान् भविष्यद्वक्ता था (मत्ती 16:14)। यीशु ने उनसे पूछा, ''परन्तु तुम मुझे क्या कहते हो'' (मत्ती 16:15)? शमौन पतरस ने जवाब दिया कि ''यीशु लंबे समय से प्रतीक्षारत् मसीहा परमेश्वर का अभिषिक्त था, परन्तु वह यहीं नहीं रुक गया। उसने आगे यह भी कहा कि ''यीशु, मसीहा, जीवते परमेश्वर का पुत्र भी है'' (मत्ती 16:16)। ये अत्यंत महत्वपूर्ण सत्य हैं जिन पर प्रत्येक को विचार करना चाहिए। यीशु कौन और क्या है?

यीशु की मृत्यु से पहले भी, परमेश्वर ने मत्ती के माध्यम से यीशु के शेष शिष्यों पर यीशु की पहचान और उसके आगामी बलिदान को प्रगट किया। शैतान और उसकी दुष्ट शक्तियों को यीशु मसीह की सच्ची पहचान के बारे में पता था, परन्तु वे उसकी मृत्यु के द्वारा पिता की छुटकारे की योजना से अवगत नहीं थे (मरकुस 1:34)। शैतान और उसके सहायकों को जीवन की महत्वहीन चीज़ों को लेकर आपको इतना व्याकुल न करने दें कि आप यह भी न जान पाएं, कि परमेश्वर आपको उससे कहीं अधिक प्रेम करता है जितना आप अभी समझ सकते हैं। हमारे स्वर्गीय पिता ने यीशु, मसीह, को हमारे संसार में हमारे पापों को हटाने हेतु हमारे लिए मरने को भेजा कि इस तरह से सदाकाल तक उसके साथ रहने को हमें एकमात्र मार्ग प्रदान करे (यूहन्ना 14:6; इफि. 2:11-16)।

मसीह का सेवक होने के कारण तीस वर्षों से भी अधिक समय में मैंने यह देखा है कि यीशु को प्रभु के रूप में ग्रहण करना बहुतों के लिए कठिन है। अधिकांश यीशु द्वारा परमेश्वर का पुत्र और संसार का उद्धारकर्ता होने के दावे की वैधता को समझने के स्थान

तक भी आ जाते हैं, परन्तु कुछ ही मसीह के प्रभुत्व के प्रति समर्पण करने को तैयार होते हैं। मसीह के प्रभुत्व के प्रति पूर्ण समर्थन के बिना परमेश्वर अपने परिवार में आत्मिक जन्म नहीं देता।

इसे जानने पर भी, बहुत से हैं जो इस कारण यीशु का अनुसरण करने को समर्पित नहीं होते, क्योंकि वे उन कुछ कामों को छोड़ना नहीं चाहते जिन्हें वे कर रहे होते हैं। ऐसा नहीं कि उनके जीवनों में कोई बड़ा पाप है, परन्तु जो भी वे कर रहे होते हैं, वह परमेश्वर के परिवार में उत्तरदायित्वों सहित निमंत्रण को स्वीकार करने पर नियंत्रण करता है।

यदि आप यीशु के प्रभुत्व के प्रति समर्पण करने में संघर्ष कर रहे हैं तो मैं इस सच्चाई पर बल देना चाहता हूँ कि शैतान जितना अधिक संभव हो बहुतों को यह समझने से रोकने का कठिन प्रयास करता है कि सभी के लिए परमेश्वर का प्रेम कितना निष्पक्ष और भला है। परमेश्वर हमसे उसे खोजने और उसे जानने को कहता है, और इसी के साथ-साथ, वह स्वयं को बहुतों पर प्रगट करता है कि वे सुनें। जब कोई सच में अपने जीवन को परमेश्वर की ओर फेरता है, परमेश्वर एक रूपान्तरित करनेवाली प्रक्रिया का आरम्भ करता है जो भीतरी शांति और आनन्द को उत्पन्न करती है जिससे हमारी वर्तमान समझ बढ़ाती है (1 कुरि. 13:9-3; इफि. 1:18-20)। परमेश्वर अपनी आज्ञाकारी संतान को पाप से छुड़ाता है जोकि सच्चाई को धुंधला कर देता और ईश्वरीय विकास को सीमित करते हुए हमारे घनिष्ठ संबन्धों को भ्रष्ट करता है।

यीशु मसीह जीवते परमेश्वर का पुत्र है

हमारा सबसे बड़ा भाई जीवते परमेश्वर का पुत्र है (मत्ती 16:16)। वह पिता के साथ सिद्ध एकता में होकर कार्य कर रहा है। जी हां, यीशु मसीह एक अन्य भला व्यक्ति नहीं है और न ही वह एक अन्य महान भविष्यद्वक्ता है। यीशु मसीह जीवते परमेश्वर का पुत्र है जिसने इस अस्थाई संसार को बनाने में अपने पिता की सहायता की थी ताकि अन्तत: वे एक विशाल अनन्तकालीन घनिष्ठ पवित्र परिवार बनाएं (यूहन्ना 1:3,10; इब्रा. 1:2)। हम अपने उद्धारकर्ता और उसकी महान योग्यताओं के बारे में बहुत कुछ सीख सकते हैं कि कुलुस्सियों को लिखे पौलुस के पत्र के द्वारा हमारी अगुवाई करे। पौलुस के द्वारा परमेश्वर जो सिखाता है उसे देखें।

यीशु मसीह पिता का प्रिय पुत्र है जिसने हमें हमारे पापों से छुड़ाया (कुलु. 1:13-14)। पिता ने यीशु से अत्यधिक प्रेम किया। यीशु उस स्वर्गीय पिता का स्वरूप है जिसे मानवीय आँखों से नहीं देखा जा सकता (तु.क. यूहन्ना 14:7; इब्रा. 1:3), तौभी हम यीशु को देखने के द्वारा पिता के स्वभाव को देख सकते हैं (यूहन्ना 12:45, 14:9)। वह पहलौठा (सबसे बड़ा) है जिसका प्रत्येक सृष्टि पर पहलौठे होने का अधिकार है (कुलु.

1:15), तथापि वह अपना अधिकार सभी परमेश्वर पर भरोसा रखने वालों के साथ बांटता है (यूहन्ना 1:14; 17:5, 22)।

यीशु निपुण शिल्पकार है जिसने स्वर्ग और पृथ्वी की सभी देखी और अनदेखी वस्तुओं को बनाया है। हमें यीशु द्वारा यीशु के साथ सहभागिता करने के लिए बनाया गया था (कुलु. 1:16)। यीशु वचन, उद्‌भव, स्रोत है जिससे सृष्टि अस्तित्व में आई। यीशु सबसे पहले था, सबसे बड़ा और उसी के द्वारा ही सभी चीज़ें बनी रहती हैं। वस्तुतः, यीशु ने सृष्टि और जो कुछ इसमें है उस सबको बनाया है और इस सबको संभाले रखता है (कुलु. 1:17)।

यीशु देह, कलीसिया, का सिर है (कुलु. 1:18; 1 कुरि.12), और सदा के लिए सामर्थ में होकर पिता के दाहिने हाथ पर बैठा है (इफि. 1:20-21)। यीशु पुनरुत्थित जीवन का आरम्भ और मृतकों में से पहलौठा है। चूंकि यीशु पहला, सबसे बड़ा पुत्र है, और विश्वासयोग्यता के साथ हमारे स्वर्गीय पिता की आज्ञाकारिता में रहता है, उसके पास अनन्तकालीन उत्तरदायित्व और उसी के अनुरूप उसे सभी चीज़ों पर अधिकार प्राप्त है (कुलु. 1:18; इफि. 1:22; 1 पतरस 3:22; 1 कुरि. 15:27-28)।

यीशु निर्दोष मेल करानेवाला है, स्वर्ग में रहनेवालों से क्रूस के द्वारा पिता से हमारा मेल कराता है (कुलु. 1:19-20; 2 कुरि. 5:17-21)। सृष्टि की रचना किये जाने से पहले, हमारे स्वर्गीय पिता और यीशु मसीह हमारी अनाज्ञाकारिता के लिए एक प्रायश्चित देने को सहमत हुए (प्रेरित. 2:23; 3:18; प्रका. 13:8)।

पिता ने यीशु मसीह को सभी लोगों के लिए मरने को भेजा, और उसकी मृत्यु के बाद हमारे ऊपर आया दण्ड पूरा हुआ, पिता ने यीशु को मृतकों में से जिलाया और उसे स्वर्ग व पृथ्वी का सारा अधिकार सौंप दिया (इफि. 1:17-2:10)। आज, यही यीशु उसके पास आनेवाले सभी लोगों को उस दुष्ट शैतान के विनाशकारी षड्यंत्र से छुड़ाना चाहता है जो उसके पास भरोसा करके आते और उसका आज्ञा पालन करते हैं, शैतान आरम्भ से ही एक हत्यारा और झूठा था (यूहन्ना 10:10; रोमि. 10:13; यूहन्ना 8:44)।

यीशु एक सच्चे जीवते परमेश्वर का पुत्र है। यीशु की पार्थिव सेवकाई के दौरान, अधिकांश यहूदी अगुवों ने उसकी पहचान की उपेक्षा की और उसके अधिकार को ठुकराया क्योंकि उनके हृदय परमेश्वर के प्रति कठोर हो गए थे। विषयों को अपने हाथों में लेने और परमेश्वर की न सुनने के कारण उनके हृदय कठोर हो गए थे। वे अपने उन सहकर्मियों पर नियंत्रण करना नहीं छोड़ते जिनसे उन्होंने गलत तरह से कुछ ले लिया था (मत्ती 21:33-39)। अतः, पिता ने उनके सारे उत्तरदायित्व और उसी के अनुरूप अधिकार को भी ले लिया जिसे उसने उन्हें मूल रूप से दिया था (मत्ती 21:43)।

शताब्दियों से यीशु की पार्थिव सेवकाई का अनुसरण करते हुए, बहुतों ने हृदयों की कठोरता के कारण उसकी पहचान की उपेक्षा की है और उसके अधिकार को ठुकराया है। जो लोग यीशु मसीह की सुनते और उसे ग्रहण करते हैं वे पिता की भी सुनते और उसे

ग्रहण करते हैं। जो यीशु के शिष्यों की सुनते और उन्हें ग्रहण करते हैं वे यीशु की सुनते और उसे ग्रहण करते हैं (मत्ती 10:40)। पिता उन सभी से बोलता है और बोल रहा है जो यीशु के माध्यम से सुनते हैं, और वर्तमान में यीशु उन सभी से बोल रहा है जो पवित्र आत्मा, पवित्रशास्त्र, और उसकी देह कलीसिया के माध्यम से सुनते हैं।

यदि आपको यह दृढ़ विश्वास है कि यीशु परमेश्वर का पुत्र है परन्तु उसके प्रभुत्व के प्रति आपने समर्पण नहीं किया है, प्रार्थना करें कि जब आप आगे पढ़ते हैं तो परमेश्वर आप पर अपने मन और विशिष्टता को प्रगट करे। यदि आप परमेश्वर के मार्गदर्शन के लिए प्रार्थना करेंगे, तो वह स्वयं को आप पर प्रगट करेगा। आप यह देख पाएंगे कि वह आपके प्रेम व आज्ञाकारिता के योग्य है, और परमेश्वर आपको यीशु का अनुसरण करने की ठोस वचनबद्धता के लिए प्रोत्साहित करेगा कि परिणाम चाहे कुछ भी हो वह आपको जहां लेकर जाता है वहाँ आप जाएं।

उद्धारकर्ता के साथ-साथ यीशु प्रभु भी है

> तुम (यीशु के शिष्य) मुझे ''गुरु और प्रभु'' कहते हो, और ठीक ही कहते हो, क्योंकि मैं वही हूँ। यूहन्ना 13:13; तु.क. लूका 6:46

यीशु मसीह, जो संपूर्ण सृष्टि को एक साथ रखता है, हमारे स्वर्गीय पिता ने उसे हमारा मुख्य शिक्षक और अगुवा होने को नियुक्त किया है। वह अपने अनुयायियों में पवित्र आत्मा के द्वारा कार्य करता है कि उन्हें पाप के बंधन से मुक्त करे, जिसका आरम्भ स्व-केन्द्रीयता और स्वार्थ से होता है (1 यूहन्ना 2:27; यूहन्ना 8:31 ब-32; 18:37)।

यीशु मसीह एक भला व्यक्ति ही नहीं है। यीशु मसीह एक महान भविष्यद्वक्ता ही नहीं है। यीशु मसीह जीवते परमेश्वर का पुत्र है जिसने संपूर्ण सृष्टि को एक करने का कार्य पिता के साथ मिलकर किया जिसमें स्वर्ग, पृथ्वी और मानवजाति आते हैं। यीशु सृष्टि को एक साथ थामे रखता है और जो लोग उन भले कार्यों को करने के लिए उसको सुनते हैं जिन्हें परमेश्वर ने उनके लिए पहले से ही तैयार किया था, उनकी वह अगुआई करता है (इफि. 2:10)। यीशु हमारा अनन्तकालीन प्रभु होने के साथ साथ हमारा उद्धारकर्ता भी है (इफि. 1:19-21)!

यीशु के द्वारा ही पिता तक पहुंचा जाता है

जब यीशु ने कहा कि मार्ग, सत्य और जीवन वही है, और कि उसके बिना कोई

भी पिता के सम्मुख नहीं जा सकता (यूहन्ना 14:6), भेजा हुआ पुत्र इसे पूर्णतया स्पष्ट कर रहा था कि पिता के साथ अनन्त जीवन केवल उन्हीं के लिए है जो उसके साथ घनिष्ठ सहभागिता में हैं। अपने एक पहाड़ी उपदेश में, प्रेरित मत्ती हमें बताता है कि यीशु ने स्पष्टतया कहा कि न्याय के दिन ऐसे बहुत से होंगे जो यह कहेंगे कि उन्होंने उसे ''प्रभु'' कहा था और उसके नाम से बहुत से कार्य किये थे। तौभी, उन्होंने वास्तव में कभी भी आज्ञाकारिता से उसके पिता की न तो सुनी थी और न ही उसका अनुसरण किया था। उन्होंने कभी भी अपने जीवनों के लिए उसकी इच्छा पर चलना आरम्भ नहीं किया था। उन लोगों से यीशु कहेगा, ''मैंने तुम को कभी नहीं जाना। हे कुकर्म करनेवालो, मेरे पास से चले जाओ, तुम व्यवस्था (परमेश्वर के वचन) के विरोध में कार्य करते रहे हो'' (मत्ती 7:21-23; 12:50, तु. क. रोमि. 2:11-16)।

प्रेरित यूहन्ना ने न केवल यीशु की ही इस बात का स्मरण किया कि परमेश्वर तक जाने का वही एकमात्र मार्ग है परन्तु वह यीशु द्वारा प्रयुक्त किये जानेवाले एकमात्र ''द्वार'' होने के लाक्षणिक स्वरूप को भी स्मरण करता है जिसमें उसने कहा कि पिता तक केवल उसके द्वारा ही पहुंचा जा सकता है (यूहन्ना 10:17)। यीशु ने अपने शिष्यों को सिखाया कि जो परमेश्वर के साथ संबन्ध रखना चाहते हैं उन्हें उद्धार पाने के लिए उससे होकर आना है,

> द्वार मैं हूँ! यदि कोई मेरे द्वारा भीतर प्रवेश करे, तो उद्धार पाएगा और भीतर बाहर आया जाया करेगा और चारा पाएगा। यूहन्ना 10:9

यीशु ने सिखाया कि पिता तक जाने का मार्ग आज्ञाकारिता है। यदि कोई परमेश्वर पर ध्यान दिये बिना अपनी सुरक्षा बनाने के सामान्य नियमों पर चलता है, तो वे उस चौड़े मार्ग पर चल रहे होते हैं जो अनन्तकालीन अपमान और दु:ख की ओर लेकर जाता है। यीशु की अगुआई के प्रति आज्ञाकारिता एकमात्र ऐसा मार्ग है जो परमेश्वर के साथ अनन्त जीवन की ओर लेकर जाता है, क्योंकि यीशु एकमात्र ''फाटक'' और एकमात्र ''द्वार'' है जो स्वर्ग राज्य में लेकर जाता है (मत्ती 7:13-14; लूका 13:24; यूहन्ना 10:7)। प्रेरित पौलुस के माध्यम से परमेश्वर हमें इसी सच्चाई को बताता है। पौलुस अन्यजाति विश्वासियों को सिखाता है कि वे और मसीह में उनके यहूदी भाई व बहन समानता में पिता तक जाते हैं, जो कि मसीह के द्वारा है और जिसे क्रूस पर मसीह के छुटकारा देनेवाले कार्य के द्वारा अंतिम रूप दिया गया (इफि. 2:18)।

परमेश्वर हमारे समर्पण और निष्ठा के योग्य है और ठीक वैसे ही यीशु भी (प्रका. 4:11; 5:8-10)। यदि हमने अपने जीवनों में यीशु को बच्चों के समान ग्रहण नहीं किया है, तब एक वयस्क के रूप में समर्पण संभवत: सबसे कठिन कार्य होगा जिसका सामना प्रत्येक को करना है। एक वयस्क के रूप में, व्यक्तिगत आधिपत्य के स्थान पर

परमेश्वर के प्रभुत्व को महत्व देना तब तक अत्यंत कठिन होता है जब तक कि कोई यह नहीं जान लेता कि परमेश्वर प्रत्येक से कितना अधिक प्रेम करता है। और वह उसकी सुननेवालों को संपूर्ण नये आकाश और पृथ्वी तक लाने में कितना सक्षम है जहाँ न कोई दुःख और पीड़ा होगी। अतः हमारी अनन्त यात्रा के इस वर्तमान भाग में परमेश्वर हमसे क्या कह रहा है?

स्वयं का इंकार करना/स्वयं के लिए मरना

जिन लोगों की यीशु का अनुसरण करने में रुचि थी उनके लिए पहली बात जो यीशु ने कही वह यह कि उन्हें परमेश्वर को अगुआई करने देना है और ऐसा करते हुए स्वयं के लिए मरना है (यूहन्ना 12:24-26; तु.क. लूका 14:26)। उन्हें व्यक्तिगत अभिलाषाओं को एक ओर रखकर यीशु के पीछे चलना है। इसका यह अर्थ नहीं कि परमेश्वर सभी को पूर्णकालिक सेवक के रूप में देखना चाहता है, परन्तु इसका अर्थ यह है कि मसीह के सभी अनुयायी किसी न किसी स्तर पर सेवा-कार्य करेंगे और कि मसीह का अनुसरण करनेवाले सभी यीशु के प्रभुत्व के अधीन अपने जीवन बिताएंगे न कि अपने। अपनी पुस्तक "शिष्यता के लिए मसीह की बुलाहट" में जेम्स बॉयस ने कहा कि आरम्भिक मसीह के अनुयायी यह कभी नहीं समझ पाते कि आज के लोग कैसे यीशु का अनुसरण करने की बात तो करते हैं परन्तु स्व-इंकार की उपेक्षा करते हैं, जो यीशु के शिष्य होने का मूलभाव है। [29]

यीशु का अनुसरण करनेवाले सफलता के लिए सांसारिक मानदण्डों पर कार्य नहीं करेंगे, परन्तु इसके विपरीत वे परमश्वेर की अगुवाई में ऐसा करेंगे। परमेश्वर मसीह के सभी अनुयायियों से अपने स्रोतों को देने के लिए कहता है जिसमें प्रतिभा, समय और स्रोत शामिल हैं। सही मायनों में मसीह का अनुसरण करनेवालों के लिए शुभ समाचार यह है कि परमेश्वर के अनन्तकालीन पवित्र परिवार का हिस्सा बनने पर, वे प्रत्येक चीज़ के स्वामी होने का भी हिस्सा बन जाते हैं, यद्यपि वर्तमान में यह दृश्य स्पष्ट नहीं होता, वास्तव में मसीह के अनुयायी न केवल यीशु की महिमा में सहभागी होते हैं, वे उसके साथ संगी वारिस भी होते हैं (यूहन्ना 20:17; रोमि. 8:17, 28-30)।

परन्तु, परमेश्वर के साथ हम जिसके अधिकारी होते हैं उसकी तुलना परमेश्वर और अन्य धर्मी जनों के साथ संबन्ध बढ़ाने से नहीं की जा सकती है जो भीतरी शांति और आनन्द को लाता है। परमेश्वर की सेवा करने के लिए इस वर्तमान युग में हम जिस भी व्यक्तिगत सफलता और भौतिक संपत्ति को छोड़ते हैं, अपनी कल्पना से परे हम उससे कहीं अधिक इस वर्तमान संसार और स्वर्ग में पाते हैं। वास्तव में, यह जीवन के

स्व-केन्द्रित और स्वार्थी मार्ग से परमेश्वर के जीवन के मार्ग की ओर मुड़ना है, जो भीतरी शांति और आनन्द लाता है।

सांसारिक सुख व व्यक्तिगत अभिलाषाएं

आकर्षक और कष्टपूर्ण तरीके से, शैतान कइयों को यह विश्वास कराते हुए धोखे में डालता है कि यदि वे परमेश्वर की सुनने लगेंगे तो जितना वे बदले में पाएंगे उससे कहीं अधिक उन्हें छोड़ना होगा। इसी कारण बहुत से लोग जवानी में मसीह का अनुसरण नहीं कर पाते हैं। मैंने व्यक्तिगत रूप से कइयों को देखा है जिन्होंने सीमित ढंग से परमेश्वर को जाना, परन्तु अपने जीवन के लिए परमेश्वर के मार्गों और उसकी अगुआई का अनुसरण न करने के गंभीर परिणामों को जान नहीं पाए। लौदीकिया के लोगों के समान, उन्होंने नहीं जाना कि यदि वे उसके पास लौट आएं तो परमेश्वर उनके वर्तमान जीवन की विशिष्टता में कितना सुधार लाएगा (प्रका. 3:15-18)।

हममें से अधिकांश यह जानते हैं कि परमेश्वर हमसे उसके नेतृत्व में चलने और दूसरों की शारीरिक व आत्मिक रूप से सहायता करने को अपना व्यक्तिगत समय और स्रोत देने को कह रहा है, परन्तु हम ऐसा करना नहीं चाहते। अपने स्वयं के परिवार से अलग दूसरों की सहायता करने का विचार संसार के अधिकांश लोगों के लिए विचित्र है। अपना इंकार करने के विचार का उनके लिए कोई अर्थ नहीं है जिन्हें प्रेमी सृष्टिकर्ता पर भरोसा नहीं है जो उनके लिए कुछ उत्तम की खोज में रहता है।

यीशु ने सिखाया कि जो उसके पीछे चलना चाहते हैं उन्हें अपना 'इन्कार' करने से आरम्भ करना चाहिए। उन्हें अपनी व्यक्तिगत शारीरिक अभिलाषाओं को छोड़ देना चाहिए जिसमें सफलता शामिल है और सभी के प्रति सच्चे प्रेम में होकर उसका अनुकरण करना है (1 यूहन्ना 2:15-17; 3:23)। अधिकांश को ऐसा लगता है कि यीशु बहुत अधिक कह रहा था और अभी भी कह रहा है। यह आश्चर्य की बात है कि मनोरंजन करने, मनोरंजन पाने, खेलों से जुड़ने, सोशल नेटवर्किंग, शौक पूरे करने, तकनीक का उपयोग करने या परिवार और मित्रों के साथ परमेश्वर से जुड़ने की कीमत पर अतिरिक्त समय बिताने पर कितना अधिक समय खर्च किया जा सकता है।

वास्तव में, इस सब का संबन्ध स्वेच्छा से है। समय के साथ साथ मैंने यह देखा है कि कुछ लोग जो आरम्भ में मसीह का अनुसरण नहीं करते अन्त में वे उसका अनुसरण करते और परिणामस्वरूप दूसरों की अधिक चिन्ता करना सीख जाते हैं। दूसरों की चिंता करना सीख जाने पर, वे यह भी सीखते हैं कि लेने से देना अधिक आनन्द देता है। दूसरा, जब लोग अन्ततः यह जानने लगते हैं कि परमेश्वर जितना लोगों को देने को कहता है उससे अधिक वह उन्हें देता है, तो उनके लिए नियंत्रण न करना और यीशु का अनुसरण

करना सरल हो जाता है। इस विचार से संबन्धित एक घटना है, बिल नामक एक व्यक्ति था जिसके बारे में मैं मानता था कि उसने मसीह को अपने प्रभु और उद्धारकर्ता के रूप में ग्रहण नहीं किया था। बिल को मैं 15-20 वर्ष से जानता था, उसने मुझे अस्पताल के एक कमरे से फोन किया। वह जिगर (लीवर) की बीमारी से मर रहा था जो उसके अत्यधि क शराब पीने के कारण हुई थी। अतः मैं पवित्र आत्मा की अगुआई में यह जानते हुए उससे मिलने गया कि उसने कभी भी मसीह का अनुसरण करने की शुरुआत नहीं की थी। हमने कई घंटों तक बात की और अपने जीवन के अन्तिम समय में उसने जाना कि यीशु के पीछे चलना आदर और सौभाग्य की बात होगी।

उसने पश्चात्ताप किया और अपनी सांसारिक जीवन-शैली के लिए परमेश्वर से क्षमा मांगी और यह जानते हुए अपने शेष जीवन में यीशु का अनुसरण करने की वचनबद्धता की कि परमेश्वर भवतः उसे शारीरिक चंगाई न दे। परमेश्वर ने उसे शारीरिक चंगाई नहीं दी परन्तु उसे आत्मिक रूप से चंगा किया और उसे अलौकिक शांति व आनन्द दिया। अगले कुछ महीनों में, उसके शरीर ने धीरे-धीरे काम करना बंद कर दिया। उसकी गिरती अवस्था को देखने पर मैंने ध्यान दिया कि उसकी शारीरिक अवस्था के कारण मैं उदास था, और उसने मुझसे उदास न होने को कहा क्योंकि वह इतना प्रसन्न था जितना कि वह जीवन में कभी नहीं हुआ था। वह परमेश्वर की सन्तान बन गया था, और अपने स्वयं के परिवार से आरम्भ कर रहा था। उसने अपनी मृत्यु तक लोगों को यीशु के पीछे चलने (गवाह बनने) के महत्व के बारे में बताया। बिल के परिवर्तित जीवन के द्वारा, मुझे पवित्रशास्त्र के परमेश्वर के अनुग्रह और सत्य का पुनः स्मरण हुआ जो यह कहता है कि परमेश्वर के जीवित जल को प्राप्त करनेवाले फिर कभी प्यासे नहीं होंगे और कि जीवित जल, पवित्र आत्मा, उनमें रहता है, वह दूसरों के लिए जीवन जल-सोता, जीवन का स्रोत बन जाएगा (यूहन्ना 4:14 और 7:38-39)।

पश्चात्ताप : अन्तिम सीमा

पश्चात्ताप का विचार पुराने नियम के इब्री शब्दों शव और नाम तथा नये नियम के यूनानी शब्दों एपिस्ट्रेफो और मेटानोयो के विविध रूपों से अनुवादित है। बाइबल से संबद्धित अर्थह्दय के परिवर्तन, किसी के जीवन और जीवन-शैली में बदलाव, स्वयं से और पाप से हटकर परमेश्वर के धार्मिकता के जीवन की ओर संकेत करता है। ह्दय का परिवर्तन कार्य को सक्रिय करता है। यह स्वयं के लिए जीना छोड़कर परमेश्वर और दूसरों के लिए जीना आरम्भ करना है। वास्तव में, परमेश्वर प्रत्येक के ह्दय को जानता है और सच्चा पश्चात्ताप मन-परिवर्तन, परमेश्वर के पवित्र परिवार में आत्मिक रूप से जन्म होने को लाता है, जो परमेश्वर और केवल परमेश्वर का ही कार्य है (यूहन्ना 1:12-13)।

पवित्रशास्त्र से हम यह सीखते हैं कि पश्चात्ताप वह अन्तिम बाधा है जिस पर हमें विजयी होना है। यह अन्तिम सीमा है क्योंकि यहीं लोग परमेश्वर से अपने पापों की क्षमा को मांगते और अपनी व्यक्तिगत स्व-केन्द्रित जीवन-शैली से परमेश्वर और उसके जीवन के मार्ग की ओर ''मुड़ते'' हैं। यह आवश्यक है! (मत्ती 3:2; 4:17; प्रेरित. 2:38; 20:21)

2 इतिहास 30:9 और नहेम्याह 1:9 में, ऐसा लिखा है कि यदि इस्राएल अन्य देवताओं की सेवा करने और अपने देश से निकाले जाने के पश्चात् परमेश्वर की ओर ''फिरेगा'' तो परमेश्वर उन्हें बंदी बनानेवालों को उन पर कृपालु बनाएगा और वे अपने देश में लौट सकेंगे। यिर्मयाह 18:8 में, परमेश्वर में कहा कि यदि कोई देश अपनी बुराई से फिरे तो वह उन पर आनेवाले न्याय में अपनी दया को दिखाएगा। पश्चात्ताप के प्रति परमेश्वर की प्रतिक्रिया, व्यक्तिगत रूप से और सामूहिक रूप से, एक समान रही है। यदि एक व्यक्ति पश्चात्ताप करे या देश के सभी परमेश्वर के लोग पश्चात्ताप करें तो परमेश्वर लोगों और/या देश, दोनों को संपूर्ण करेगा।

प्रेरितों के काम 15:3 में, यूनानी संज्ञा एपिस्ट्रोफे का वर्तमान में कइयों ने ''मन-परिवर्तन'' अनुवाद किया है-इसका श्रेष्ठ अनुवाद अन्यजातियों का (परमेश्वर की ओर) ''फिरना'' श्रेष्ठ अनुवाद होगा। लूका ने इस शब्द का उपयोग उन अन्यजातियों के आधिपत्य और जीवन-शैली में परिवर्तन का वर्णन करने को किया है, जिन्होंने मसीह का अनुसरण करने को अपनी अन्यजाति जीवन-शैली को छोड़ दिया था। लूका 1:16 में, हम यीशु मसीह के बारे में की गई एक भविष्यद्वाणी को देखते हैं, वह इस्राएल के पुत्रों को उनके प्रभु परमेश्वर की ओर फेरेगा। प्रेरितों के काम 11:21 में, लूका विश्वास करने (भरोसा करने) और प्रभु यीशु की ओर ''फिरने'' के बीच के संयोजन को बताता है। प्रेरितों के काम 14:15 में, वह सूचित करता है कि पौलुस ने लुस्त्रा में रहनेवाले सभी लोगों को शुभ समाचार इसलिए बताया कि उन्हें व्यर्थ की चीज़ों से ''फिराकर'' परमेश्वर की ओर ''फिराए।'' उसने पौलुस के राजा अग्रिप्पा से इसे कहने को स्मरण किया कि वह, पौलुस, उसे परमेश्वर द्वारा दिये गए प्रकाशन के प्रति आज्ञाकारी रहा था, और इसलिये, वह कइयों को शुभ समाचार बता रहा था जिनमें अन्यजातियां भी थीं। वह उनसे ''पश्चात्ताप करने और (एक सच्चे) परमेश्वर की ओर फिरने'' तथा पश्चात्ताप के योग्य काम करने को कह रहा था।

परमेश्वर सभी युगों के सभी लोगों से भलाई और बुराई के बारे में बोलता है (रोमि. 1:18-2:16)। बाइबल आधारित मन-परिवर्तन एक व्यक्ति के अपने जीवन-मार्ग को छोड़कर परमेश्वर और उसके मार्गों के प्रति समर्पण कर ''उसकी और फिरने'' के पश्चात् परमेश्वर के सक्रिय होने पर होता है। एक सही मन-परिवर्तन परमेश्वर द्वारा तब पूरा होता है जब एक व्यक्ति परमेश्वर और उसके जीवन के मार्ग का अनुसरण कर उसकी इच्छा पूरी करना चाहता है (यूहन्ना 4:34; तु. क. 1 यूहन्ना 2:17)

जब एक व्यक्ति परमेश्वर की सुनकर उसके प्रति विकसित प्रेम के आधार पर उसके पीछे चलना आरम्भ करता है, परमेश्वर की विश्वसनीयता का अनुभव करने के द्वारा उस पर उसका भरोसा बढ़ता है (गला. 5:6; इब्रा. 5:14)। वे सभी जो परमेश्वर और उसके मार्गों का अनुसरण करने की वचनबद्धता करते हैं वे अभी और यहाँ पवित्रीकरण के द्वारा पूर्ण जीवन का अनुभव करते और शारीरिक मृत्यु पर सिद्धता को पाते हैं (रोमि. 6:22; 1 यूहन्ना 3:1-2)। अपनी पुनरुत्थित देहों को प्राप्त करने पर वे अपने अंतिम रूप में पूर्णता को पाते हैं (फिलि. 3:20-21)। युगों से जिन्होंने परमेश्वर पर भरोसा करना और उसकी आज्ञा मानना सीखा है वे सदाकाल के लिए उसके घनिष्ठ पवित्र परिवार और राज्य का हिस्सा बन जाते हैं।

परमेश्वर और सदाकाल के लिए हमसे जुड़ने की उसकी इच्छा को जानने पर कौन सी चीज़ हमें उसके आधिपत्य के प्रति समर्पण करने और उसे हमारे जीवनों में ग्रहण करने में बाधक बनती है? बाइबल आधारित पश्चाताप को देखने पर, परमेश्वर की ओर "फिरने" की कुंजी उसका प्रेम है (1 यूहन्ना 4:16)। बहुत ही कम होंगे जो परमेश्वर के प्रेम के प्रति सकारात्मक प्रतिक्रिया देंगे (1 यूहन्ना 4:19), यदि वे रुककर सभी प्रतियोगी आवाज़ों से अधिक सुनें, जिनमें से अधिकांश शैतानी रूकावटें हैं। किसी व्यक्ति के परमेश्वर की ओर फिरने पर परमेश्वर के प्रति वृद्धिगत भरोसे और आज्ञाकारिता के द्वारा पश्चात्ताप प्रगट होता है (गला. 5:6; यूहन्ना 14:21, 23)। मसीह की अगुआई में परमेश्वर के लोग दूसरों को कम से कम हानि देना सीखते हैं, क्योंकि परमेश्वर उनमें ईश्वरीय प्रेम को बढ़ा रहा होता है और प्रेम हानि नहीं पहुंचाता (1 कुरि. 13:4-8; गला. 5:13)।

परमेश्वर की ओर फिरने के आत्मिक प्रभाव के संबन्ध में नया नियम स्पष्ट है। व्यक्ति को स्वयं से परमेश्वर की ओर फिरना है, ताकि परमेश्वर उसे अपने परिवार में आत्मिक जन्म दे सके। और अधिकांश को, उड़ाऊ पुत्र के समान किसी कठिन घटना या घटनाओं का अनुभव करना पड़ता है, इससे पूर्व कि वे रुकें और परमेश्वर को उन्हें होश में लाने की अनुमति दें। कुछ ऐसे हैं जिनके शांत समयों में, परमेश्वर उनसे बात करने और अन्ततः स्वयं को और अपने जीवन के मार्ग को उन पर प्रगट करने में समर्थ होता है। कैसी भी स्थिति में, परमेश्वर के परिवार में आत्मिक रीति से जन्म लेने से पूर्व परमेश्वर की ओर फिरना (पश्चात्ताप) अनिवार्य है।

अपनी क्रूस उठाना और यीशु के आनन्द को अनुभव करना

मसीह के अनुयायी जब व्यक्तिगत अभिलाषाओं को एक ओर रखना सीख जाते हैं, परमेश्वर प्रत्येक से अपनी अपनी क्रूस को उठाने और दूसरों के लिए स्वेच्छा से दु:ख सहने को कहता है। ऐसा करना सरल नहीं है, परन्तु अन्त में यह महान आनन्द को लाता

है। कायल आइडलमैन, यू.एस. की एक विशाल कलीसिया के पास्टर, यह जानने के स्थान पर आए कि वे लोगों को उन संदेशों के द्वारा परमेश्वर तक लाने का प्रयास करते रहे थे जो प्रेरक, सुविधाजनक और आरामदायक थे।[30] बाद में उन्होंने यह अनुभव किया कि यीशु ने ऐसा नहीं किया था। यीशु ने पश्चात्ताप, समर्पण और टूटने पर क्षमा, उद्धार और खुशहाली से अधिक बल दिया था।[31] यीशु ने सिखाया कि उसके अनुयायियों को स्वयं का इंकार कर, प्रतिदिन अपनी क्रूस उठाकर उसके पीछे चलना है (लूका 9:23)। आइडलमैन ने यह जाना कि एक क्रूस यीशु के जीवन और सेवकाई और दूसरों के उसके साथ दीनता, दु:ख और मृत्यु से जुड़ने के निमंत्रण की श्रेष्ठ अभिव्यक्ति है।[32]

यद्यपि यीशु अपने पिता के समान अनन्त था और उसने भौतिक रूप से सृष्टि तथा इसमें की वस्तुओं की रचना की थी, उसने यह नहीं सोचा कि स्वयं को दीन कर अपना जीवन उन सभी के लिए देते हुए जो आज्ञाकारिता में प्रतिक्रिया देते हैं अपनी सृष्टि के लिए मरना तुच्छ कार्य है। यीशु कार्यकारी रूप में ईश्वरीय प्रेम का उदाहरण है! (फिलि. 2:5-8) यीशु की सेवकाई उसकी मृत्यु और पुनरुत्थान से रुकी नहीं; परन्तु पिता के दाहिने हाथ पर स्वर्ग के उसके स्थान से जारी है (इफि. 1:20-23)।

परमेश्वर हमें पहले से नहीं बताता कि दूसरों के लिए हममें से प्रत्येक व्यक्ति की कौन सी क्रूस होगी, तौभी प्रत्येक के लिए उसने विशेष कार्य रखे हैं कि उसकी सृष्टि के पूरा होने में सहायता करें (इफि. 2:10; फिलि. 2:13)। परमेश्वर के लिए कोई बात आश्चर्य की नहीं है। उसे पता है कि वह क्या कर रहा है और कि हम कैसे प्रतिक्रिया देंगे। वह कहता है कि हम उसके चरित्र और योग्यता के आधार पर उसका अनुसरण करने की वचनबद्धता करें। वह कहता है कि यीशु का अनुसरण करनेवाले सभी लोग दु:ख उठाएंगे, परन्तु लोगों को अनन्त पीड़ा और दु:ख से बचाने के उसके कार्य में जुड़कर वे महान आनन्द का भी अनुभव करेंगे (उदा. पौलुस-कुलु. 1:24)। अपने शारीरिक और आत्मिक जीवनों से जब हम उस पर भरोसा करना सीखते हैं तो क्या हम अपनी व्यक्तिगत अभिलाषाओं को छोड़ने को तैयार होते हैं।

कई बार विश्वास की कमी के कारण हम अधूरे मन से वचनबद्धता करते हैं, जिसका अन्त बिना किसी पूर्णता के होता है। परमेश्वर अपने चरित्र और योग्यता के प्रति सही भरोसे की इच्छा रखता है। वह हमारे जीवनों में उन सभी परिस्थितियों के बाद जिन्हें वह हमारे जीवनों में आने देता है, सच्ची वचनबद्धता, बलिदान और निष्ठा को खोज रहा है। परमेश्वर और उसके मार्गों का अनुसरण करनेवाले सभी वर्ग के लोगों में, वह प्रत्येक कुल व राष्ट्र के लोगों का उपयोग संसार में उसका प्रतिनिधित्व करने के लिए करता है। उसका अनुसरण करनेवाले सभी उसके याजक और ज्योति हैं (मत्ती 5:14-16; 1 पतरस 2:9-10)। यीशु का अनुसरण करनेवाले उसके राजदूत हैं (2 कुरि. 5:20)।

इस्राएल देश को अपना प्रेम दिखाने और उन्हें मिस्र की गुलामी से बचाने के पश्चात् पूरी जाति अथवा राष्ट्र उसकी पवित्रता को समझे बिना और किसी याजकीय मांग

के बिना उसका अनुसरण करने को तैयार था (निर्ग. 19:4-6)। कइयों ने जिन्होंने यह कहा कि वे परमेश्वर के पीछे चलेंगे, लंबे समय की वचनबद्धता में नहीं रह पाए और पाप करते हुए परमेश्वर के विरुद्ध विद्रोह में रहे। वे ऐसा उस अच्छे देश में नहीं कर पाए जिसे परमेश्वर ने उनके लिए रखा था क्योंकि वे उन परीक्षाओं से होकर नहीं गए जिन्हें उसने उनके भरोसे और आज्ञाकारिता के उचित रवैये के साथ रखा था, जिसने सभी सुननेवालों को शक्तिशाली बनाया था (गिन. 14:20-35)। आज भी हमारे लिए परमेश्वर के जीवन का एक श्रेष्ठ मार्ग रखा है, उसमें भी परीक्षाएं और संकट शामिल हैं।

एक नई सृष्टि

यदि हम परमेश्वर के वचन का अध्ययन करने और उसके अनुसार कार्य करने में समय बिताते रहें, यीशु मसीह और हमारा स्वर्गीय पिता हमें भौतिक और आत्मिक संसार की वास्तविकता को जानना सिखाता है जिसमें हम रहते हैं। परमेश्वर का आज्ञापालन करने पर, वह हमें अपने साथ घनिष्ठ संबन्ध में रखते हुए हमें परिपक्व बनाता है। हमारा चरित्र अथवा स्वभाव अन्ततः पूरी तरह से यीशु के समान हो जाएगा और परिणामस्वरूप शारीरिक मृत्यु पश्चात् यह संबन्ध और अधिक घनिष्ठ हो जाएगा। परन्तु शारीरिक मृत्यु से पहले, मसीह के अनुयायी तात्कालिक रूपान्तरण का अनुभव करते हैं :

(1) परमेश्वर के अनन्तकालीन घनिष्ठ पवित्र परिवार में जन्म लेने पर वे तुरन्त ही ''मसीह में'' नई सृष्टि बन जाते हैं (2 कुरि. 5:17; इफि. 1:13-14);
(2) वे तुरन्त ही पवित्र आत्मा के पवित्रीकरण के कार्य को अनुभव करने लगते हैं (रोमि. 6:22); जिनका जन्म परमेश्वर से होता है वे पवित्र आत्मा के उनमें वास करने के कारण पाप में कम और कम और कम होते जाते हैं (1 यूहन्ना 3:9);
(3) वे तुरन्त ही परमेश्वर के सम्मुख धर्मी ठहराए जाते हैं, यद्यपि परमेश्वर को आमने-सामने देखे बिना उनके धर्मी ठहराए जाने को अनुभव नहीं किया जाता (रोमि. 5:1; 1 यूहन्ना 3:2)। वास्तव में, परमेश्वर के परिवार में आत्मिक जन्म होने पर एक चमत्कार होता है, परमेश्वर उनके पापों को क्रूस पर मसीह में रखने के कारण हटा देता है और अपनी धार्मिकता से उन्हें अपने सम्मुख धर्मी ठहराता है (रोमि. 1:16, 17; 2 कुरि. 5:21; 1 पतरस 2:24); और
(4) यीशु का अनुसरण करने पर, वे पवित्र आत्मा से समर्थ होकर दूसरों को परमेश्वर की भलाई के बारे में बताते हैं (रोमि. 8:14; प्रेरित 1:8)।

यीशु *के आनन्द का अनुभव करना*

जो लोग परमेश्वर पर भरोसा करना सीखते हैं उन्हें सिद्ध बनाने में युगों से परमेश्वर को क्या कीमत चुकानी पड़ती है? पवित्रशास्त्र से हम यह जान पाते हैं कि जो लोग परमेश्वर की अनन्त उपस्थिति में आना चाहते हैं उनके सभी पापों का हटाया जाना अनिवार्य है (यूहन्ना 3:14-15)। पाप को पट्टी से बांधकर छिपाया नहीं जा सकता। घाव का तब तक चंगा होना ज़रूरी है जब तक कि उसके होने का एक भी चिह्न शेष न रहे। भजनकार दाऊद ने एक बार कहा कि अपनी प्रेमी दया के कारण परमेश्वर ने उससे प्रेम और उसका आदर करनेवालों के अपराधों को उतना ही दूर कर दिया है जितना उदयाचल अस्ताचल से दूर है (भजन. 103:11-12)।

अतः हमें अनन्तकाल में अपने साथ रखते हुए परमेश्वर ने हमारे पापों को कैसे हटाया? पौलुस यह बताने के लिए तीन मूलभूत विचारों का उपयोग करता है कि परमेश्वर ने उस पर भरोसा करनेवालों और प्रेमसहित उसका आदर करनेवालों के पापों को कैसे हटाया :

(1) गलातियों 3:13-14 में, पौलुस ने कहा कि मसीह उनके लिए शापित हुआ जो परमेश्वर पर भरोसा कर रहे हैं ताकि जो ''मसीह में'' हैं वे अब्राहम की आशीषों को प्राप्त करें। पुराने नियम से यह स्पष्ट हो जाता है कि जब भी कोई परमेश्वर की व्यवस्था (उसकी शिक्षा) का उल्लंघन करता है, तो उस पर इस भाव में शाप आता है कि पाप का दण्ड आ रहा है। पाप (गलत काम) का दण्ड मृत्यु, परमेश्वर और उसके समुदाय से अलगाव है। यीशु, मसीह, हमारे लिए शाप बना, दोषी ठहराया गया, हमारे खातिर क्रूस पर चढ़ाया गया, और उसने अधोलोक (आत्मिक कैद) में पिता परमेश्वर से अलग हमारे खातिर तीन दिन बिताए, जो 3000 वर्ष के समान रहे होंगे,

(2) कुलुस्सियों 2:13-14 में, पौलुस ने कहा कि जब हम अपने अपराधों के कारण मरे हुए थे, परमेश्वर से अलग, क्रूस पर मसीह के प्रायश्चित के कार्य के कारण परमेश्वर ने हमारे नामों की मुख्य सूची लेकर हममें से प्रत्येक पर अभियोग लगाकर मसीह की क्रूस पर ठोंककर उसे दोषी ठहराया और हमारे विरुद्ध अभियोग को रद्द किया; और

(3) 2 कुरिन्थियों 5:21 में पौलुस ने स्पष्टतया कहा कि जब यीशु हमारे लिए क्रूस पर मरा, पिता परमेश्वर ने हमारे पाप को उस पर डाल दिया जो अब तक पापरहित रहा था। पतरस ने भी यही कहा था (1 पतरस 2:21-24)।

पवित्रशास्त्र के इसी पद में, हम यह पाते हैं कि हमारे पाप के बदले में परमेश्वर ने उसकी धार्मिकता को हम पर डाल दिया जिससे हम उसके सामने सौ प्रतिशत धर्मी, पवित्र होकर खड़े हो सकें। यह एक बड़ा चमत्कार है।

हमें बचानेवाले परमेश्वर के चमत्कार पर विचार करना, हमारे स्थान पर मरने के लिए यीशु को धन्यवाद देना, और सामान्य रूप से जीवन बिताना सरल है। परन्तु, यहीं पर हमें रुककर उस पर विचार करने की आवश्यकता है जो परमेश्वर ने हमारे लिए किया है और कि वह हमसे बदले में क्या चाहता है। दुःख पीड़ा और मृत्यु का बड़ा दुःख उठाकर परमेश्वर ने उन सभी के पापों को ले लिया जो उस पर भरोसा करना सीखते हैं। बदले में, परमेश्वर सभी से यीशु पर भरोसा करने को कहता है।

यीशु को पता था कि क्रूस पर मरना और आत्मिक रूप से मरना शारीरिक और भावनात्मक दोनों ही तरह से कठिन पीड़ा और दुःख को उत्पन्न करनेवाला था। क्रूस पर अपनी मृत्यु से कुछ पहले पकड़े जाने पर, उसने पिता से अन्तिम बार पूछा था कि पापों के समाधान का क्या कोई और तरीका था। वास्तव में, उसे पहले से ही अपने प्रश्न का जवाब पता था और उसने अपने को पहले से ही परमेश्वर की इच्छा पर सौंप दिया था।

अपने लोगों द्वारा अपने पुत्र को ठुकराते देख पिता जिस भावनात्मक स्थिति से होकर गुज़रा उसकी कल्पना करना भी कठिन है (यूहन्ना 1:11)। पिता और पुत्र की उस समय की भावनात्मक पीड़ा को देखें जब वे लोग जिनके बीच यीशु ने तीन वर्ष भलाई करते हुए सेवा की, उन्होंने उसके विरुद्ध होकर एक जाने-माने अपराधी, बरअब्बा, को मुक्त करने को कहा (यूहन्ना 18:39-40)। उस समय की पिता की भावनात्मक पीड़ा की कल्पना करें जब यीशु को अपमानित किया गया, कोड़े मारे गए और वह क्रूस पर एक क्रूर और पीड़ादायी शारीरिक मौत मरा। इसके पश्चात् सबसे पीड़ादायक भाग की कल्पना करें : क्योंकि यीशु ने उन सभी के पापों को अपने पर ले लिया था जो उस पर भरोसा करते हैं, पिता को अपने आज्ञाकारी पुत्र से अपने मुँह को तीन दिन तक फेरना था, क्योंकि वह हमारे लिए परमेश्वर के अलगाव से गुज़र रहा था। हमारे लिए यह यीशु की आत्मिक मृत्यु ही है, जो कि उसके उस पिता से अलगाव था जिसके साथ वह पहले से सर्वदा तक सिद्ध प्रेम और एकता में रहा था (मत्ती 27:46; यूहन्ना 2:18-22; इब्रा. 2:9)।

हमारे पापों के यीशु के डाले जाने पर पिता द्वारा उसके त्यागे जाने पर विचार करें। मरते समय, यीशु ज़ोर से पुकार उठा, "हे मेरे परमेश्वर, हे मेरे परमेश्वर, तू ने मुझे क्यों छोड़ दिया" (मत्ती 27:46)? यीशु को पता था कि उसका पिता उसे क्यों छोड़ या त्याग रहा था। यह घोषणा हमें उस बड़ी कीमत को स्मरण कराने के लिए की गई थी जिसकी एक बड़ी कीमत वह और पिता चुका रहे थे।

एक चोर के साथ हुए यीशु के विचार-विमर्श से हम यह जान पाते हैं कि यीशु और वह विशिष्ट चोर उसी दिन ऊपरी अधोलोक (स्वर्गलोक) में रहे होंगे (लूका 23:43), और पवित्रशास्त्र के कई स्थानों से हम यह जान पाते हैं कि यीशु तीन दिन तक अधोलोक

(हेडेस) में इस शुभ समाचार का प्रचार करते हुए रहा होगा कि उसने और पिता ने कैसे पाप को हटाने का प्रबन्ध किया था (यशा: 53; गला. 3:13-14; 1 पतरस 2:24)। हमारे लिए अधोलोक में समय बिताने के पश्चात् वह पिता के पास ऊपर उठा लिया गया (प्रेरित. 2:31), वह स्वयं भी पाप से मुक्त था और उसने उन सभी को भी मुक्त किया जो ऊपरी अधोलोक में थे (1 यूहन्ना 2:1; इफि. 4:7-12)।

क्रूस से पहले जो लोग परमेश्वर पर भरोसा कर रहे थे वे अन्ततः उसकी मृत्यु के द्वारा सिद्ध धर्मी बनाए जाने के योग्य हो सके कि मसीह के प्रायश्चित के कार्य को समाप्त करने के पश्चात् परमेश्वर की उपस्थिति में आएं। मानवजाति के लिए यीशु की मृत्यु उन सबके सभी पापों को हटाती है जो सभी समयों में प्रेमी सृष्टिकर्ता के प्रति समर्पण करते हैं। समस्त मानवजाति को बचाने के लिए एक अत्यंत पीड़ादायी आत्मिक युद्ध को जीत लिया गया था (यूहन्ना 19:30; प्रका. 5:9-10; 11-15)। मसीह के आज्ञाकारी व त्यागपूर्ण जीवन और मृत्यु के द्वारा, जिसमें उसने समस्त मानवजाति के लिए अत्यंत दुःख सहा, यह युद्ध जीता गया।

यही यीशु जिसने हमारे लिए एक अपराधी के रूप में स्वेच्छा से क्रूस पर अपमान और मृत्यु को सहा, उसी के साथ-साथ उसने महान आनन्द को भी अनुभव किया क्योंकि वह उन सभी को उद्धार दे रहा था जो परमेश्वर के साथ धर्मी जीवन जीना चाहते थे (यूहन्ना 15:10-13; 17:13; इब्रा. 12:2)। यह ईश्वरीय प्रेम है! आप अपने मित्रों के लिए क्या करना चाहते हैं?

यीशु के दुःख और आनन्द दोनों पर विचार करने पर, हम परमेश्वर के हृदय और मस्तिष्क दोनों को समझने लगेंगे, जो अब मसीह के अनुयायियों का भी हृदय और मस्तिष्क बन रहा है (1 कुरि. 2:16)। मसीह के अनुयायी प्रेम करना सीख रहे हैं और अपने आस-पास वालों के बीच कार्य करते हुए वे इसी कारण ईश्वरीय प्रेम और उत्तेजना को अनुभव करते हैं।

परमेश्वर एक व्यक्तिगत निर्णय चाहता है

यीशु ने कहा कि यदि हम अपना इंकार करने और अपनी अपनी नियत क्रूस को उठाने तथा उसके पीछे चलने को तैयार नहीं हैं, तो हम उसके शिष्य होने के योग्य नहीं (लूका 14:26-27; तु. क. मत्ती 10:38)। अतः, क्या परमेश्वर इस योग्य है कि हम अपने अहम् को छोड़कर उसकी ओर फिरें? निःसंदेह वह इसके योग्य है! यदि आप परमेश्वर के प्रति विस्मय और श्रद्धा के भाव का अनुभव नहीं करते तो आपका ध्यान अभी भी स्वयं पर है। वह जान जाने पर जो परमेश्वर ने प्रत्येक के लिए किया है, उचित प्रतिक्रिया परमेश्वर के प्रेम के प्रति यह कहते हुए लौटना होगा कि वह हमारे जीवनों में आए।

इस पर इस तरह से विचार करें। यदि आप अब तक यह नहीं समझे हैं कि आपको क्यों आनन्द से यीशु का अनुसरण करना और व्यक्तिगत लाभ की ओर नहीं देखना है, तो आप अभी भी शैतान के धोखे में हैं। यदि आपको इसकी सच्ची समझ है कि आपके आस-पास आत्मिक रीति से क्या चल रहा है, आप परमेश्वर के अनन्तकालीन घनिष्ठ पवित्र परिवार को बनाने में अपनी भूमिका को पूरा करना चाहेंगे। इस पर विचार करें : आप व्यक्तिगत रूप से किसी ऐसे को बचाने के लिए क्या करना चाहेंगे जिससे आपको अत्यंत प्रेम है कि उसे भयानक भाग्य से बचाए जैसे आग में मरना, डूबना या दुर्घटना? हममें से अधिकांश इसके लिए कुछ भी करने को तैयार रहेंगे, यहां तक कि उनके लिए अपने जीवनों को देना चाहेंगे जिनसे हमें प्रेम है।

दूसरों को अपमान और पीड़ा की अनन्तकालीन अवस्था से बचाना और इस समय उनके जीवनों में सुधार लाने के लिए सहायता करना, ऐसे ही कार्यों में परमेश्वर हमें अपने साथ जुड़ने को कह रहा है, जो परमेश्वर की सृष्टि के उद्देश्य को पूरा करता है। यीशु ने अपना जीवन दे दिया कि हम बहुतायत का जीवन पाएं (यूहन्ना 10:10-11; 1 यूहन्ना 3:16)। यीशु हमसे दु:ख उठाते हुए उसके पीछे चलने को कह रहा है, जिसमें हमें अपनी-अपनी क्रूस उठाकर दूसरों के लिए दु:ख उठाना है, उसके लिए जो उसने हमारे लिए किया है और इसलिए क्योंकि हमारा प्रेम सभी के लिए बढ़ रहा है (यूहन्ना 15:20; तु. क. मत्ती 10:25)। यदि हमने अब तक परमेश्वर को यह सिखाने का अवसर नहीं दिया है कि अपने आस-पास के लोगों से कैसे प्रेम करें, तो हम दूसरों के लिए दु:ख उठाना नहीं चाहेंगे (1 यूहन्ना 3:17; 4:11-16)।

> उस पर विचार करें जो पौलुस ने स्वयं दूसरों के लिए दु:ख उठाने के बारे में कहा। कुलुस्से के धर्मी जनों को लिखे पत्र में पौलुस ने कहा, ''अब मैं उन दु:खों के कारण आनन्द करता हूं, जो तुम्हारे लिये उठाता हूं, और मसीह के क्लेशों की घटी उसकी देह के लिये, अर्थात् कलीसिया के लिये, अपने शरीर में पूरी किए देता हूं। जिसका मैं परमेश्वर के उस प्रबन्ध के अनुसार सेवक बना...'' कुलुस्सियों 1:24-25

पौलुस कुलुस्से में रहनेवाले मसीह के अनुयायियों को समझाना चाहता था कि उसका दु:ख कोई ऐसी चीज़ नहीं थी जिसने उसके आनन्द को समाप्त कर दिया था, परन्तु इसके विपरीत सुसमाचार की उन्नति के लिए यह बढ़ा था, जो बहुतों को अंधकार के बंधन से निकालकर परमेश्वर के राज्य में लेकर आया था (कुलु. 1:13-14)। पौलुस मसीह का

अनुसरण कर रहा था और वह न्याय के दिन अधिक से अधिक लोगों को परमेश्वर के सम्मुख मसीह में पूर्ण करके प्रस्तुत करने में उसके द्वारा समर्थ हुआ था (कुलु. 2:28-29)।

इसी प्रकार, पौलुस ने कुरिन्थियों को यह बताया कि सुसमाचार की घोषणा करने के कारण शैतान के साथ आत्मिक युद्ध में होने पर वे मसीह के अनुयायियों के साथ अनवरत दु:खों में सहभागी थे (2 कुरि. 1:3-11; 4:7-10)। कुरिन्थ में रहनेवाले धर्मी जनों को उसने आगे बताया कि मकिदुनिया के धर्मी जन, जिन्होंने यीशु का अनुसरण करने और परमेश्वर पर भरोसा करने के कारण दु:ख उठाया था, वे दूसरों के प्रति अपने उदार व्यवहार के कारण बड़े आनन्द का भी अनुभव कर रहे थे (2 कुरि. 8:1-4)। पौलुस ने थिस्सलुनीकियों को दु:खों के बावजूद परमेश्वर के कार्य में बने रहने को प्रोत्साहित किया, जो वे यीशु का अनुसरण करने के कारण उठा रहे थे। पौलुस और उसके सहकर्मी थिस्सलुनीके के धर्मी जनों के निरन्तर विश्वास में बढ़ने के कारण आनन्द कर रहे थे (1 थिस्स. 2:14-3:13)।

यीशु का अनुसरण करना : दैनिक शिक्षण

> यीशु ने कहा, ''देख, मैं द्वार पर खड़ा हुआ खटखटाता हूं, यदि कोई मेरा शब्द सुनकर द्वार खोलेगा, तो मैं उसके पास भीतर आकर उसके साथ भोजन करूंगा, और वह मेरे साथ।'' प्रकाशितवाक्य 3:20

यीशु हमारा उत्तम उदाहरण और अगुवा है। यीशु को वे चीज़ें करने और कहने में खुशी मिलती है जो उसका पिता चाहता है (यूहन्ना 4:34; 8:26-29)। पिता की तरह यीशु भी सभी लोगों से अत्यधिक प्रेम करता है। यीशु सेवा कराने नहीं बल्कि सेवा करने आया था (मत्ती 20:28; मरकुस 10:45)। उसने अपने समय और शक्ति को लगातार शिक्षा देने में लगाया और उसने बीमारों को चंगा किया तथा दुष्टात्माओं को निकाला। सभी के लिए उसकी मुख्य शिक्षा थी, ''जा और पाप मत करना'' (मत्ती 3:2; 4:17; 11:20-24; तु. क. यूहन्ना 5:14; 8:11)। ऐसी कई रातें यीशु ने वहाँ सेवकाई करते हुए बिताईं जहाँ उसके पास सोने को उचित व आरामदायक स्थान भी नहीं होता था (मत्ती 8:20; लूका 9:58)। ऐसे बहुत से समयों में जिनमें वह कुछ आराम कर सकता था, उसने पृथ्वी पर अपने कम समय में अधिक से अधिक लोगों तक ज्योति लाने का कार्य किया। इस सबका समापन बहुतों के उसकी मृत्यु और एक विख्यात अपराधी के छोड़े जाने की मांग से हुआ (मत्ती 27:11-22; मरकुस 15:6-13; लूका 14:13-21; यूहन्ना 18:37-19:16)। यीशु किसी की सहानुभूति नहीं चाहता, परन्तु वह सभी के लिए अपनी आज्ञाकारी सेवा और

दु:ख उठाने के जवाब में दूसरों के प्रति हमसे प्रेम दिखाने और आज्ञाकारी सेवा करने को कहता है (यूहन्ना 15:10)।

यद्यपि अधिकांश प्रभु नहीं परन्तु एक उद्धारकर्ता की चाहत से आरम्भ करते हैं, प्रत्येक व्यक्ति को अन्ततः यह चुनाव करना है कि वह परमेश्वर और जीवन के लिए उसकी देखरेख के तरीके का अनुसरण करना चाहता/चाहती है या हमारे संसार के दुष्ट अगुवे, शैतान, और उसके परमेश्वर विरोधी विनाशकारी तरीकों का (यूहन्ना 3:36; 8:43-46; 14:23; 1 यूहन्ना 3:7-10; तु.क. व्यवस्था. 30:15)। समय के बीतने पर, कुछ अपने जीवनों में उस स्थान पर आते हैं जहाँ वे परमेश्वर की भलाई को अधिक पूर्णता के साथ अनुभव करना और उसे प्रभु व उद्धारकर्ता के रूप में स्वीकार करना चाहते हैं। ऐसा होने पर, परमेश्वर उन्हें अपने पवित्र परिवार में ात्मिक रूप से प्रवेश कराता और उन्हें अपने स्वरूप में आकार देना व ढालना आरम्भ करता है (इफि. 1:13-14; रोमि. 6:22)। बाइबल में, यह प्रक्रिया पवित्रीकरण कहलाती है। हमारा यह हिन्दी शब्द पुराने नियम के इब्री कादोश और नये नियम के यूनानी हेग्योस से अनुवादित है। कादोश और हेग्योस दोनों शब्दों का सामान्यता ''पवित्र'' में अनुवाद हुआ है। दोनों शब्दों के पीछे का मुख्य विचार यह हैघ्ऐसा जीवन जीना जो इस संसार के तरीकों से अलग, परमेश्वर के प्रति समर्पित और परमेश्वर की नैतिक जीवन-शैली का अनुकरण करनेवाला हो।

इसमें गुनगुने अनुयायियों के लिए कोई स्थान नहीं है (प्रका. 3:16)। जब लोग मसीह का अनुसरण करते हैं, परमेश्वर उनके मनों को वैसे ही अधिक से अधिक लोगों की देखभाल करने को रूपान्तरित करता है जैसे मसीह देखभाल करता और उन्हें शैतान के बजाय अपनी अगुआई का अनुसरण करने को समर्थ करता है। यदि कोई जानबूझकर या अनजाने में शैतान का अनुसरण करता रहता है, वह उसे चौड़े सरल मार्ग पर बना रहता है जो परमेश्वर से अनन्त अलगाव की ओर लेकर जाता है (1 यूहन्ना 5:19)।

आपका क्या कहना है?

आपने अब तक जो पढ़ा है उससे आपने यह जाना है कि आपको परमेश्वर ने अपने अनन्तकालीन घनिष्ठ पवित्र परिवार का हिस्सा होने को बनाया है। यह आपके अस्तित्व या जीवन के लिए प्राथमिक उद्देश्य है! परमेश्वर चाहता है कि आप स्वेच्छा से उससे और उसके परिवार से जुड़ें। जब आप दोषमुक्ति और विकास के लिए अपने जीवन को स्वेच्छा से परमेश्वर की ओर फेरते हैं, परमेश्वर का कार्य आपके जीवन में आरम्भ हो जाता है कि आपको अधिक से अधिक यीशु के स्वभाव की समानता में बनाए। चाहे आपकी शारीरिक मृत्यु हो या फिर मृत्यु के बिना आपको परमेश्वर द्वारा उठा लिया जाए, परमेश्वर अपनी आज्ञाकारी सन्तान में अपने कार्य को पूरा करता है (रोमि. 8:28-30; 1

यूहन्ना 3:1-2), और जब आप अनन्तकाल में उसके परिवार के साथ अपने नियत स्थान में प्रवेश करते हुए उसके सामने खड़े होते हैं, तो ऐसी स्थिति में आप परमेश्वर के सम्मुख बिना पाप के उसकी धार्मिकता के वस्त्रों को पहने हुए मसीह के समान खड़े होंगे (2 कुरि. 5:21)।

परमेश्वर सभी से पश्चाताप, अपने लिखित प्रेरक वचन के प्रति आज्ञाकारिता और पवित्र आत्मा की अगुआई में अपने पुत्र के प्रति आज्ञाकारिता को दिखाने के द्वारा उसके महान प्रेम के लिए प्रतिक्रिया देने को कहता है। यीशु का अनुसरण करने की वचनबद्धता से पहले, कोई भी अपने को धार्मिक रीति से इतना साफ व शुद्ध नहीं कर सकता कि अपनी स्वयं की धार्मिकता के बल पर स्वयं को प्रस्तुत करने योग्य बना सके (रोमि. 3:23), परन्तु शुभ समाचार यह है कि परमेश्वर आपको वैसे ही ग्रहण करता है जैसे आप हैं। यदि आप परमेश्वर की इच्छानुसार कार्य करना चाहते और अपने प्रभु और उद्धारकर्ता के रूप में यीशु का अनुसरण करने की वचनबद्धता के साथ उसके पास आते हैं तो परमेश्वर ही है जो हमारे पापों को हटाता है (2 कुरि. 5:21; कुलु. 2:13-14; 1 पतरस 2:24)। परमेश्वर के साथ एक समर्पित जीवन का आरम्भ करने पर, हम हमारे प्रति उसके महान प्रेम को समझने पर उस पर अधिक से अधिक भरोसा करना व उसका आज्ञापालन करना सीखते हैं।

जब आप अपने जीवन में इस स्थान पर पहुंच जाते हैं तो मेरी आपके लिए यह प्रार्थना है कि आप परमेश्वर के वचन से यह जानने को अधिक अवगत हों कि वह आपसे कितना प्रेम करता और यह चाहता है कि आप उसे अपने जीवन में ग्रहण करें। यदि आपने परमेश्वर को अपना प्रभु और उद्धारकर्ता बनने को कहते हुए कभी भी उसके प्रति समर्पण नहीं किया है, तो अभी समय है।

आइये वचनबद्धता की बात करें

आइये वचनबद्धता की बात करें

(1) क्या आप अपने जीवन में एक ऐसे स्थान पर हैं जिसमें आप जानते हैं कि यीशु ने एक शिशु की देह धारण की, एक सेवा करनेवाला जीवन जीया, आपके पापों को हटाने के लिए क्रूस पर मरा, गाड़ा गया और पवित्रशास्त्र के अनुसार तीसरे दिन मृतकों में से जी उठा (यूहन्ना 1:29; 3:14-17; लूका 1:26-35; 1 कुरि. 15:4)?;

(2) क्या आप यह समझते हैं कि पाप असंगति, दुःख और विनाश को लाता है और आपके जीवन से इसका हटना ज़रूरी है ताकि आपका परमेश्वर और दूसरों से मेल हो सके (रोमि. 6:17-23; 2 कुरि. 5:17-21)?; और

(3) क्या आप जानते हैं कि हर कोई पापी है और उसे उद्धारकर्ता की ज़रूरत है (रोमि. 3:21-26; 6:23; गला. 3:13-14, 24)?

अधिकांश लोग चर्च जाते, अपनी बाइबल पढ़ते, बाइबल अध्ययन में जाते, मसीह का अनुसरण करने की अच्छी योजनाएं बनाते, परन्तु कभी भी मसीह का अनुसरण करने की गम्भीर वचनबद्धता नहीं कर पाते हैं। आज हमारी कलीसियाओं में बहुतों ने कभी भी विश्वास से कदम बढ़ाना और मसीह का अनुसरण करना आरम्भ नहीं किया है।

यदि आप परमेश्वर के अनन्तकालीन परिवार का हिस्सा बनना चाहते हैं और अभी तक ऐसा नहीं हो पाया है, तो यही वह काम है जिसे करना ज़रूरी है : यीशु का अनुसरण करने की वचनबद्धता, विश्वास में कदम बढ़ाना, और अनुसरण करना आरम्भ करना! अपने भविष्यद्वक्ता मलाकी के द्वारा परमेश्वर ने दशवांश के संबन्ध में भरोसे और आज्ञाकारिता के बारे में जो कहा वह परमेश्वर और हमारे सह-विश्वासियों के साथ संबन्ध के सभी क्षेत्रों में प्रत्येक के जीवन के लिए उपयुक्त है। परमेश्वर को परखें! पवित्र आत्मा की अगुआई में विश्वास/भरोसे में होकर कदम बढ़ाएं और देखें कि परमेश्वर कैसे आपका उपयोग करेगा और आपको आशीष देगा (मला. 3:10)।

परमेश्वर के प्रेम की शुद्ध प्रवृत्ति पर विचार करने पर, जो सभी के लिए उसके कार्यों के द्वारा प्रदर्शित हुआ है और पवित्रशास्त्र के अनुसार उसके वचनों के द्वारा दिखा है, क्या आप एक ऐसे स्थान पर आए हैं जहाँ पर आपने उस पर इतना भरोसा किया कि अपने जीवन को उसे सौंपा जाए (1 यूहन्ना 4:16; तु. क. 1:3; रोमि. 10:9-13)? आपके परमेश्वर की ओर फिरने और उसके प्रभुत्व के प्रति समर्पण करने पर (पश्चात्ताप; 2 पतरस 3:9), वह न तो आपको छोड़ेगा और न त्यागेगा (यूहन्ना 10:9-17, 27-30)।

वे सभी जो यीशु के प्रति समर्पण करने का विचार कर रहे हैं उनसे वह उस पर विचार करने को कहता है जो वह उनसे समर्पण करने से पहले करने को कह रहा है (लूका 14:26-33)। वह कहता है कि जो लोग परमेश्वर के परिवार का हिस्सा या भाग बनना चाहते हैं, वे यदि उसके पिता के अनन्तकालीन पवित्र परिवार को बनाने में उससे जुड़ने को तैयार नहीं हैं, पिता उन्हें अपने परिवार का हिस्सा नहीं बनने देगा (यूहन्ना 15:1-2, 8)। परिवार के सभी सदस्यों के लिए यीशु का एक क्रमिक आदेश है, "इसलिये तुम जाओ (अपने जीवन जीते हुए), सब जातियों के लोगों को चेला बनाओ" (मत्ती 28:19)। खोए या भटके हुए संसार का परमेश्वर से मेल कराने में सहायता करने को परमेश्वर की अगुआई का अनुसरण करने की इच्छा किये बिना (मत्ती 7:21; तु. क. यूहन्ना 7:17), लोग पवित्र आत्मा द्वारा समर्थ नहीं हो पाएंगे कि वह उन्हें मसीह के शिष्य होने के योग्य करे (लूका 14:27; 33; प्रेरित. 1:7-8)।

वर्तमान में जब हम वचनबद्धता के स्थान पर आते हैं, हमें यह स्मरण कराया जाता है कि हमारे जीवन के प्रत्येक पक्ष में हम सभी को यीशु की प्रभु और उद्धारकर्ता के

रूप में ज़रूरत है। मैं जानता हूँ कि परमेश्वर उसकी सुननेवाले सभी लोगों की अतृप्त जीवन से तृप्त जीवन की ओर अगुआई करेगा जिसके साथ भीतरी शांति, आनन्द और महान अपेक्षा भी होंगे। इसके अतिरिक्त, मैं जानता हूँ कि जब लोग परमेश्वर की सुनने लगते हैं, तो उनके जीवन भलाई के लिए उस समय तथा सदा तक के लिए बदल जाते हैं (रोमि. 6:22)। बहुत कम समय में ही, उनके परिवार और मित्र भी उनके साथ आशीष पाते हैं। एक अभिभावक, पति/पत्नी, बच्चे का अपने प्रिय के लिए इससे बड़ा और कोई उपहार नहीं होगा कि वह यीशु का अनुसरण करना आरम्भ करे।

ठीक है, अब समय है। यदि आप अभी तक यीशु की ओर नहीं फिरे हैं, तो आपको अभी ऐसा करना है। यह यीशु का अनुसरण करने की वचनबद्धता को लेने का समय है। स्मरण रखें कि यीशु गुनगुने अनुयायियों को ग्रहण नहीं करता। यीशु का अनुसरण करने की दृढ़ वचनबद्धता लेने पर, परमेश्वर पवित्र आत्मा के अन्तर्वास के द्वारा उसी समय आपके जीवन में आएगा और आपको बढ़ाने लगेगा ताकि आप ईश्वरीय प्रेम में चलने के योग्य हों और बहुतों के लिए आशीष बनें। यदि आप परमेश्वर तक पहुंचने के लिए धर्मी बनने की प्रतीक्षा कर रहे हैं, तो आप सदा तक प्रतीक्षा ही करते रहेंगे। धर्मी बनने के लिए प्रत्येक को परमेश्वर की आवश्यकता है। परमेश्वर से आपके सभी गलत कामों को क्षमा करने की प्रार्थना करें और यीशु का अनुसरण करने की वचनबद्धता लें। हमारे स्वर्गीय पिता से यह प्रार्थना या इसी तरह की प्रार्थना करें, जो आपके हृदय को जानता है, और इसी क्षण उसके छुटकारा देनेवाले और रूपान्तरित करनेवाले कार्य पर भरोसा करना आरम्भ करें :

> स्वर्गीय पिता, यीशु मसीह को भेजने के लिए धन्यवाद, जिसने प्रत्येक के लिए मरते हुए सृष्टि को संगठित किया। मुझे पता है कि आप मुझे मेरी समझ से कहीं अधिक प्रेम करते हैं। अपने पुत्र यीशु मसीह की मृत्यु के द्वारा आपने मेरे सभी पापों को हटाने के लिए एकमात्र मार्ग दिया और मेरे पाप के बदले मुझे अपनी धार्मिकता को दिया। मैं आपसे अपने पापों की क्षमा मांगता और आपके प्रति निष्ठावान रहने की प्रतिज्ञा करता हूँ। मैं यह जानता हूँ कि पाप ने मुझे आपके साथ घनिष्ठ संबन्ध में रहने से दूर रखा है और यह कि आपके प्रभुत्व के प्रति समर्पण करने पर आप मेरे पापों को हटाकर मुझे सदा के लिए धर्मी बना देंगे। आपके पवित्र मार्गों पर चलने और आपकी अगुआई का अनुसरण करने में कृपया मेरी सहायता करें। बदले में, मैं जहाँ तक संभव हो विश्वासयोग्यता से मसीह का अनुसरण करने की वचनबद्धता करता हूँ। मुझे आप पर और मुझे आपकी इच्छा पर कार्य करने, आपके मार्गों पर चलने और अन्ततः मुझे आपकी अनन्त उपस्थिति में लाने की योग्यता पर भरोसा है। आपने यीशु को मृतकों को में से जिलाया और

उसे अनन्तकाल के लिए अपने दाहिने हाथ पर रखा, मैं जानता हूँ कि आप मुझे जिलाकर अपनी अनन्त उपस्थिति में अपने घनिष्ठ पवित्र अनन्तकालीन परिवार के सदस्य के रूप में अपनी अनन्तकालीन उपस्थिति में रखेंगे। पिता, मुझे बनाने के लिए और मेरे समर्पण की धीरज से प्रतीक्षा करने के लिए धन्यवाद। आप योग्य हैं! मेरी प्रार्थना है कि मेरे जीवन से अभी से आपको आदर और महिमा मिलने पाए और लोग मेरे जीवन को अधिक से अधिक यीशु की समानता में बनता देख सकें। आमीन।

परमेश्वर द्वारा मुक्त होना

चलिये, अब आपने इसे कर लिया! यदि आपने इसे या इससे मिलती-जुलती प्रार्थना को अभी या अतीत में किया है, तो स्वर्ग में स्वर्गदूतों ने परमेश्वर के साथ इसकी खुशी मनाई (लूका 15:7,10, 22-24)। परमेश्वर कलीसिया से यह कहते हुए अपने साथ आपके जीवन का मेल करना आरम्भ करता है, ''उसे खोल दो और जाने दो'' (यूहन्ना 11:43-44)। जैसे लाज़र को उसके गाड़े जानेवाले वस्त्रों से मुक्त होने की ज़रूरत थी, वैसे ही यीशु के नये अनुयायियों की देह से इस संसार के वस्त्रों (प्रलोभनों) को हटाने की ज़रूरत है जो उन्हें ईश्वरीय जीवन जीने से दूर रखते हैं।

यदि आप अब तक स्थानीय कलीसिया से नहीं जुड़े हैं तो परमेश्वर आपसे एक स्थानीय कलीसिया से जुड़ने की आशा करता है, और वह यह भी आशा करता है कि उस कलीसिया के सदस्य परमेश्वर के वचन की उचित समरूपता में आपको सांसारिक सोच व कार्यों से मुक्त करने में रुचि रखें, जो उपयुक्त अध्ययन, परमेश्वर के वचन को व्यावहारिक बनाने और उसकी अगुआई व शिक्षा के प्रति समर्पित हृदय से आता है।

अब जबकि आप यीशु का अनुसरण (पश्चाताप) करने को अपने पापों और अपने वर्तमान जीवन के ढंग से फिर गए हैं, तो जीवन नया व रोमांचक बननेवाला है। अब आप भिन्न हैं : आप औपचारिक रूप से परमेश्वर की संतान, एक राजा और याजक, एक राजदूत या प्रतिनिधि हैं; जो राजाओं के राजा यीशु मसीह से आदेश प्राप्त करता है। यह महत्वपूर्ण है कि आप परमेश्वर की सभी संतानों के समान परमेश्वर के प्रेरक व आधिकारिक वचन का अध्ययन करने और उसे व्यवहार में लाने के द्वारा परमेश्वर से घनिष्ठता से जुड़े रहें। यीशु ने कहा कि यदि उसके शिष्य उसके वचन में बने रहें तो वे सत्य को जानेंगे :

यदि तुम मेरे वचन में बने रहोगे, तो सचमुच मेरे चेले ठहरोगे। और सत्य को जानोगे, और सत्य तुम्हें स्वतंत्र करेगा।'' यूहन्ना 8:31-32

आज्ञाकारिता से परमेश्वर के लिए कार्य करने और उसके वचन को पढ़ने व व्यावहारिक बनाने पर परमेश्वर यीशु के अनुयायियों को सिखाता है कि उनमें पाए जानेवाले पाप से सच्चाई उन्हें मुक्त और अधिक मुक्त करती जाएगी। उसके वचन में बने रहने और उसकी अगुआई में चलने पर, वह अपने साथ उनकी सोच को मिलाता रहेगा (रोमि. 12:1-2; कुरि. 2:16)।

पिता का कार्य और आपका विकास

वास्तव में, परमेश्वर ही प्रत्येक के जीवन में अंतिम रूप देने और काट-छांट करने का कार्य करता है (यूहन्ना 15:1-2), और वह पवित्र आत्मा का उपयोग मसीह के सभी अनुयायियों की उसकी इच्छा जानने में करता है (1 यूहन्ना 2:27; फिलि. 2:13)। मसीह के अनुयायियों को यह जानकर बड़ी शान्ति मिलती है कि वे पिता के लिए इतने महत्वपूर्ण हैं कि वह यह उत्तरदायित्व किसी दूसरे को नहीं देता। पिता परमेश्वर अपनी आज्ञाकारी संतान के विकास की प्राथमिक ज़िम्मेदारी लेता और स्थिति या घटनाओं पर इस सीमा तक नियंत्रण करता है कि मसीह के अनुयायियों का उचित रीति से विकास हो सके।

पिता के इससे निश्चित हो जाने पर कि उसकी आज्ञाकारी संतानों को इस संसार (विश्व दृष्टिकोण) की पर्याप्त समझ है (रोमि. 12:1-2; तु. क. यूहन्ना 8:31ब-32), वह उनमें पवित्र आत्मा की अगुआई में धीरज, कृपा, भलाई, विश्वास, नम्रता और संयम को बढ़ाता है (गला. 5:22-23)। प्रत्येक की गवाही के अतिरिक्त (यूहन्ना 15:1-5, 8; मत्ती 28:18-20; प्रेरित. 1:8; 1 पतरस 2:9), परमेश्वर मसीह के अधिक परिपक्व अनुयायियों का उपयोग कम परिपक्व अनुयायियों को विकसित करने में करता है कि मसीह की पूरी देह को बनाया जा सके (इफि. 4:11-16; तु. क. 1 कुरि. 12:4-7)। अनन्तकाल के इस ओर परमेश्वर के साथ अस्थाई निवास पर विचार करने पर अगले अध्याय में हम सेवा कार्य के संभावित स्थानों में मसीह के अनुयायियों को देखेंगे।

8

परमेश्वर के साथ निवास

यीशु ने कहा कि जो परमेश्वर पिता की इच्छा पूरी करने के इच्छुक है, केवल वे ही उसको जानेंगे (यूहन्ना 7:17, 8:39-47; तु. क. मत्ती 25:31-46; रोमि. 2:13)। उसने यह भी कहा कि उसको 'प्रभु' कहनेवाले कुछ लोग उसके साथ स्वर्ग में नहीं होंगे क्योंकि उन्होंने परमेश्वर पिता की इच्छा को पूरा नहीं किया (मत्ती 7:21)। यदि कोई परमेश्वर को जानना चाहता है, तो उसे परमेश्वर की अगुवाई में चलने के लिए इच्छुक होना चाहिए। लोग स्वर्ग में प्रवेश करने के योग्य हैं कि नहीं इसके लिए वह उनके जीवन भर की अच्छी और बुरी गतिविधियों को नहीं तौलता। सिद्धता आवश्यक है और मसीह को छोड़ और किसी ने सिद्ध जीवन व्यतीत नहीं किया (रोमि. 3:23; 2 कुरि. 5:21)। वास्तव में, परमेश्वर केवल उन्हीं लोगों को अपने अनन्त परिवार में सम्मिलित करता है जो इच्छुक हैं कि परमेश्वर उन्हें यीशु मसीह की नैतिक छवि में बदले और जो आज्ञाकारिता के साथ उसके पीछे चलना चाहते हैं। परमेश्वर के अनन्त पवित्र परिवार में, मसीह के गुनगुने अनुयायियों के लिए कोई स्थान नहीं है (प्रका. 3:16)। परमेश्वर समर्पण के साथ उसके अनुरूप कार्य की मांग करता है!

मलाकी के समय के समान, परमेश्वर चाहता कि हम उस पर पूरा विश्वास करके उसके राज्य में अपना कार्य करें। किसी बात के विषय में जानना एक बात है, परन्तु परमेश्वर और अन्य लोगों से प्रेम करके उनमें सम्मिलित होना अलग बात है। परमेश्वर कहता है कि सब उसकी सुनें, उससे प्रेम करें और विश्वास में चलते हुए उसकी इच्छा पूरी करने के लिए तैयार हों। हमारा सृजनहार ऐसे लोगों को खोज रहा है और उनके साथ कार्य कर रहा है जो अपने कार्यों के साथ-साथ अपने शब्दों से परमेश्वर के प्रति प्रेम दर्शाते और उसे आदर देते हैं (लूका 6:46, प्रका. 22:12)। क्या आप अपने जीवन के लिए परमेश्वर की इच्छा को और अधिक भरपूरी से बढ़ावा देना और दृढ़ करना चाहते हैं? यह अध्याय उन लोगों की सहायता करेगा जो परमेश्वर के परिवार में अपने विशेष स्थान को जानने के इच्छुक हैं और परमेश्वर की सुनते हुए और अधिक आनन्द का अनुभव करना चाहते हैं। जो लोग निकटता से यीशु का अनुसरण करते हैं, वे अधिकाधिक उसके आनन्द को अनुभव करेंगे। यह याद रखना आवश्यक है कि परमेश्वर केवल उन्हीं का मार्गदर्शन करता है जो उसकी सुनते हैं। यदि आप मसीह के अनुयायी हैं तो परमेश्वर

आपसे आपका कार्य करवाएगा। परमेश्वर के लिए प्रत्येक जन महत्वपूर्ण है, और उसकी सुननेवाले सब लोग इस बात को समझते हैं कि हर व्यक्ति अनन्तकाल के इस भाग में यात्रा कर रहा है (डेरा डाले है) और नये आकाश और पृथ्वी या फिर नरक की ओर बढ़ रहा है।

यीशु के अनुयायी मौलिक रूप से संसार से भिन्न हैं। जबकि मसीह के अनुयायी अनन्तता के इस छोटे भाग से गुज़रते हैं, उन्हें स्मरण कराया जाता है कि वे परमेश्वर पर ध्यान केन्द्रित रखें। वे हृदय में परमेश्वर के बढ़ते हुए प्रेम के साथ जीते हैं, जो मूलतः दूसरों के प्रति उनके दृष्टिकोण में बदलाव लाता है। जब परमेश्वर और दूसरों के प्रति प्रतिदिन प्रेम में बढ़ते हुए, मसीह के अनुयायी विश्वास में कदम उठाते हैं (1 यूहन्ना 4:16), वे अधिकाधिक दूसरों के लिए दुःख उठाने और बलिदान के लिए इच्छुक होते हुए, अत्यधिक भीतरी शान्ति और आनन्द का अनुभव करते हैं (यूहन्ना 15:8-11; यूहन्ना 17:13 और इब्रा. 12:2)। यह मसीह के पीछे न चलनेवालों के लिए एक विरोधाभास उत्पन्न करता है क्योंकि परमेश्वर और दूसरों के प्रति वास्तविक प्रेम न होने पर, कोई उन लोगों की सहायता करके आनन्द का अनुभव नहीं कर सकता जिनकी उसे वास्तविक चिन्ता या परवाह नहीं है (यूहन्ना 15:12-13; 1 यूह. 3:16-18, कुलु. 1:24; 3:10-17)। मसीह के अनुयायियों द्वारा सबके लिए व्यक्तिगत और सामूहिक रूप से किए जानेवाले भले कार्यों के कारण, संसार को परमेश्वर के प्रेम और चिन्ता करनेवाले स्वभाव को समझने का सुअवसर मिलता है (मत्ती 5:16, कुलु. 3:10)।

यीशु अपने अनुयायियों से अपेक्षा करता है कि वे परमेश्वर की अगुवाई में दूसरों की भौतिक आवश्यकताओं की पूर्ति करें (मत्ती 25:34-40), परन्तु उससे भी बढ़कर वह अपने अनुयायियों से अपेक्षा करता है कि वे दूसरों की उसके अनुयायी बनने और परमेश्वर की निकटता में बढ़ने में सहायता करें (मत्ती 28:18-20, 2 कुरि. 5:17-21)। ऐसा करने के लिए यीशु के अनुयायियों को जानबूझकर परमेश्वर की इच्छा की खोज करनी चाहिए, जबकि वे दूसरों की परमेश्वर को और उसके मार्गों को जानने में सहायता करते हैं। अपनी आत्मिक यात्रा में मसीह के अनुयायी चाहे कहीं पर भी हों, यह उनके लिए आदर और सौभाग्य की बात और उनका कर्त्तव्य है कि एक सच्चे परमेश्वर को जानने में लोगों की सहायता करें। यह भी आवश्यक है कि यीशु के अनुयायी लोगों के चहुं ओर चलनेवाले आत्मिक युद्ध के विषय में उन्हें चेतावनी दें। हर व्यक्ति के लिए यह जानना आवश्यक है कि शैतान अब भी अधिकाधिक लोगों को भरमाने और मार डालने का प्रयत्न कर रहा है (1 पतरस 5:8, 2 कुरि. 11:13-15)।

डेरा डालना (परदेशी होकर रहना)

"भूमि सदा के लिए बेची न जाए, क्योंकि भूमि मेरी है; और उसमें तुम परदेशी और बाहरी होगे" (लैव्य. 25:23)।

"पर हमारा स्वदेश स्वर्ग पर है; और हम एक उद्धारकर्ता प्रभु यीशु मसीह के वहां से आने की बाट जोह रहे हैं" (फिलि. 3:20 तु. क. इब्रा. 11:8-10)।

हमारे प्रभु यीशु मसीह का पिता परमेश्वर धन्य है, जिसने अपनी बड़ी महिमा के अनुसार हमें अवसर दिया कि यीशु मसीह के मृतकों में से जी उठने के द्वारा एक जीवित आशा में नया जन्म पाएं। 'जावित आशा. ..' अर्थात् एक अविनाशी, और निर्मल और अजर मीरास के लिए जो तुम्हारे लिये स्वर्ग में रखी है; जिनकी रक्षा परमेश्वर की सामर्थ्य से विश्वास के द्वारा उस उद्धार के लिए जो आनेवाले समय में प्रगट होने वाली है, की जाती है... (1 पतरस 1:3-5)।

हम केवल यात्रा कर रहे हैं! हम परमेश्वर और अन्य लोगों के साथ डेरा डाले हैं, और उसके साथ मिलकर अधिकाधिक लोगों को उसके पवित्र संगठित परिवार में सम्मिलित कर रहे हैं। परमेश्वर के साथ हमारी यात्रा, उसके सृष्टि करने के उस अभिप्राय को पूर्ण कर रही है (इफि. 2:10; 2 तीमु. 1:8-9), जिसके अनुसार स्वतन्त्र इच्छावाला एक परिवार तैयार करना है जो परमेश्वर के उन विश्वासयोग्य स्वर्गदूतों से भी अधिक परमेश्वर के निकट हो, जिन्होंने उसकी सत्ता के विरुद्ध शैतान का साथ नहीं दिया था (प्रका. 12:7-12)। यीशु मसीह के द्वारा परमेश्वर के प्रेम को स्वीकार करने पर, हम पूर्ण रूप से उसके साथ मेल मिलाप रखनेवाली सन्तान बन पृथ्वी पर जाते हैं और उसके याजक, उसके प्रतिनिधियों के रूप में कार्य करना आरम्भ कर देते हैं (निर्ग. 19:5-6; 1 पतरस 2:9-10)।

परमेश्वर के प्रतिनिधियों के रूप में, हमें परमेश्वर की सृष्टि की वास्तविकता को प्रकाशित करना है और परमेश्वर और मनुष्य के बीच मध्यस्थ के रूप में कार्य करना है। हमें परमेश्वर प्रदत्त गुणों और आशीषों को अपने और अपने परिवार के लिए लेकर शान्ति से नहीं बैठना है। हम यह पहचान चुके हैं कि हमारा शारीरिक जीवन हमारे अनन्त जीवन का एक छोटा अंश है और हम परमेश्वर के सहकर्मी होने के लिए बुलाए गए हैं (1 कुरि. 3:9, 2 कुरि. 5:17-6:1)। भावात्मक और वैध अधिकारों के साथ एक वंशज के रूप में हमारा परमेश्वर के साथ पूर्ण मेल-मिलाप हो चुका है। हमारा एक अनन्त स्थायी घर है जहां परमेश्वर हमारी प्रतीक्षा कर रहा है और हम जानते हैं कि कुछ समय के इस युग की परीक्षाओं और चुनौतियों का अन्त हो जाएगा (फिलि. 3:20; तीतुस 2:11-14; प्रका. 21:1-7)। इस कारण, इस पृथ्वी पर परमेश्वर द्वारा दिए गए समय का हम अधिकाधिक सदुपयोग करना चाहते हैं।

मसीह के अनुयायियों ने स्वर्ग जाने के प्रवेश-पत्र या टिकट नहीं लिए हैं और न ही वर्तमान समय में वे केवल दर्शक बनकर परमेश्वर को कार्य करते हुए देख रहे हैं! मसीह के अनुयायी सृष्टिकर्त्ता के सहकर्मी बनकर कार्य करने में लगे हुए हैं (यूहन्ना 5:19; 15:5; 1 कुरि. 3:9)। यह उनके लिए विशेषाधिकार, आदर और कर्त्तव्य की बात है कि पृथ्वी पर शैतान के बहकावे और नेतृत्व में जीवन व्यतीत करनेवाले लोगों के समक्ष परमेश्वर का प्रतिनिधित्व करें (1 यूहन्ना 5:12, 19; तु. क. यूहन्ना 8:34-47)। मसीह के अनुयायियों को इस बात से बहुत आनन्द मिलता है कि अधिक से अधिक लोग परमेश्वर को अपने जीवन में ग्रहण करने के द्वारा, वर्तमान अधार्मिक जीवन शैली और भावी अनन्त शर्म और दु:ख से बच सकें (रोमि. 6:22 व प्रका. 3:20)।

''मसीह में'' होना

'मसीह में होना' जिसका अर्थ है ''मसीह के साथ एक निकट और आज्ञाकारी सम्बन्ध होना'', कठिन है। मसीह के साथ एक निकट आज्ञाकारी संबन्ध होने पर हमारी पहुंच परमेश्वर तक हो पाती है, और हम समर्थ होते हैं कि दूसरों को परमेश्वर के निकट लाते हुए बुराई पर विजय पाने के लिए हम उससे सामर्थ मांग सकें (इफि. 2:18, 6:10-20)। मसीह के बिना हम पिता की इच्छा को नहीं जान सकते। जब हम विश्वासयोग्यता के साथ मसीह के पीछे चलेंगे, तो हमें परमेश्वर की इच्छा सिखाई जाएगी (फिलि. 2:13)। 'मसीह में' होना ही एकमात्र मार्ग है जिसके द्वारा कोई व्यक्ति अधिकाधिक मसीह के मन को जानते हुए सच्ची शान्ति प्राप्त करता है (1 कुरि. 2:16)। मसीह अपने सब अुनयायियों को सच्ची आन्तरिक शान्ति प्रदान करता है (इफि. 2:13-19)। पवित्र आत्मा यीशु के सभी अनुयायियों के अन्दर कार्य करके बड़े प्रेम, आनन्द और आन्तरिक शान्ति को उत्पन्न करता है (गला. 5:22-24)। पवित्र आत्मा के कार्य के द्वारा, परमेश्वर मसीह के अनुयायियों की प्राथमिकताओं को नये क्रम से रखता है और वे परमेश्वर के महान बचाव कार्य में सहभागी होने के कारण आनन्दित होते हैं।

मसीह के शिष्य प्रतिदिन स्वयं परमेश्वर द्वारा यीशु की समानता में बदले जाते हैं (यूहन्ना 15:2; रोमि. 8:28-29; इफि. 4:11-14)! मसीह के सच्चे अनुयायी उसकी आज्ञाओं का पालन करने के महत्व को समझते हैं जिसमें यह आज्ञा भी शामिल है कि जाओ और सब जातियों के लोगों को चेला बनाओ (मत्ती 28:18-20)। शिष्य बनाने का अर्थ लोगों को परमेश्वर से परिचित कराने से कहीं अधिक है, इसका अर्थ उन्हें प्रशिक्षित करना भी है जो यीशु के पीछे चलने का फैसला करते हैं। जो लोग परमेश्वर को भली प्रकार नहीं जानते, उन्हें परमेश्वर के मार्ग सिखाने में समय और प्रयास की आवश्यकता होती है।

मसीह की देह और ईश्वरीय एकता

जो 'मसीह में' हैं वे मसीह की देह के अंग भी हैं। मसीह देह, कलीसिया, का सिर है (कुलु. 1:18)। 'मसीह की देह' वाक्य नये नियम में विभिन्न रूपों में मसीह की शाब्दिक देह को दर्शाने के लिए, या लाक्षणिक रूप से उसके शिष्यों को दर्शाने के लिए प्रयुक्त होता है जो मसीही युग में उसके दैहिक प्रतिनिधियों के रूप में एक साथ मिलकर कार्य करते हैं। मसीह के अनुयायी जब उसके उद्धार के निरन्तर कार्य को करने के लिए उसके नेतृत्व के अधीन आते हैं तो नये नियम के कुछ लेखक उनके संगठित कार्य को एक मानव देह की कल्पना के द्वारा प्रकट करते हैं। इस लाक्षणिक कल्पना के द्वारा मसीह के अनुयायियों की दो प्रमुख बातें प्रकाश में आती हैं :

(1) ईश्वरीय एकता; और
(2) सहक्रियाशीलता की योग्यता और सामर्थ, जो व्यक्तिगत प्रतिभाओं के संयुक्त उपयोग के द्वारा सबकी भलाई के लिए प्रकाशित और सशक्त की जाती हैं।

मानव देह के अपने काल्पनिक चित्र में, पौलुस मसीह के अनुयायियों से चाहता है कि वे प्रत्येक अंग के महत्व को समझें। प्रत्येक अंग महत्वपूर्ण है और उसे कुछ कार्य करना है। जब मानव शरीर के विषय में सोचते हैं तो हर अंग-चाहे पांव, हाथ, कान, आंख, हृदय, फेफड़े, गुर्दे आदि सभी का उस शरीर की कुशलता और सशक्त रहने के लिए एक महत्वपूर्ण योगदान होता है (1 कुरि. 12:12-25)।

यह ध्यान में रखते हुए कि पूरे शरीर की भलाई के लिए विभिन्न अंग एक साथ मिलकर कार्य करते हैं, पौलुस मसीह की देह के विभिन्न अंगों की एकता के महत्व पर बल देता है (1 कुरि. 12:26-27)। पौलुस कुरिन्थियों को मसीह के नेतृत्व और शिक्षा के अधीन एक होने के लिए और मसीह के अधीन रहनेवाले उसके जैसे स्थानीय शिक्षकों और अगुवों के अधीन रहने के लिए कह रहा था। किसी भी स्थानीय कलीसिया के अन्दर किसी भी विषय पर, या उनके स्थानीय अगुवों जैसे पौलुस, पतरस (कैफा), और अपुल्लोस की शिक्षाओं के कारण विभाजन नहीं होना चाहिए। मसीह के अनुयायियों को यीशु मसीह के प्रभुत्व की अधीनता में एक होकर रहना था (1 कुरि. 1:10-15; 3:1-8) और पवित्र जीवन व्यतीत करना था (इफि. 4:1-3)।

इफिसियों में, पौलुस ने अन्यजातीय और यहूदी मसीहियों के समक्ष इस बात के महत्व पर बल दिया कि वे एक दूसरे के साथ परिवार के बराबरी के सदस्यों के समान व्यवहार करें और अपनी विभिन्न धार्मिक और सांस्कृतिक जीवन-शैलियों में सीखी हुई पूर्व-धारणाओं को त्याग दें (इफि. 2:2:11-22)। ईश्वरीय एकता को समझने में मसीहियों

की सहायता करने के लिए वह अपनी शिक्षा का आरम्भ दो लाक्षणिक चित्रों के प्रयोग से करता है :

(1) पौलुस इस विचार का उपयोग करता है कि यहूदी और अन्यजातीय मसीहियों को एक परिवार के सदस्यों के रूप में जीवन बिताना चाहिए। अपने लाक्षणिक चित्र में उसने कहा कि मसीह ने क्रूस पर अपनी मृत्यु के द्वारा ''अलग करनेवाली दीवार को... ढा दिया'' जिसने उन्हें अलग कर दिया था (इफि. 2:14)। इस लाक्षणिक चित्र में, पौलुस भूमध्य सागरीय-संसार को प्रथम शताब्दी में जीवन जीने के सामान्य ढंग को दिखाता है जिसमें शहरों में रहनेवाले परिवार अक्सर विशाल भवनों में रहते थे जिन्हें परिवार के रहनेवाले क्षेत्रों में ''बीच की दीवारों'' के द्वारा सहविभाजित किया जाता था। यह ''बीच की दीवारें'' दरवाज़ों व खिड़कियों रहित ठोस हुआ करती थीं और एक दूसरे को परिवारों व व्यवसाय से अलग करती थीं।[33] पौलुस इसका समर्थन नहीं कर रहा था कि मसीह के सभी अनुयायियों को एक साथ रहना है, परन्तु वह अपने श्रोताओं को यह बता रहा था कि वे अब एक ही परिवार, परमेश्वर के परिवार, के सदस्य हैं; और
(2) पौलुस यह कहते हुए दूसरे लाक्षणिक चित्र का उपयोग करता है कि मसीह के छुटकारा देनेवाले कार्य के द्वारा, उनका ''एक देह'' में मेल हुआ था (इफि. 2:16)।

पौलुस ने आगे स्पष्टता से कहा कि यहूदी और अन्यजातीय मसीही दोनों ही एक परिवार, परमेश्वर के घराने के सदस्य थे, जिसने उन्हें परिवार के सदस्य और उसके अनन्तकालीन राज्य के सह-नागरिक बनाया था (इफि. 2:19)। उसने मसीही एकता पर एक अंतिम लाक्षणिक चित्र का उपयोग करते हुए इस महत्वपूर्ण शिक्षा का अन्त किया। मसीह के अनुयायी स्वयं को लाक्षणिक रूप से परमेश्वर के बड़े घर के लोगों के रूप में देख सकते हैं, जो कि निरन्तर निर्माणाधीन है जब तक कि अन्तिम व्यक्ति उसमें जुड़ नहीं जाता। परमेश्वर के निवास-स्थान की नींव भविष्यद्वक्ताओं और प्रेरितों से मिलकर बनी है जिसमें स्वयं मसीह कोने का पत्थर है (इफि. 2:20-22)।

कलीसिया

यूनानी शब्द एक्लेसिया, जिसे प्रथम शताब्दी में ''सभा'' के रूप में जाना जाता था, अब कइयों ने इसका ''कलीसिया'' अनुवाद किया है। प्रथम शताब्दी की सभाएं सामान्यता धार्मिक, राजनैतिक या सामान्य गोष्ठियाँ कहलाती थीं।

पौलुस ने अपनी घरों में मिलनेवाली सभाओं और आराधनालयों को (इब्रा. 10:23-25) सिखाया कि जीवित प्रभु यीशु ही अब भी विश्वव्यापी कलीसिया का क्रियाशील प्रभु है (कुलु. 1:18)। उसने कुरिन्थ के मसीह के अनुयायियों को बताया, "तुम सब मिलकर मसीह की देह हो, और अलग-अलग उसके अंग हो" (1 कुरि. 12:27)। कुरिन्थ के अनुयायी उनके प्रदेश में स्थित कलीसिया का अंश थे, जो कि संसार में फैली देह, कलीसिया, का हिस्सा थे (1 कुरि. 12:28)।

क्रूस पर सारी मानवता के लिए यीशु की मृत्यु, और जी उठकर स्वर्गीय स्थानों में पिता के दहिने हाथ बैठकर राज्य करने के बाद (इफि. 1:18-23), हम परमेश्वर के लोगों का इस्राएली जाति से, परमेश्वर के लोगों तक नए इस्राएल-जिसमें मसीह के सभी विश्वासी सम्मिलित हैं, एक प्रमुख परिवर्तन देखते हैं (गला. 6:16; फिल. 3:3)। आरम्भ में, परमेश्वर के सारे लोग इस्राएल राष्ट्र से निकले, परन्तु यीशु के उठाए जाने के बाद, पहले 20 वर्षों के अन्दर ही अनेक अन्यजातियों ने मसीह के पीछे चलना आरम्भ कर दिया (प्रेरितों के काम 15:3)। 30 वर्षों के भीतर, पौलुस ने कहा कि सभी जातियां सुसमाचार को जान चुकी थीं (रोमि. 16:26)। विभिन्न देशों की अनेक जातियों ने यीशु के पीछे चलने का निर्णय ले लिया था।

पिता के दहिने हाथ बैठने के लिए मसीह के स्वर्गारोहण के साथ ही, वह शान्ति के राजा और अनन्त महायाजक के रूप में पहचाना गया (इब्रा. 7:1-8:6)। सृष्टि के समापन के साथ ही सभी जिन्होंने उद्धार प्राप्त किया है, या नहीं किया हैध्मसीह के प्रभुत्व के अधीन आएंगे, जो हर चीज़ पिता को सौंप देगा ताकि सबमें पिता ही सब कुछ हो (1 कुरि. 15:28 तु. क. 11:3; इफि. 5:23)।

स्वर्गों और पृथ्वी पर यीशु के वर्तमान शासन के दौरान, उसकी देह, कलीसिया, पृथ्वी पर उसका प्रतिनिधित्व कर रही है। कलीसिया अब बाध्य नहीं है कि सांस्कृतिक गतिविधियों को चलानेवाले इस्राएल के अध्यादेशों (प्रेरित. 15:4-21; इफि. 2:13-16; कुलु. 2:9-23), या बलिदान की व्यवस्था जो मसीह की प्रायश्चित की मृत्यु द्वारा पूरी हो गई (इब्रा. 7:26, 27; 8:13; 10:4, 10-14) का पालन करे। इससे कलीसिया को अनुमति मिलती है कि वह सभी संस्कृतियों के बीच परमेश्वर की नैतिक जीवन- शैली का पालन तब तक करे जब तक कि वह सांस्कृतिक रीतियां परमेश्वर के नैतिक मापदण्डों का उल्लंघन नहीं करतीं (रोमि. 3:31; 6:1-2, 7:12)। परमेश्वर के लोग जहां भी रहें, उनसे अपेक्षा की जाती है कि वे परमेश्वर के नैतिक मापदण्ड के अनुसार रहते हुए सबकी चिन्ता करें (इफि. 4:1-6, 1 पत. 1:17-19)।

साम्प्रदायिक, जातीय, पीढ़ीगत, सामाजिक-आर्थिक और राजनैतिक बाधाएं शैतान द्वारा तैयार की गई हैं, जबकि मानवता परमेश्वर के और सबके लिए उसकी भलाई की योजना के विरुद्ध संघर्ष करती है। मसीह के अनुयायियों को अपने जीवन व्यतीत करते हुए, अपनी कलीसियाओं के बीच इन दीवारों को गिराते रहना चाहिए। इस कारण, मसीह के

अनुयायियों को परमेश्वर को अवसर देना चाहिए कि वह उनके हृदयों को प्रेम करना सिखा सके जैसा प्रेम वह स्वयं करता है, और वे एक परिवार के सदस्यों के समान एक साथ रह सकें। सर्वव्यापी कलीसिया परमेश्वर के अनन्त परिवार का हिस्सा है, जो वर्तमान में पृथ्वी पर वास कर रहा है।

स्थानीय कलीसियाओं में दूसरों के साथ चलना

कलीसिया सर्वप्रथम और मुख्यतः परमेश्वर का परिवार है! यीशु मसीह के सभी सच्चे अनुयायी एक ही राज्य का हिस्सा हैं और एक ही पालनहार उनके मध्य वास करता है (इफि. 4:1-6)। विश्व में और स्थानीय रूप से, मसीह के अनुयायियों को यीशु को अवसर देना चाहिए कि वह उन्हें परमेश्वर के परिवार के विषय और ईश्वरीय एकता के साथ उसके अन्तिम सिद्ध परिणाम के विषय में सिखाए, वह 'एकता' जो संसार के लिए बलिदान के मेमने के रूप उसकी मृत्यु द्वारा वास्तविकता बनी (यूहन्ना 1:29; 17: 20:23)। मसीह के सभी अनुयायियों को कुछ ईश्वरीय एकता के लिए प्रयत्न करना चाहिए।

संसार में हर कहीं स्थानीय कलीसिया के सदस्यों को एक दूसरे का ध्यान रखना चाहिए, यहां तक कि वे अपने भीतरी विचार भी एक दूसरे के साथ बांट सकें, इस चिन्ता के बिना कि उनकी संवेदनशील जानकारी उनके विरुद्ध प्रयोग किए जाने से उन्हें अधिक दु:ख हो सकता है। कलीसिया के सदस्यों को एक दूसरे के साथ प्रेम रखना चाहिए जैसा प्रेम परमेश्वर उनके साथ रखता है, जिसके कारण यह सम्भव हो पाता है कि एक दूसरे के साथ पारदर्शिता के साथ रहा जा सके। इस प्रकार की जीवन-शैली से ईश्वरीय आनन्द और शान्ति की प्राप्ति होती है।

प्रत्येक स्थानीय कलीसिया के सदस्यों के हृदयों में यीशु की आन्तरिक शान्ति और आनन्द उत्पन्न होना चाहिए। यदि शान्ति और आनन्द कम है तो सफलता मिलने तक आपके सभी सदस्यों को उपवास और प्रार्थना करना चाहिए ताकि पाप को हटाने और परमेश्वर की निकटता में चलने के लिए उससे सहायता मिले। जब लोग परमेश्वर के परिवार के सदस्य बनने के लिए उसके निकट आएंगे तो परमेश्वर की निकटता में चलनेवाले कलीसियाओं के सदस्यों को बड़े उत्साह, आनन्द और शान्ति का अनुभव होगा।

सामाजिक होना

यूहन्ना प्रेरित ने कहा कि परमेश्वर ज्योति है, और उसमें कुछ भी अन्धकार नहीं। उसने आगे कहा,

> यदि जैसा वह ज्योति में है, वैसे ही हम भी ज्योति में चलें, तो एक दूसरे से सहभागिता रखते हैं, और उसके पुत्र यीशु का लहू हमें सब पापों से शुद्ध करता है (1 यूहन्ना 1:7)।

पवित्रशास्त्र का यह परिच्छेद स्पष्ट रूप से बताता है कि यदि कोई मसीह के अन्य अनुयायियों के साथ निकट सहभागिता नहीं रखता तो वह परमेश्वर के साथ नहीं चल रहा/रही है। वास्तव में, मसीह के पीछे चलनेवाले व्यक्तियों को स्वयं को मसीह के बाकी अनुयायियों के साथ जुड़ा हुआ अनुभव करना चाहिए।

धर्मी सामाजिक प्राणी होने के कारण, हमें परमेश्वर के परिवार में अपना कार्य करने के लिए स्वेच्छा से योगदान देना चाहिए। जब परिवार के सब सदस्य अपना कार्य करेंगे, तो वे और अधिक ईश्वरीय एकता और आनन्द का अनुभव करेंगे। एक क्षण के लिए एक घर में रहने की कल्पना करें। उसमें माता-पिता द्वारा बच्चों को यह सिखाने के महत्व पर ध्यान दें कि अपनी भूमिका या अपने भाग को कैसे पूरा करें। यदि बच्चे नहीं सीखते कि घर या आंगन को सही रखने में कैसे सहायता करें, तो भविष्य में वे अपने परिवारों का प्रबन्ध और देखभाल करने में असफल होंगे। परिवार की उन्नति के लिए यह भी अच्छा है कि प्रत्येक सदस्य अपने भाग को पूरा करे, या फिर पूरा परिवार दु:ख उठाए। यदि कुछ सामाजिक रूप से उत्तरदायी नहीं होते तो अन्यों को अपनी सामर्थ से अधिक काम करना पड़ता है, जिस कारण वे अपने जीवन के कुछ क्षेत्रों से हट जाते हैं। हमारे व्यक्तिगत परिवारों, परमेश्वर के स्थानीय कलीसियाई परिवारों और उसके विश्वव्यापी परिवार के लिए उसकी इच्छा के यह प्रतिकूल है। परमेश्वर हमारी सहायता करे कि हम इस पृथ्वी पर एक दूसरे के साथ मिलकर कार्य कर सकें। मसीह की अगुआई में ही हम ईश्वरीय ढंग से मिलकर कार्य करना सीख सकते हैं। प्रत्येक मण्डली को यीशु को अपने जीवनों का प्रभु मानते हुए पवित्रता में चलने का प्रयास करना है। यदि यीशु को अगुआई में प्रथम स्थान के अतिरिक्त किसी और स्थान पर रखा जाता है तो उस मण्डली के स्वार्थी व अप्रभावी बनने में देरी नहीं लगती।

अपनी प्रतिभाओं को जानना और उनका उपयोग करना

''क्योंकि परमेश्वर ही है, जिसने अपनी सुइच्छा निमित्त तुम्हारे मन में इच्छा और काम, दोनों बातों के करने का प्रभाव डाला है।'' फिलिप्पियों 2:13

''क्योंकि हम उसके बनाए हुए हैं; और मसीह यीशु में उन भले कामों के लिये सृजे गए जिन्हें परमेश्वर ने पहले से हमारे करने के लिये तैयार किया।'' इफिसियों 2:10

परमेश्वर ही प्रत्येक व्यक्ति को उसका कार्यभार देता और परमेश्वर ही प्रत्येक व्यक्ति के हृदय में उस कार्य को करने की इच्छा डालता है। इसके अतिरिक्त, परमेश्वर ही प्रत्येक व्यक्ति को अपने अपने कार्यों को पूरा करने की योग्यता देता है। परमेश्वर के परिवार के प्रत्येक व्यक्ति का यह उत्तरदायित्व है कि अपने स्थानीय परिवारों और अपने अन्तर्राष्ट्रीय परिवारों की अधिक सहजता से कार्य करने में सहायता करे। परमेश्वर ने प्रत्येक व्यक्ति को विशिष्ट प्रतिभा दी हैं ताकि मसीह के अनुयायी जब अपनी-अपनी विविधता का उचित रीति से उपयोग करें, परमेश्वर का परिवार पवित्र आत्मा द्वारा समर्थ किये जाने पर लाभकारी ढंग से कार्य करे (1 कुरि. 12:12-27) : मसीह की अधीनता में सभी के मिलकर कार्य करने का परिणाम सभी के अलग-अलग कार्य करने से कहीं अधिक है। हमारे स्थानीय कलीसियाई स्तर और हमारे संयुक्त अन्तर्राष्ट्रीय स्तर के लिए भी यह बात सही है।

मसीह के सभी शिष्यों को अपने जीवनों के लिए परमेश्वर की इच्छा को जानने का प्रयास करना है ताकि अपनी-अपनी स्थानीय कलीसियाओं में प्रभावी व प्रेमी सह-सदस्यों के रूप में बढ़ सकें। प्रत्येक को अपनी स्थानीय सभाओं में अपने स्थान का पता लगाने को परमेश्वर की इच्छा को जानने की ज़रूरत है जिससे उनकी स्थानीय कलीसियाएं अपनी स्थानीय, क्षेत्रीय, राष्ट्रीय और विश्वव्यापी सेवकाइयों में श्रेष्ठ प्रदर्शन के साथ कार्य कर सकें। मसीह का प्रत्येक अनुयायी जब उसका अनुसरण करने को अपनी क्रूस को उठाता/उठाती है, वे यह सीख पाते हैं कि दूसरों की सहायता करने और ईश्वरीय सामर्थ से संसार के लिए गवाह बनने को वे अपनी अपनी प्रतिभा का श्रेष्ठ रीति से कैसे प्रयोग कर सकते हैं। मसीह का प्रत्येक सच्चा अनुयायी एक नई सृष्टि है (2 कुरि. 5:17), जो पिता परमेश्वर द्वारा धार्मिकता के प्रशिक्षण में पवित्रीकरण से होकर जाता रहता है (यूहन्ना 15:1-2; रोमि. 6:22; गला. 5:22-23)।

मेरी योग्यताएं/प्रतिभाएं

अत: परमेश्वर से आपने किन योग्यताओं/प्रतिभाओं को पाया है? आपमें से अधिकांश यह पहले से ही जानते हैं कि आप किसमें अच्छे हैं और किसमें नहीं हैं। परन्तु यदि आप अभी भी अपनी परमेश्वर प्रदत्त प्रतिभाओं को जानने में संघर्षरत् हैं तो ऐसी बहुत सी प्रत्यक्ष आत्मिक परीक्षाएं हैं जो लोगों को उनकी सभी दुर्बलताओं और गुणों को दिखाती हैं। परन्तु अपनी स्थानीय कलीसिया और कहीं और भी आप जहाँ सेवा कार्य करते हैं, वहाँ अपने किसी भी परीक्षा परिणाम को आपका स्वचालित मार्गदर्शक न बनने दें। परमेश्वर से प्रार्थना करें और उससे कहें कि आपके काम के लिए अपनी इच्छा को प्रगट करे। परमेश्वर उसे पूरा करने के लिए आपके हृदय में इच्छा को डालेगा जिसे उसने आपके करने के लिए तैयार किया है। यह भी संभव है कि वह आपकी महान स्पष्ट प्रवीणता से मेल न खाता हो। वास्तव में, प्रवीणता महत्वपूर्ण है, परन्तु मसीह के बिना कोई भी किसी भी आत्मिकता के कार्य को नहीं कर सकता। हमारे आस-पास के आत्मिक युद्ध परमेश्वर की अगुआई और सक्षमता के बिना मानवजाति के लिए बहुत बड़े हैं।

पौलुस ने कुरिन्थियों को सिखाया कि यद्यपि कोई महान प्रचारक, महान सुसमाचार-प्रचारक और महान शिक्षक नहीं था, तौभी सभी का मसीह की देह में एक महत्वपूर्ण भाग था (1 कुरि 12:11-31)। कुछ बढ़ई होंगे, अन्य खाना पकानेवाले, लेखाकार इत्यादि होंगे। परन्तु यीशु के सभी अनुयायियों का एक कार्य परमेश्वर और उसके अनन्तकालीन घनिष्ठ पवित्र परिवार के बारे में शुभ संदेश को बताने का सौभाग्य, आदर और कर्त्तव्य है। पृथ्वी पर रहनेवाले उसके पूरे परिवार के लिए गवाह बनने के उत्तरदायित्व व आनन्द की बात है।

परमेश्वर के परिवार का प्रत्येक स्थान या अवस्था महत्वपूर्ण है। परमेश्वर का कोई भी प्रिय नहीं है और उसकी सभी संतान वैसे ही उसके प्रेम को पाती है जैसे वह यीशु से करता है (यूहन्ना 17:23)। इसलिए, परमेश्वर ने आपको जिस काम के लिए नियुक्त किया है उसका आनन्द लें। स्मरण रखें, परमेश्वर ही ने आपको असाधारण प्रतिभाओं के साथ बनाया है, और यदि आप यीशु का अनुसरण कर रहे हैं, परमेश्वर ही ने सृष्टि में आपके भाग को पूरा करने की इच्छा को आपमें डालता है और साथ ही इसे आगे बढ़ाने की क्षमता को भी (फिलि. 2:13)।

परमेश्वर के साथ आपकी यात्रा का आरम्भ मसीह के प्रति समर्पण और उस समर्पण में बने रहने से होता है जब आप विश्वास में कदम बढ़ाते और देह में अपने स्थान को पाते हैं। यीशु के प्रति समर्पण करने और उसके वचन के अनुसार जीवन जीने की वचनबद्धता करने पर परमेश्वर की इच्छा को जानने का अन्तिम बड़ा भाग पूरा होता है जबकि आप विश्वास (भरोसे) में कदम बढ़ाते और उसकी सृष्टि में सहभागी होते हैं। इस

पर विचार करें कि आप अपनी स्थानीय कलीसिया और दूसरों के लिए अपने जीवन पर परमेश्वर की बुलाहट के द्वारा कैसे आशीष बनेंगे। यदि आप किसी प्रकार परमेश्वर की बुलाहट का गलत अर्थ लगाते और एक मार्ग से आरम्भ करते हैं जो कार्यकारी नहीं होता, परमेश्वर आपको सेवा के अधिक उचित स्थान तक ले जाने में सहायता करेगा। यदि आप कुछ न करने की तुलना में अपनी थोड़ी क्षमता में भी उसकी सेवा कर रहे हैं तो परमेश्वर के लिए आपकी यह पता लगाने में सहायता करना आसान हो जाता है कि उसकी इच्छा क्या है।

आवश्यकतानुसार अधिकार प्रदान करना

अपनी पुस्तक 'यात्रा' में बिली ग्राहम सभी को यह स्मरण कराते हैं कि परमेश्वर के प्रभुत्व के प्रति समर्पण करने पर वे अकेले नहीं होते। जब कोई मसीह को प्रभु और उद्धारकर्ता जानकर समर्पण करता है, परमेश्वर उन्हें नये उद्देश्य और शक्ति के साथ एक संपूर्ण नई नियति को देता है। यीशु के अनुयायियों को नया जीवन मिलता है। इस नये जीवन में उसके और दूसरों के साथ उसके अनन्त पवित्र परिवार के सदस्य के रूप में और स्वर्ग के राज्य में नागरिकता सहित एक नया संबन्ध आता है। [34]

यदि हम यीशु का अनुसरण कर रहे हैं, तो परमेश्वर हमें हमारी निर्धारित सेवकाइयों को पूरा करने में समर्थ करेगा। वास्तव में, यीशु की अगुआई के बिना आत्मिक युद्ध हमारी क्षमता से बाहर हैं। यीशु मसीह और पवित्र आत्मा के अन्तर्वास करने के द्वारा, पिता मसीह के प्रत्येक अनुयायी को उचित अधिकार, सामर्थ, स्रोत, प्रतिभा और मनोदशा को देता है। मसीह के द्वारा समर्थ किये जाने पर उसके शिष्य प्रभावी रूप से और आनन्द के साथ मिलकर कार्य करने के योग्य हो पाते हैं (प्रेरित. 1:8; इफि. 3:16, 20; फिलि. 4:13; 2 तीमु. 1:7; तु.क. इफि. 6:10-18घ्मसीह की सामर्थ)। मसीह के शिष्य जब अपने कार्यों और शब्दों के द्वारा भटके हुए संसार को परमेश्वर तक लेकर आते हैं, पवित्र आत्मा ही इसके लिए उन्हें समझ देता और उनमें से प्रत्येक में कार्य करता है (रोमि. 8:14; 1 कुरि. 2:13; इफि. 1:13; 2 तीमु. 1:14)।

विश्वास से कदम बढ़ाना

परमेश्वर मसीह के प्रत्येक अनुयायी से व्यक्तिगत, पारिवारिक, स्थानीय, कलीसियाई और समुदाय के विस्तृत स्तर पर उनके दैनिक जीवन के हिस्से के रूप में दूसरों की सहायता करने को कहता है। यद्यपि परमेश्वर मसीह के सभी अनुयायियों को पूर्णकालिक सेवकाई में जाने को नहीं कह रहा है, वह सभी से विश्वास से कदम बढ़ाने

और उसकी अगुआई में चलने को कह रहा है। मसीह के अनुयायी परमेश्वर की सुनने पर, अपने स्थानीय कलीसियाई परिवारों को सुसमाचार बताने के अपने भाग को पूरा करते हैं। प्रार्थना, ईश्वरीय प्रतिभाओं का उपयोग करना और मसीह तथा उसके द्वारा नियुक्त स्थानीय अध्यक्षों के अधीन परमेश्वर यीशु के सभी अनुयायियों की दूसरों की व्यक्तिगत व सामूहिक रूप से सेवा करने में सहायता करता है। एक व्यक्ति द्वारा यीशु मसीह का अनुसरण करने की वचनबद्धता किये जाने पर, केवल एक ही काम करने को रह जाता है : इसे करना! भेजे गए पुत्र पर भरोसा करने और उसका आज्ञा पालन करने पर ही हम धर्मी ठहराए जाते और समर्थ किये जाते हैं। पवित्र आत्मा के माध्यम से मसीह द्वारा धर्मी ठहराए जाने और समर्थ किये जाने के कारण हम परमेश्वर के साथ उसके बचानेवाले कार्य से जुड़ते हैं। अतः, आइये आनन्द के साथ अपने निर्धारित कार्यों को करें, चिढ़न या भय के साथ नहीं परन्तु परमेश्वर के प्रति महान प्रेम के साथ जिसे वह हमारे हृदयों में बढ़ाता है।

मसीह के अनुयायियों के लिए विश्वास से कदम बढ़ाना और सही-सही उसका अनुसरण करना कठिन है। क्रियान्वयन महत्व रखता है! इस संभावित व्यक्तिगत दृश्य पर विचार करें :

(1) आप सड़क के किनारे पर ताज़ी सब्ज़ियों के ठेले को देखते हैं जो स्थानीय कीमत से 80% की कमी पर बेची जा रही हैं;

(2) आप अवसर का लाभ उठाकर यह सोचते हुए पूरे सप्ताह के लिए ताज़ी सब्ज़ियां खरीद लेते हैं कि आपके स्वास्थ्य के लिए सलाद व उबली सब्ज़ियां कितनी लाभदायक होंगी;

(3) आप घर जाकर सब्ज़ियों को यह योजना बनाते हुए रख देते हैं कि कल से इनका उपयोग करेंगे; और

(4) आपको इन सब्ज़ियों का सलाद बनाने या सब्ज़ियों को उबालने का समय नहीं मिलता और वे खराब हो जाती हैं।

उन ताज़ा सब्ज़ियों को खरीदने से आपको किस तरह का लाभ हुआ? क्या आपको समस्या दिखाई देती है? किसी चीज़ की इच्छा करना और उसमें निवेश भी करने का यह अर्थ नहीं कि आपको आपके निवेश और योजना से लाभ मिलेगा। ऐसे बहुत से लोग हैं जिनकी बहुत सी अच्छी योजनाएं और निवेश हैं जैसे व्यायाम मशीनें और सहायक पुस्तकें जिन पर केवल धूल ही जमती है। यदि आप अपने निवेश और योजनाओं पर कार्य नहीं करते, तो उनसे आपका कभी कोई भला नहीं होगा।

हमारी समकालीन स्थानीय कलीसियाओं में यही घटनाक्रम चलता रहता है। अधिकांश दूसरों से नियमित रूप से मिलकर मसीह के साथ चलने की गंभीर योजनाएं बनाते हैं। परन्तु, शैतान के धोखों, व्यक्तिगत अभिलाषाओं, और कई तरह की व्यस्तता के

कारण वे ठोस वचनबद्धता नहीं कर पाते और विश्वास में कदम बढ़ाने और सच में उसका अनुसरण करने के द्वारा क्रियान्वयन नहीं कर पाते। अपनी पुस्तक, 'बियोंड बिलीफ टु कन्विक्शन्स', में जोश मेकडॉवल और बॉब होस्टेटलर ने कहा कि यदि लोग उस किसी चीज़ का अनुसरण नहीं करते जिससे कुछ घंटों में ही उन्हें प्रेरणा मिली थी, प्रेरणा पाने के बाद भी अधिकांश इसे भूल जाते और ऐसे आगे बढ़ जाते हैं मानों कभी कुछ हुआ ही नहीं था।[35] परमेश्वर द्वारा प्रेरित और उस बदलाव के प्रति अभिशप्त होने पर जो आपको अपने जीवन में करना चाहिए वचनबद्धता करें, विश्वास का कदम लें और वैसा ही जीवन जीयें।

मसीह के अनुयायी मिशन पर हैं

यीशु मसीह के द्वारा परमेश्वर ने अब्राहम के माध्यम से, जो परमेश्वर के साथ विश्वसनीय आज्ञाकारिता में चला, सभी के आशीषित होने की प्रतिज्ञा को पूरा किया था (उत्प. 12:1-4; 15:6; तु.क. इब्रा. 11:8-12)। जब यीशु ने हमारे पास आकर हमारे मानवीय स्तर पर अपने शब्दों और कार्यों के द्वारा परमेश्वर के महान प्रेम और धार्मिकता को बताते हुए अपने मिशन या उद्देश्य को आगे बढ़ाया, उसने अपने पापरहित जीवन और क्रूस पर छुटकारा देनेवाली मृत्यु के द्वारा व्यवस्था अनुसार हमारी सिद्धता से जीवन बिताने की कमियों को पूरा किया (यूहन्ना 3:14-17; 13:1; गला. 3:13-14)। उसने उसे ग्रहण करनेवाले सभी लोगों के लिए परमेश्वर की सिद्ध एकता को संभव बनाया (यूहन्ना 1:11-13; 17:20-23; तु.क. प्रका. 3:20)। यीशु ने पिता की पुनर्मेल की सिद्ध योजनाओं को संभव बनाया है और कलीसिया के माध्यम से सभी पर इसे प्रगट कर रहा है (इफि. 3:9-11)।

यहूदी और अन्यजातियों दोनों को पाप की भ्रष्टता से बचाने की परमेश्वर की योजना सृष्टि के आरम्भ से ही सभी से छिपी रही जिसमें शैतान और उसके दुष्ट सहकर्मी भी शामिल हैं (कुलु. 1:26-28)। सुसमाचार का संदेश स्पष्टतया बताता है कि जो लोग उन्मुक्त रूप से पिता के भेजे हुए पुत्र को ग्रहण करते और उसके प्रभुत्व के प्रति समर्पण करते हैं, वे अनन्तकाल के लिए उसके साथ एक हो जाते हैं। उनका उसके अनन्तकालीन घनिष्ठ पवित्र परिवार में आत्मिक रीति से जन्म होता है और जबकि परमेश्वर अनन्तकाल के महान बचाव मिशन को आगे बढ़ाता है वे उससे जुड़ जाते हैं (1 पतरस 5:8-9; 2 कुरि. 11:13-15)।

ज्योति होना

यीशु का मिशन उसके अनुयायियों का भी मिशन है। यीशु जगत की ज्योति है : वह सच्चाई को दिखाता है (यूहन्ना 8:12; 8:31ब-32; 18:37)। यीशु के स्वर्गारोहण के पश्चात्, उसके शिष्य, कलीसिया, जगत की ज्योति बन गए (मत्ती 5:14)। वे अकेले सेवा नहीं करते। यीशु और पिता उन्हें आवश्यक मार्गदर्शन और सामर्थ देते हुए उनमें वास करते हैं (यूहन्ना 14:23; प्रेरित. 1:8; 1 यूहन्ना 3:9)। यीशु को ठुकराने पर लोग वास्तव में पिता और पुत्र को ठुकरा रहे होते हैं (लूका 10:16)। यीशु अपने अनुयायियों को अकेला नहीं छोड़ता। सांत्वना देनेवाला, पवित्र आत्मा, पिता के शब्दों से उनसे बोलते हुए उनका मार्गदर्शन करता है (यूहन्ना 16:7, 13)।

यीशु का पार्थिव जीवन उसके स्वर्गीय पिता के स्वभाव का सही-सही प्रस्तुतीकरण था (इब्रा. 1:3; कुलु. 2:9)। यीशु के पार्थिव जीवन ने अदृश्य पिता के दृश्य स्वरूप को दिखाया (कुलु. 1:15)। यदि आपने यीशु को उसके जीवन के समय से जाना है, तो आपने उसके स्वर्गीय पिता के स्वभाव को देखा है (यूहन्ना 14:9)। परमेश्वर का आज्ञा उल्लंघन करने और पाप से भ्रष्ट होने से पहले, आदम और हव्वा को पिता व पुत्र के स्वरूप में बनाया गया था (उत्प. 1:26)। यीशु के अनुयायी, कलीसिया, को यीशु और पिता के स्वरूप में नया बनाया गया है (कुलु. 3:10)। यदि यीशु के अनुयायी यीशु के समान कार्य करें, तो संसार परमेश्वर के स्वभाव को जान सकेगा। मसीह की अगुआई में पवित्र आत्मा के माध्यम से कार्य करनेवाली कलीसिया पृथ्वी पर पिता की एकमात्र प्रतिनिधि है (कुलु. 2:10; 2 कुरि. 5:17-21)। मसीह के अनुयायियों को पिता को भली प्रकार से प्रस्तुत करना है और इस संसार में चमकदार ज्योति बनना है। चमकदार ज्योति सच्चाई या वास्तविकता को दिखाती है; धीमी ज्योति में बहुत कुछ छिप जाता है।

एक बार मैंने एक अंधी स्त्री की कहानी सुनी जो हवाई अड्डे पर कुछ सामान बेचकर अपनी जीविका चलाती थी। एक दिन एक यात्री बहुत जल्दबाज़ी में उसके सामान वाले स्टैण्ड से टकरा गया। वह इतना जल्दी में था कि वह उसका स्टैण्ड खड़ा करने और गिरे हुए सामान को वापस रखने के लिए रुका नहीं। उसका सामान इधर-उधर फैला हुआ था। हर कोई उसी के समान जल्दी में दिख रहा था और अंधी स्त्री ने किसी तरह से अपने स्टैण्ड को स्वयं खड़ा किया और इसके बाद वह फर्श पर रेंगते हुए अपने सामान को स्पर्श से अनुभव करते हुए उठाने लगी। इतनी बड़ी भीड़ में अपना सामान उठाने पर वह भावनात्मक रूप से व्याकुल हो गई थी। अन्त में, एक यात्री उसकी विपत्ति को देखते हुए रुका और उसने उसके सामान को उठाकर स्टैण्ड में रखने का समय निकाला। उसकी इस सहायता के लिए इस स्त्री ने उसे धन्यवाद दिया और उसके जाने से पहले उससे एक सरल सा प्रश्न किया, "क्या तुम यीशु हो?" स्वयं में अधिक डूबे होने या इतने अधिक व्यस्त

होने पर क्या हम दैनिक रूप से ऐसे कई अवसरों को खो देते हैं जिसमें हम दूसरों को हममें रहनेवाले यीशु को दिखा सकते हैं?

पहले, यीशु के अनुयायियों ने परमेश्वर से सामर्थ पाने के लिए मिलकर प्रतीक्षा की, जो पिन्तेकुस्त, प्रथम फल के पर्व, पर हुआ (प्रेरित. 1:8-14; 2:1-47)। समर्थ होने के बाद, उन्होंने एक मन और हृदय के साथ मिलकर सेवा की और उन सभी के लिए गवाह बने जहाँ,

> ''सब विश्वास करनेवाले इकट्ठे रहते थे, और उनकी सब वस्तुएं साझे की थीं। और वे अपनी-अपनी सम्पत्ति और सामान बेच बेचकर जैसी जिसकी आवश्यकता होती थी बांट दिया करते थे। और वे प्रतिदिन एक मन होकर मन्दिर में इकट्ठे होते थे, और घर-घर रोटी तोड़ते हुए आनन्द और मन की सीधाई से भोजन किया करते थे। और परमेश्वर की स्तुति करते थे, और सब लोग उनसे प्रसन्न थे: और जो उद्धार पाते थे, उनको प्रभु प्रतिदिन उनमें मिला देता था।'' प्रेरितों के काम 2:44-47

उन्होंने अपनी सारी सम्पत्ति को नहीं बेचा, और न ही किसी के लिए कलीसिया का भाग बनने को अपनी सम्पत्ति को बेचना अनिवार्य था (उदा. प्रेरित. 5:4)। वास्तव में, मसीह के प्रथम शताब्दी के अनुयायियों के पास तब भी व्यक्तिगत सम्पत्ति थी जिसमें घर भी शामिल हैं, तौभी उन्होंने अपने व्यक्तिगत स्वामित्व को प्रभु को सौंप दिया था (तु.क. लूका 14:33)। वे अपने व्यक्तिगत अधिकार के अन्तर्गत प्रत्येक चीज़ के भले भण्डारी या प्रबन्धक बनने का प्रयास कर रहे थे।

हमने यह जाना है कि मसीह के अनुयायी पवित्र आत्मा से भरे जाने (ऊपर से जन्म लेने, आत्मा से जन्म लेने) पर दूसरों को बताना चाहते थे। परमेश्वर के साथ उचित संबन्ध, जो प्रेम से बनता है, इसने उन्हें उन लोगों की चिन्ता करना सिखाया जो उस समय उनके जैविक परिवारों का हिस्सा नहीं थे। यीशु ने प्रत्येक की सहायता करने के लिए अपने जीवन के साथ-साथ सब कुछ दे दिया। कलीसिया की अगुआई करने के लिए यीशु अभी भी स्वयं को दे रहा है। परमेश्वर और दूसरों के प्रति प्रेम में बढ़ने पर, यीशु के शिष्य परमेश्वर के समान देना सीखते हैं। मसीह के अधिकांश आरम्भिक अनुयायी एक हृदय और मन के साथ घनिष्ठ एकता में रहे (प्रेरित. 2:42; 4:32)। परमेश्वर के समान प्रेम करना सीखने पर, वे परमेश्वर के परिवार में ईश्वरीय एकता में 'एक' होकर स्वाभाविक रूप से यीशु के काम का अनुसरण करते हैं (यूहन्ना 17:11, 20-23)।

परमेश्वर के प्रेम को बताने पर, यीशु के शिष्य वास्तव में उसकी पवित्रता, उसके जीवन के प्रेमी धर्मी मार्ग को बता रहे थे। प्रेम और धार्मिकता साथ-साथ चलते हैं (मत्ती

22:37-40; गला. 5:14)। सभी के प्रति परमेश्वर का प्रेम उसकी धार्मिकता के मूल्यों की स्थापना करता है। परमेश्वर का धर्मी स्तर क्रोध/न्याय को भी लाता है जिसमें उन सभी के लिए मृत्यु और परमेश्वर से अलगाव आता है जो उसके जीवन के प्रेमी पवित्र मार्ग को ठुकराते हैं (रोमि. 6:23)।

अत:, सुसमाचार को बताने के लिए, यीशु के घनिष्ठ प्रथम शताब्दी के शिष्यों के समान, यीशु के इक्कीसवीं शताब्दी के शिष्यों को भी सुसमाचार संदेश के एक भाग के रूप में परमेश्वर की पवित्रता को भी बताना है। सुसमाचार प्रत्येक के लिए परमेश्वर के प्रेम और धार्मिकता के बारे में बताने के साथ-साथ प्रत्येक के लिए उसकी ओर लौटने की इच्छा के बारे में भी बताता है ताकि वे पाप की भ्रष्टता से बचें, जो अनन्त न्याय को लाता है (रोमि. 1:16-17; 6:1-7)। पाप को छोड़ने के साथ-साथ अन्तत: मिटा दिया जाना चाहिए। यीशु की मृत्यु का संपूर्ण उद्देश्य उनके लिए एक मार्ग का प्रावधान करना है जो परमेश्वर के अनन्तकालीन परिवार में पवित्रता (प्रामाणिकता) का अनुभव करने के लिए परमेश्वर के साथ रहना चाहते हैं जहां प्रत्येक के पाप को हटाकर उनके भ्रष्ट स्वभाव को पवित्रता में पुनर्स्थापित किया जाता है (2 कुरि. 5:17-21; कुलु. 2:13-14)। पवित्रता में रहना ही स्वर्ग में अनन्त शान्ति प्रदान करता है। परमेश्वर की संतान वैसे ही सिद्ध होगी जैसे कि परमेश्वर सिद्ध है (लैव्य. 19:2; प्रका. 22:14-15)।

मसीह के अनुयायियों को अपनी-अपनी संस्कृति से जुड़ना चाहिए ताकि सभी सुननेवालों को परमेश्वर की पवित्रता और छुटकारे की योजना के बारे में सिखा सकें। नया नियम ऐसी ऐतिहासिक घटनाओं से भरा है जहां यीशु के अनुयायियों ने अधिक से अधिक की यह जानने में सहायता की कि संसार के प्रति उनका दृष्टिकोण सही नहीं था, और ऐसा तब हुआ जब उन्होंने परमेश्वर, उसके पवित्र मार्गों और उसकी छुटकारे की योजना के बारे में बताया। शताब्दियों से, बहुतों ने मसीह का अनुसरण किया और परमेश्वर की छुटकारे की योजना के साथ-साथ सभी के लिए उसके छुटकारे के कार्य के बारे में बताया। हमारी पीढ़ी को भी ऐसा ही करना चाहिए।

जहां आप रहते या यात्रा करते हैं वहां दृढ़ कदम उठाना और उन लोगों को परमेश्वर की धार्मिकता के बारे में बताना कभी भी आसान नहीं होता जो पाप में आनन्द उठा रहे होते हैं, जो लंबे समय तक टिकने नहीं वाला। पाप भ्रष्टाचार को उत्पन्न करता है और अन्तत: मृत्यु को, यदि व्यक्ति परमेश्वर की ओर नहीं फिरता है। मसीह के अनुयायी न केवल अधिकांश समयों में अप्रचलित होंगे, ऐसे भी समय होंगे जब शैतान परमेश्वर का अनुसरण न करनेवालों का उपयोग उन्हें सताने में करेगा जो कि उसका अनुसरण करते हैं। परन्तु, जैसा पौलुस ने सिखाया, यदि मसीह के अनुयायी सुसमाचार का प्रचार न करें, तो विनाश के चौड़े मार्ग पर चलनेवाले यह कैसे समझ पाएंगे कि वास्तव में क्या हो रहा है (रोमि. 10:14)।

परमेश्वर के साथ निवास

विश्वास का कदम लेने और परमेश्वर का वचन प्रचलित अवस्था में सिखाने में साहस और समर्पित होने की ज़रूरत होती है, परन्तु परमेश्वर की अगुआई और समर्थता के अन्तर्गत कुछ सुनेंगे और बच जाएंगे। एक जर्मन, डायरिच बॉनहायफर, दूसरे विश्व युद्ध के समय में यीशु का विश्वसनीय अनुयायी था और यूरोप में युद्ध के अन्त से कुछ पहले 9 अप्रैल 1945 को फ्लोसेनबर्ग स्थित संकेन्द्रण शिविर में शहीद हुआ।[36] बानहॉयफर का जीवन अपनी संस्कृति से जुड़ा था और वह उन भयानक कामों के विरुद्ध बोला था जो हिटलर और उसके बहुत से जर्मन अगुवे कर रहे थे। उसके कई देशवासी हिटलर के विरुद्ध जीवन के भय से या उस संभावित व्यक्तिगत लाभ की हानि के कारण नहीं बोले जो उसका अनुकरण करने से मिल सकता था।

बॉनहायफर ने अपने कई देशवासियों को उनके मसीह की शिक्षा का अनुसरण न करने पर कार्य के लिए बुलाया और लोगों को यह स्मरण कराने को 'शिष्यता की कीमत' नामक पुस्तक को लिखा कि यीशु का अनुसरण करने के लिए समर्पण (वचनबद्धता) और काम किये जाने की ज़रूरत है।[37] जर्मन बंदीगृह में कई वर्षों तक दु:ख उठाने के बाद जबकि वह प्राणदण्ड पाने के निकट था, बॉनहायफर ने जाना कि यीशु का अनुसरण करना पूरे हृदय से अपने जीवन को परमेश्वर की ओर फेरने पर आधारित है। मसीह के अनुयायियों के लिए ज़रूरी है कि सभी परिस्थितियों में खुलकर मसीह पर भरोसा करनेवाला जीवन बिताएं। उसने जाना कि पश्चाताप परमेश्वर की ओर सच्चाई से फिरना, अपने को परमेश्वर की बांहों में डालना है। परमेश्वर की ओर फिरने और पूरी तरह से उस पर निर्भर रहने के द्वारा, कोई भी मसीह का सच्चा अनुयायी, परमेश्वर का नया जन बन सकता है। उसने जाना कि किसी भी परिस्थिति में परमेश्वर उसकी और उसके सभी अनुयायियों की स्वयं तक लाने में अगुआई करेगा।[38]

यीशु के लौटने तक, कलीसिया ही एकमात्र परमेश्वर के स्वभाव की समानता में है, जो संसार देखेगा। हमें परमेश्वर को सभी के लिए हमारी चिन्ता को बढ़ाने की अनुमति देनी है। हमारी सबसे बड़ी गवाही तब होगी जब हम यह जान पाएंगे कि हम मसीह में कौन हैं और परमेश्वर की मेल की सन्तान के रूप में एक दूसरे के साथ व्यवहार करेंगे। ईश्वरीय एकता और उसी के अनुरूप शांति यीशु मसीह के अतिरिक्त किसी अन्य के द्वारा लोगों तक नहीं पहुंचेगी (गला. 3:26-28)। मसीह के अनुयायियों को यह जानते हुए कि परमेश्वर से अनन्त अलगाव किसी के भी साथ होनेवाली सबसे बुरी चीज़ है, उन्हें अपने समय, शक्ति, समय और साधनों का उपयोग परमेश्वर और उसकी सृष्टि के बारे में उन बहुत से लोगों को बताने में करना है जो उनकी सुनेंगे।

9

आइये परमेश्वर को महिमा दें

यीशु, ''मेरे पिता की महिमा इसी से होती है कि तुम बहुत सा फल लाओ, तब ही तुम मेरे चेले ठहरोगे'' यूहन्ना 15:8

वास्तव में, यीशु के अनुयायियों ने पवित्र आत्मा की अगुआई में (रोमि. 8:14) सभी पर अपने कामों और शब्दों के द्वारा परमेश्वर के प्रेमी और कर्मी स्वभाव को प्रगट किया, और कुछ ऐसे जिन्होंने परमेश्वर को नहीं जाना था वे यह जान पाए कि वह सभी के प्रति बहुतायत की दया और प्रेम को रखते हुए भला और न्यायी है। वह महिमामयी है। पाप से भ्रष्ट संसार को जब यीशु के अनुयायियों ने परमेश्वर के प्रेमी स्वभाव के बारे में बताया, कुछ ने यह जाना कि वह अनुसरण किये जाने के योग्य है और अभी तथा सदा के उत्तम जीवन को पाने के लिए शैतान और उसके छल से दूर होकर उसकी ओर फिरे।

यीशु ने सिखाया कि उसके समय के धार्मिक अगुवे लोगों की ईश्वरीय ढंग से देखभाल नहीं कर रहे थे और इसलिए वे अपने याजकीय अधिकार को खोने पर थे। उनका अधिकार उन लोगों को दिया जाएगा जो परमेश्वर के राज्य के लिए फल को लाते हुए उसका अनुसरण करेंगे (मत्ती 21:43)। परमेश्वर के राज्य का फल उन सभी का आत्मिक जन्म है जो परमेश्वर के प्रति समर्पण करना सीखते हैं। परमेश्वर स्वेच्छा से समर्पण किये जाने के योग्य है। यीशु प्रत्येक पीढ़ी के उसके पीछे चलने की इच्छा रखनेवाले लोगों से कहता है कि स्वयं के लिए मरें और बहुतों को परमेश्वर की सुनने के लिए लेकर आएं ताकि वे उसके अनन्तकालीन परिवार से जुड़ सकें। यीशु के अनुयायी उसका अनुसरण करने पर उसके साथ महान आनन्द का अनुभव करते हैं (यूहन्ना 12:24-25; 15:5, 11; 17:13)।

यीशु ने कहा कि उसके शिष्य उससे भी बड़े कार्य करेंगे जो उसने पृथ्वी पर रहते हुए किये थे, वह भविष्य में अपने साथ उनके काम के बारे में बता रहा था क्योंकि उन्होंने उसकी अगुआई में बहुतों को परमेश्वर के परिवार और राज्य में लाने का काम किया था (यूहन्ना 14:12)। यीशु ने जैसे बहुतों को प्रथम शताब्दी में आज्ञाकारी शिष्यता में बुलाया था और उन्होंने परमेश्वर के प्रेम की ओर लौटना और अपने साथी मनुष्यों से प्रेम

करना सीखा (यूहन्ना 4:10-16), वैसे ही वह प्रत्येक भावी पीढ़ी के आज्ञाकारी शिष्यों को अपने वृद्धिगत राज्य और अनन्तकालीन पवित्र परिवार के शुभ संदेश को बताने के लिए बुलाता है। यीशु के अनुयायियों को यह पता है कि सुसमाचार का संदेश परमेश्वर द्वारा सशक्त है और कि परमेश्वर के जीवन का मार्ग एकमात्र ऐसा मार्ग है जहाँ पर लोग अभी और सदा के लिए भीतरी शांति और आनन्द को पा सकते हैं (रोमि. 1:16; 6:22; 7:4; 8:23; कुलु. 1:3-6)।

कलीसिया का सबसे बड़ा मिशन (लक्ष्य)

पिता का सबसे बड़ा मिशन उसके परिवार का भी सबसे बड़ा मिशन है। पिता का सबसे बड़ा मिशन बहुतों को उसके अनन्तकालीन घनिष्ठ पवित्र परिवार में उसकी सुनने के लिए लाना है (यूहन्ना 3:16-17; 2 पतरस 3:9)। पिता चाहता है कि सभी अपनी-अपनी इच्छाओं और अभिलाषाओं से फिरकर उसके और उसके जीवन के मार्ग पर आएं (मत्ती 11:28-30; लूका 9:23; 2 पतरस 3:9)। उसकी सुननेवाले उसके प्रेमी अनन्तकालीन परिवार का हिस्सा बन जाते हैं। मसीह ने अपना जीवन पिता के सबसे बड़े मिशन को पूरा करने में दिया। मसीह के अनुयायियों को भटके हुओं को परमेश्वर तक लाने के अपने भाग को पूरा करना है।

सृष्टि की भौतिक रचना से भी पहले यीशु अपने शरीर धारण किये जाने के मिशन को जान गया था (प्रका. 13:8; प्रेरित. 2:22-23), जिसकी उसने पिता के मार्गदर्शन में रचना की थी (यूहन्ना 1:1-3; इब्रा. 1:2)। जब एक धर्मी अगुवा, नीकुदेमुस, यीशु के पास उसके मसीहाई बचानेवाले कार्य को समझने के लिए आया, यीशु ने उससे कहा कि एक व्यक्ति का पवित्र आत्मा के द्वारा दूसरी बार जन्म लेना आवश्यक है ताकि परमेश्वर के राज्य को देख सके और उसमें प्रवेश कर सके (यूहन्ना 3:3-5)। उसने नीकुदेमुस को आगे बताया कि यह आवश्यक है कि वह, परमेश्वर का पुत्र, मरे ताकि जो परमेश्वर पर भरोसा कर रहे थे, उन सभी के लिए उद्धार को उपलब्ध कराते हुए दूसरी बार जन्म ले सके (यूहन्ना 3:14-15)। इससे उनका परमेश्वर के अनन्तकालीन परिवार में आत्मिक जन्म होगा। उसने आगे कहा कि उसके स्वर्गीय पिता ने प्रत्येक से इतना अधिक प्रेम किया कि उसने उसे संसार में सही समय पर भेजा (यूहन्ना 3:16-17; गला. 4:4-5)। जिस समय यीशु अपने मिशन के मुख्य भाग को पूरा करने और सभी के लिए मरने के स्थान पर पहुंचा (यूहन्ना 13:1, 3), उसने प्रार्थना की कि उसके अनुयायी आनन्द की परिपूर्णता को अनुभव करें जिसका अनुभव वह क्रूस पर पीड़ा और अपमान से मरने से परे देखकर उद्धार के लिए कर रहा था, जिसे वह उन सभी के लिए उपलब्ध रहा था जिन्होंने संपूर्ण सृष्टि (भूत, वर्तमान और भविष्य) में उस पर भरोसा करना सीखा था (यूहन्ना

17:13; इब्रा.12:2; तु.क. 10:4-14)। वे लोग जो स्वेच्छा से स्वयं के लिए मरना और यीशु का अनुसरण करना चाहते हैं, वे दूसरों की परमेश्वर तक अगुआई करने में यीशु के आनन्द का अनुभव करते हैं (यूहन्ना 15:5,11)।

परमेश्वर के प्रेम और यीशु के मुख्य मिशन या लक्ष्य को जानने से यीशु के अनुयायियों को प्रतिदिन स्वयं के लिए मरने और एक महान गवाह बनने में सहायता मिलती है जबकि वे परमेश्वर के साथ उसके जीवनों को रूपान्तरित करनेवाले कार्य से जुड़ते हैं। जैसे-जैसे यीशु के शिष्य उसकी आवाज़ को सुनते तथा अधिक पूर्णता से आज्ञापालन करना सीखते हैं, उनकी परमेश्वर और एक दूसरे के साथ घनिष्ठ सहभागिता होती जाती है और गवाही देने तथा शिष्य बनाने में वे अत्यंत प्रभावी बन जाते हैं। हमारे परिवारों, स्थानीय कलीसियाओं और स्थानीय समुदायों में ऐसे बहुत लोग हैं जिनके लिए परमेश्वर को जानना आवश्यक है। ये लोग हमारे दैनिक मिशन क्षेत्रों में पाए जाते हैं। जब हम उनकी भौतिक और आत्मिक आवश्यकताएं पूरा करने का कार्य करते हैं तो उन्हें हममें और हमारे द्वारा परमेश्वर का कार्य दिखना चाहिए (मत्ती 25:34-40; 28:18-20)। मैक्स लुकाडो की एक पुस्तक, 'अपना जीवन जीयेंध्आपको एक अन्तर उत्पन्न करने के लिए बनाया गया था', इस बारे में कुछ व्यावहारिक उदाहरण देती है कि मसीह के अनुयायियों को अपने आस-पास वालों की कैसे सहायता करनी है।[39]

यीशु के आनन्द का अनुभव करना : दूसरी दृष्टि

आत्मिक मृत्यु पर यीशु की विजय के बिना, कोई भी कभी परमेश्वर की समानता में होने और उसके साथ सदा के लिए रहने को उसके स्वरूप में अनन्तकालीन रूप से पूर्ण नहीं होगा। इब्रानियों के पत्र के लेखक ने बताया कि सभी के बचाए जाने और पाप के भयानक परिणामों से बचना संभव बनाने के आनन्द के कारण (कुलु. 1:13; 1 थिस्स. 1:10), यीशु ने एक सामान्य अपराधी के समान क्रूस की अपमानित मृत्यु को सहा (इब्रा. 12:1-3; तु.क. गला. 3:13-14)। प्रत्येक के लिए उसके बलिदानी कार्य के द्वारा उसका आनन्द पूरा हुआ क्योंकि वह उन्हें बचा रहा था जिनसे उसे अत्यधिक प्रेम है। इससे बड़ा आनन्द और किसी चीज़ में नहीं कि जिससे आप अत्यधिक प्रेम करते हैं उसे उसके वर्तमान पाप के जीवन से बचाकर अनन्त जीवन की ओर लेकर आएं। यदि आप यीशु का अनुसरण कर रहे हैं, जो आप में रहता है, वह और उसके विश्वासयोग्य स्वर्गदूत प्रत्येक व्यक्ति के उसकी ओर फिरने पर आनन्द करते हैं (लूका 15.7, 10, 31-32)।

यदि आप अधिक प्रेम, आनन्द और भीतरी शांति को अनुभव करना चाहते हैं, तो परमेश्वर को अवसर दें कि वह उसके अनन्तकालीन राज्य और अनन्तकालीन देखभाल करनेवाले परिवार को बनाने में आपकी सहभागिता के आत्मिक महत्व को आप पर प्रगट

करे। परमेश्वर उन सभी पर प्रगट करता है जो उसकी इच्छा के प्रति समर्पण करने, स्वयं के लिए मरने और मसीह के मन को प्राप्त करने के महत्व को सुनते हैं, जिससे व्यक्ति यीशु के आनन्द को अनुभव कर पाता है जबकि वे परमेश्वर की ओर फिरने में दूसरों की सहायता करते हैं (1 कुरि. 2:7, 12, 16)। व्यक्तिगत अभिलाषाओं और इच्छाओं को छोड़ने के विचार को व्यक्त करने के लिए पौलुस "मसीह के साथ क्रूस पर चढ़ाए जाने" के विचार का उपयोग करता है ताकि संसार की उसे जानने में सहायता कर सके (गला. 2:19-20)। पौलुस का स्वयं के लिए मरना और परमेश्वर की सुननेवालों के लिए दुःख उठाना उसके लिए बड़े आनन्द का कारण बना (कुलु. 1:24)। मसीह के सभी अनुयायियों के साथ भी ऐसा ही है। मसीह का अपने प्रत्येक अनुयायी के साथ घनिष्ठ संबन्ध में रहना उनकी पिता की इच्छा को जानने और उसे पूरा करने में सहायता करता है, वे स्वयं के लिए मरना सीखते हैं और स्वयं को प्रसन्न करनेवाले कामों की तुलना में अधिक आनन्द अनुभव करते हैं।

यीशु का जीवन अपने स्वर्गीय पिता को प्रसन्न करने से पूरा हुआ था (यूहन्ना 4:34)। अपने पिता के प्रेम में निरन्तर आज्ञाकारिता से बने रहने के कारण उसने बड़े स्तर पर भीतरी शांति और आनन्द को अनुभव किया था। यीशु के अनुयायी भी इस महान शांति और आनन्द का अनुभव आज्ञाकारिता से यीशु के प्रेम में बने रहने पर कर सकते हैं (यूहन्ना 15:10)।

हममें से प्रत्येक के अपने अपने व्यक्तिगत जीवनों पर विचार करने पर, यह जानने के स्थान पर आना अच्छा होगा कि अनन्तकाल के इस ओर हममें से प्रत्येक के पास दूसरों को परमेश्वर से अवगत कराने के लिए एक सीमित समय है। अतः, हम अपने समय का क्या करेंगे? क्या हम इसे स्वयं पर और अपने परिवारों पर खर्च करते हुए व्यर्थ बिता देंगे, या हम इसमें से कुछ परमेश्वर को लौटाएंगे जबकि हम उसे प्रसन्न रखने की खोज में हों जिससे समस्त आशीषें आती हैं और जिसने अपने अनन्तकालीन परिवार का भाग बनने को हमें बनाया है?

प्रेम का कार्य : महान कार्यभार

अपने पिता के दाहिने हाथ पर बैठकर स्वर्ग और पृथ्वी का शासन करने को अपने स्वर्गारोहण से पहले, यीशु ने अपने तात्कालिक और भविष्य के सभी शिष्यों से कहा,

> स्वर्ग और पृथ्वी का सारा अधिकार मुझे दिया गया है। इसलिये तुम जाकर सब जातियों के लोगों को चेला बनाओ और उन्हें पिता और पुत्र और पवित्र आत्मा के नाम से बपतिस्मा दो। और उन्हें सब बातें जो मैंने तुम्हें आज्ञा दी है, मानना सिखाओ : और देखो, मैं जगत के अन्त तक सदैव तुम्हारे संग हूं। मत्ती 28:18-20

अनुग्रह के इस युग, मसीहाई युग में, यीशु अपने सभी अनुयायियों को संसार की सभी जातियों से शिष्य बनाने की आज्ञा देता है। सभी के लिए परमेश्वर के प्रेम से प्रेरक, यही एकमात्र महत्वपूर्ण आज्ञा सभी को दी गई है।

मसीह के अनुयायी परमेश्वर और अपने साथी मनुष्यों से प्रेम करते हुए दैनिक जीवन बिताना सीखने पर सुसमाचार के संदेश, शुभ संदेश की अपने शब्दों के साथ-साथ अपने कामों से घोषणा करते हैं और जो लोग यीशु को प्रभु और उद्धारकर्ता के रूप में ग्रहण करते हैं उन्हें शिष्य बनाते हैं। मसीह के प्रत्येक अनुयायी के लिए यह सौभाग्य और सम्मान की बात है कि परमेश्वर की इस सृष्टि में उसे ग्रहण करनेवाले सभी लोगों को उसके अनन्तकालीन घनिष्ठ पवित्र परिवार में आने का निमंत्रण देकर परमेश्वर के साथ इस कार्य में सहभागी हो। पवित्र आत्मा के दोष सिद्धि कार्य के द्वारा
और यीशु के अनुयायियों द्वारा उसकी जारी रहनेवाली अगुआई और सेवकाई के द्वारा, कुछ घर की ओर जाते हुए परमेश्वर के साथ चलना आरम्भ करते हैं।

यीशु की गवाही देना

जो परमेश्वर की सुनना आरम्भ नहीं करते वे यह अनुभव करने लगते हैं कि यीशु के अनुयायियों को उनसे सच्चा प्रेम है, और यदि वे सुनने लगेंगे तो उनके लिए और भी अच्छा होगा। पवित्र आत्मा के कार्य के द्वारा, परमेश्वर मसीह के अनुयायियों में खोए हुओं के प्रति उचित चिन्ता-भाव को बढ़ाता है और जब वे उसकी अगुआई में चलते हुए बहुतों को अन्धकार से ज्योति में लेकर आते हैं तो उनके साथ आनन्द करता है। परमेश्वर मसीह के अनुयायियों को बुद्धि देता व समर्थ बनाता है, और इसके परिणाम में मसीह के अनुयायी अपनी संस्कृतियों से जुड़ने के अवसर की खोज में रहते हैं ताकि प्रत्येक सुननेवाले को परमेश्वर की पवित्रता और छुटकारे की योजना के बारे में बता सकें।

एक बड़े दबाव में भी, यीशु के प्रथम शताब्दी के शिष्य लोगों को परमेश्वर तक लेकर आए (उदा. पौलुस-कुलु. 1:24; तु.क. 2 कुरि. 4:7-11; 16:18)। हमारी पीढ़ी को भी ऐसा ही करना चाहिए! हमें अपने हृदयों और मनों में इसे अधिक पूर्णत: और गंभीरता से समझना है कि परमेश्वर से अनन्तकालीन अलगाव किसी व्यक्ति के साथ होनेवाली सबसे बुरी चीज़ है। जब हम यीशु की शिष्य बनाने की आज्ञा के महत्व को समझने लगते हैं, तब यह स्पष्ट हो जाता है कि दूसरों को परमेश्वर की सृष्टि के सत्य को बताने की हमें बुनियादी समझ होनी चाहिए। अधिकांश गवाह मौलिक रूप से अपने जीवन के बारे में उन लोगों को बताना चाहते हैं जिनसे उनका प्रतिदिन आमना-सामना होता है (यूहन्ना 14:6)। यीशु हमें सिखाता है कि जब हम प्रेम में होकर (न कि भय से) उस पर भरोसा करना और उसका आज्ञापालन करना सीखते हैं, तब हम वे कार्य करेंगे जो उसने किये यहां तक

कि उनसे भी बड़े स्तर पर कर पाएंगे क्योंकि वह पिता के साथ रहते हुए हमारी अगुआई कर रहा है (यूहन्ना 14:12)। जब हम दूसरों से प्रेम करना और उन्हें यह सत्य बताना सीखते हैं कि परमेश्वर हमसे कितना अधिक प्रेम करता है, परमेश्वर अपने परिवार में प्रतिदिन उन लोगों को जोड़ता है जो उसके प्रेम में लौटना सीखते हैं।

अन्तर्राष्ट्रीय गवाही

परमेश्वर पवित्र आत्मा और मसीह के अनुयायियों का उपयोग प्रत्येक को सच्चाई से अवगत कराने के साथ-साथ उसके छुटकारा देनेवाले कार्य को बताने में करता है :

(1) सृष्टि के बारे में पवित्र आत्मा की व्यक्तिगत शिक्षा के द्वारा (रोमि. 1:8-32; 2:11-16; तु. क. 1 यूहन्ना 2:27);
(2) पवित्र आत्मा द्वारा पाप, धार्मिकता और आनेवाले न्याय से संबद्धित दोष सिद्धि की शिक्षा के द्वारा (यूहन्ना 16:8-11); और
(3) परमेश्वर और उसके वचन के बारे में मसीह के अनुयायियों की शिक्षा के द्वारा जिसमें उनके शब्दों के साथ-साथ उनके काम भी आते हैं (रोमि. 10:14-17; तु. क. मत्ती 28:18-20)।

मसीह के अनुयायी जब यीशु का अनुसरण न करनेवालों के साथ शुभ संदेश को बांटते और उन्हें इस बारे में बताते हैं : (1) परमेश्वर का प्रेम, (2) स्वतंत्र-इच्छा, (3) व्यक्तिगत पाप, (4) परमेश्वर का छुटकारा देनेवाला कार्य, और (5) व्यक्तिगत पश्चात्ताप, तब प्रत्येक सुननेवाला अपनी व्यक्तिगत प्रतिक्रिया के लिए उत्तरदायी होता है। मसीह के अनुयायियों के बताने पर जो लोग सुनते हैं वे आत्मिक जागरूकता से होकर जाते हैं। इस आत्मिक जागरूकता के समय में प्रत्येक व्यक्ति के पास व्यक्तिगत पाप के हानिकारक प्रभाव को जानने और स्वयं परमेश्वर की ओर लौटने (पश्चात्ताप करने) का निर्णय लेने का भी अवसर होता है। चाहे वे सचेत रूप से इससे अवगत नहीं होते कि परमेश्वर उन पर क्या विचार करने का दबाव डाल रहा है। उन्हें उसके प्रति समर्पण करने और यीशु का अनुसरण करने की कीमत को जानने और इसके बाद यह निर्णय लेना ज़रूरी है कि उसे स्वीकार करें या उसका तिरस्कार करें-कोई निर्णय न लेना परमेश्वर का तिरस्कार करने के समान है (2 पतरस 3:9; लूका 14:26-33; रोमि. 10:9)।

सुसमाचार को प्रस्तुत करने के लिए बुनियादी पवित्रशास्त्र के वचन

किसी को सुसमाचार बताते हुए, आपको इस बारे में संवेदनशील होना चाहिए कि उसकी परमेश्वर के बारे में अपनी क्या समझ है। इस बारे में प्रत्येक की सोच भिन्न हो सकती है, कुछ तो इस सीमा तक धोखे में होते हैं कि कोई सृष्टिकर्ता नहीं और कुछ यह जानते हैं कि परमेश्वर है और उनसे प्रेम करता है, परन्तु वे उसके प्रभुत्व के प्रति समर्पण नहीं करते। प्रत्येक समय किसी को गवाही देने पर, उनका एक अनोखे व्यक्ति से सामना होगा। मसीह के अनुयायियों को उस विशेष स्थान के अनुसार जहाँ कोई व्यक्ति शुभ संदेश को ग्रहण कर रहा होता है, अपने सुसमाचार प्रस्तुतीकरण को उनकी रुचि के अनुसार देने को तैयार होना चाहिए।

किसी भी एक या सभी स्थितियों में, नीचे कुछ मूलभूत बाइबल सिद्धान्तों पर चर्चा की गई है जिन्हें प्रत्येक को जानना है। प्रत्येक को परमेश्वर की स्वतंत्र-इच्छावाली सृष्टि और छुटकारे के कार्य की बुनियादी बातों पर चर्चा करने को तैयार रहना है, जो सभी के लिए उपलब्ध है। इन आधारभूत सत्यों का समर्थन करनेवाले अधिकांश संदर्भों को स्मरण करने की आवश्यकता नहीं, परन्तु कुछ ऐसे हैं जिनका नीचे किये विचार-विमर्श के अनुसार स्मरण करना चाहिए।

अधिकांश सुसमाचार प्रस्तुतीकरणों में, सामान्यता उत्पत्ति अध्याय एक से तीन में वर्णित परमेश्वर की सृष्टि की समीक्षा से आरम्भ करना अच्छा है। सृष्टि का मुख्य उद्देश्य परमेश्वर के लिए एक स्वतंत्र इच्छावाले स्वयंसेवी परिवार की रचना करना था। मानवजाति को परमेश्वर की समानता में उसके स्वरूप के अनुसार (उत्प. 1:26-27), उसका आज्ञापालन करने या आज्ञा उल्लंघन करने की योग्यता के साथ बनाया गया (उत्प. 2:16-17)। परमेश्वर अपनी संतान के साथ परस्पर आदान-प्रदान करनेवाले संबन्ध को बनाने की खोज में रहता है। प्रथम दम्पत्ति ने समस्त मानवजाति को कुछ समय के लिए परमेश्वर के साथ प्रत्पक्ष संपर्क से दूर करते हुए (उत्प. 3:22-24) उसका आज्ञा उल्लंघन किया (उत्पत्ति 3:6)। भौतिक सृष्टि को बनाने से पहले पिता ने सभी चीज़ों के अपने पूर्व ज्ञान में अपने पुत्र और पवित्र आत्मा के साथ कार्य करते हुए अपने पुत्र की मृत्यु की योजना बनाई ताकि उन पर से पाप और उसके प्रभाव को हटाया जा सके जो उन्हें अपने जीवनों में अपने प्रभु और उद्धारकर्ता के रूप में ग्रहण करेंगे (प्रेरित. 2:22-24; प्रका. 13:8)। अपने अनन्तकालीन पवित्र परिवार में लोगों को लाने के बाद परमेश्वर अपनी सृष्टि का सिद्धता (पाप न होना) और एक अन्तिम अनन्त रूप (पुनरुत्थित देह) के द्वारा उनके साथ समापन करेगा जिन्होंने उसे ग्रहण किया है (2 कुरि. 5:21; 1 पतरस 2:24; फिलि. 3:20-21; तु. क. 1 थिस्स. 4:13-17) और जिन्होंने नहीं किया उनका न्याय होगा (2 पतरस 3:7; प्रका. 20:11-15)।

सुसमाचार के संदेश का केन्द्र इस बारे में है कि परमेश्वर का पुत्र, मसीहा यीशु, कैसे क्रूस पर अपमान और पीड़ा को सहते हुए स्वेच्छा से मरा (इब्रा. 12:2) ताकि परमेश्वर पर भरोसा करनेवाले और उसका आज्ञा पालन करनेवाले सभी लोगों के पाप और पाप के प्रति उनकी रुचि को हटाया जाए (रोमि. 8:28-30; 2 कुरि. 5:21; 1 पतरस 2:24)। यह अद्वितीय चमत्कार हमारे पापों का भुगतान करने के लिए (उसके स्वर्गीय पिता से अलगाव) पुत्र के तीन दिन तक अधोलोक (शिओल) से रहने, दुःख उठाने की कीमत पर हुआ (प्रेरित. 2:33-36)। शुभ समाचार यह है कि यद्यपि सभी ने पाप किया और सिद्धता का पवित्र जीवन नहीं जी पाते (रोमि. 3:23) जिसका परिणाम परमेश्वर से अनन्त अलगाव में होता है (रोमि. 6:23), सभी युगों के प्रत्येक व्यक्ति को परमेश्वर के प्रेम में लौटने और उस पर भरोसा करने व उसका आज्ञा पालन करने पर (यूहन्ना 3:16, 36; 14:23; 15:10) उन्हें पाप से अलग करने पर सिद्ध बनाया जा सकता है (1 यूहन्ना 4:10-16)। परमेश्वर अपनी विश्वास करनेवाली और आज्ञाकारी संतान को अपने परिवार में आत्मिक जन्म देता है (इफि. 1:13-14; रोमि. 8:14; यूहन्ना 1:11-12), और वे मसीह का वृद्धिगत मन रखते हुए (1 कुरि. 2:16) नये हो जाते हैं (2 कुरि. 5:17)। परमेश्वर के अनन्तकालीन घनिष्ठ पवित्र परिवार में आत्मिक रूप से जन्म लेने के पश्चात्, दूसरों के प्रति प्रेम और चिन्ता में बढ़ने पर, मसीह के अनुयायी दूसरों को परमेश्वर तक लाने की अपनी भूमिका को पूरा करते हैं ताकि अधिक से अधिक लोगों को बचाया जा सके (मत्ती 28:18-20)।

परिशिष्ट क में, जो कि इस पुस्तक के पीछे है, सुसमाचार का चित्रात्मक प्रस्तुतीकरण दिया गया है। सुसमाचार संदेश से संबद्धित सबसे महत्वपूर्ण पवित्रशास्त्र के पदों को उनके सामने रखा गया है। यदि आपने अब तक इन कठिन पदों को स्मरण नहीं किया है, प्रार्थनापूर्वक ऐसा करने पर विचार करें। क्रूस पर यीशु की मृत्यु एकमात्र ऐसा पुल है जो पतित मानव के नर्क नामक अनन्त एकाकी स्थान पर जाने पर मसीह के द्वारा परमेश्वर की ओर फिरने और परमेश्वर के साथ पापरहित अनन्त जीवन पाने के बीच है (यूहन्ना 14:6; 2 कुरि. 5:21; 1 पतरस 2:24)। जब लोग स्वयं ही परमेश्वर की ओर फिरते (पश्चाताप करते) और परमेश्वर से उनके पापों को क्षमा करने तथा उनके जीवनों की अगुआई करने को कहते हैं (2 पतरस 3:9; रोमि. 10:4), वे आत्मिक जन्म पाने के द्वारा परमेश्वर के अनन्तकालीन घनिष्ठ पवित्र परिवार में प्रवेश कर पाते हैं (यूहन्ना 1:11-13; 3:3, 5; इफि. 1:13-14), जिसे यीशु की प्रायश्चित मृत्यु के द्वारा संभव बनाया गया है (यूहन्ना 3:14-16)। अन्ततः परमेश्वर की समस्त संतान नये आकाश और नई पृथ्वी में उसके साथ अपनी सिद्ध पुनरुत्थित देहों में रहते हुए उसकी अनन्त उपस्थिति में होगी (प्रका. 21:1-6; फिलि. 3:20-21)।

संवादात्मक गवाही

मार्क मिटलबर्ग और बिल हायबल, अपनी पुस्तक, संक्रमक मसीही बनना, में इस पर चर्चा करते हैं कि मसीह के अनुयायी कितनी आसानी से स्वेच्छा से गवाही दे सकते हैं। गवाही देना प्रेम से प्रेरित होना चाहिए (यूहन्ना 3:16-17; 2 कुरि. 5:14; 1 यूहन्ना 4:10-19)। चूंकि परमेश्वर संबन्ध रखनेवाला है, और उसने अपनी संतान को संबन्ध बनानेवाला होने को बनाया है, अतः जब भी आपको परमेश्वर के महान प्रेम को बताने और उसी के अनुरूप सभी से धर्मी कार्य करने का अवसर मिलता है तो संबन्ध बनाने में समय दें। यह स्मरण रखना भी महत्वपूर्ण है कि जिन लोगों के संपर्क में हम आते हैं हमें उनसे बात करने और व्यवहार करने पर ध्यान देना है। एक ऐसा पवित्र जीवन जीना महत्वपूर्ण है जो उचित रीति से परमेश्वर के देखभाल करनेवाले स्वभाव को व्यक्त करता हो।[40]

अपनी पुस्तक में बाद में, मिटलबर्ग, स्ट्रोबल, और हायबल एक अन्य महत्वपूर्ण अवधारणा पर चर्चा करते हैं जिस पर विचार किया जाना चाहिए : एक व्यक्ति प्रतिदिन की बातचीत में स्वाभाविक से आत्मिक की ओर कैसे बढ़ता है? वे स्वाभाविक से आत्मिक के बीच संवादात्मक बातचीत के पुल को बनाने के तरीकों की खोज करने पर चर्चा करते हैं।[41] कुछ स्थितियों में, लोग पहले से ही पवित्र आत्मा की सुनने लगते हैं और परमेश्वर के साथ बातचीत करने को उत्सुक होते हैं। परन्तु, सामान्यता, आपको यह समझने की आवश्यकता होगी कि अपनी सांसारिक बातचीत को परमेश्वर के बारे में बोलने से कैसे परिवर्तित करें। आपको परमेश्वर से संबद्धित कोई कथन या प्रश्न करके रुककर यह देखना है कि दूसरे व्यक्ति में आत्मिक विषयों पर बात करने की रुचि है या नहीं। इसके लिए सरलता से कुछ इस तरह से कहा जा सकता है, ''मुझे नहीं पता कि परमेश्वर की सहायता और मार्गदर्शन के बिना मैं क्या करूंगा।'' यदि व्यक्ति ग्रहणशील होगा तो आप यह देखने को परमेश्वर की अगुआई में आत्मिक बातचीत को बढ़ाने के योग्य हो सकेंगे कि आपको कितने समय तक बातचीत को जारी रखना होगा।

जबकि हमारे जीवनों में बहुत सी चीज़ें चलती है, गवाही का सबसे महत्वपूर्ण भाग दिन के किसी भी समय में स्वेच्छा से और जानबूझकर परमेश्वर की अगुआई के प्रति स्वयं को खोलना है। स्वेच्छा से आत्मिक वार्तालाप का आरम्भ करने को तैयार रहें! तत्पश्चात्, पवित्र आत्मा की अगुआई में, प्रत्येक गवाही की गहराई और लंबाई के प्रति संवेदी बनें। मेरे जीवन में ऐसे समय रहे जब मुझे प्रभु की ओर से किसी से उसके बारे में कुछ मिनट तक बोलने की अगुआई मिली और अन्य समयों में, मैं घंटों तक बोला। दूसरों के कार्यों और शब्दों से परमेश्वर आपको यह दिखाएगा कि आपको उसके साथ कब तक और किस स्तर तक विचार-विमर्श करना है।

मेरे व्यक्तिगत अनुभवों में, व्यक्तिगत या वर्णित घटनाओं के आधार पर आत्मिक विचार-विमर्श को ईमानदारी से आरम्भ करना सामान्य रहा है। कई मामलों में, जब आप किसी के साथ घनिष्ठ संबन्ध में वृद्धि कर रहे होते हैं, परमेश्वर समय-समय पर आत्मिक विचार-विमर्श को परिवर्तित करने में आपकी सहायता करेगा। जब आप दूसरों के साथ ईश्वरीय संबन्ध बढ़ा रहे हैं, उन्हें उन लोगों से परिचित कराना अच्छा है जो मसीह के अनुयायी भी हैं ताकि वे अधिक स्पष्टता से यह देख सकें कि यीशु का अनुसरण करना कैसा होता है। कुछ के लिए, यह उन्हें किसी ऐसे कार्यक्रम में आमंत्रित करने के समान सरल हो सकता है जिसमें मसीह के बारे में चर्चा की जा सके, इसमें व्यक्तिगत रात्रि भोज या गृह समारोह, कलीसिया सभाएं, बाइबल अध्ययन, और/या विशेष घटनाएं सम्मिलित हैं।

ऐसी बहुत सी सहायक पुस्तकें और वीडियो उपलब्ध हैं जो दूसरों को स्वेच्छा से गवाही देने के विविध तरीकों पर चर्चा करते हैं। इस पर विचार करने के लिए अन्य बहुत सी पुस्तकों के साथ-साथ बिल हायल की ''कमरे से होकर जाएं'' और डिक हिन्स की ''मुझे गवाही देने से घृणा है।''[42] यदि आप दूसरों को परमेश्वर के बारे में बताने के लिए उसकी सहायता पाना चाहते हैं, वह आपको समर्थ करेगा और दिखाएगा कि अपने असाधारण व्यक्तित्व को ध्यान में रखते हुए प्रभावी रूप से कैसे गवाही दें।

शिष्यों को विकसित करना व बढ़ाना

> उसने कितनों को प्रेरित नियुक्त करके, और कितनों को भविष्यद्वक्ता नियुक्त करके, और कितनों को सुसमाचार सुनानेवाले नियुक्त करके, और कितनों को रखवाले और उपदेशक नियुक्त करके दे दिया। जिससे पवित्र लोग सिद्ध हो जाएं और सेवा का काम किया जाए, और मसीह की देह उन्नति पाए। जब तक कि हम सबके सब विश्वास, और परमेश्वर के पुत्र की पहिचान में एक न हो जाएं, और एक सिद्ध मनुष्य न बन जाएं और मसीह के पूरे डील-डौल तक न बढ़ जाएं।
> इफि. 4:11-13

जब हम यीशु को हमारी अगुआई करने की अनुमति देते हैं, वह हमें परमेश्वर के भले कामों को करना सिखाता है। इस काम का एक बड़ा भाग परमेश्वर के परिवार को विकसित करना है ताकि मसीह के अनुयायी मिलकर एक दूसरे की देखभाल करें और उपयोगी गवाह बन सकें। परमेश्वर चाहता है कि उसके परिवार के अधिक परिपक्व सदस्य कम परिपक्व सदस्यों की सहायता करें। लोगों को मसीह तक लाने के बाद, यह अति

महत्वपूर्ण है कि अधिक परिपक्व कम परिपक्व को सिखाएं कि यीशु की सभी आज्ञाओं के अनुसार कैसे जीवन बिताएं।

अपनी पुस्तक, 'यात्रा', में बिली ग्राहम हमें यह स्मरण कराते हैं कि जो लोग हाल ही में यीशु का अनुसरण करने के लिए आए हैं वे आत्मिक चीज़ों के बारे में अपनी समझ में नवजात शिशु के समान हैं। [43] आत्मिक विकास में कुछ ची"ें बाधक हो सकती हैं जैसे पाप में बने रहना, परिवार के सदस्यों की ओर से विधर्मी दबाव, मित्र या सहकर्मी या अनिश्चित आशा। [44] मसीह के अधिक परिपक्व अनुयायियों को उनको, जो कम परिपक्व हैं, सिखाना व मार्गदर्शन करना चाहिए। अधिक परिपक्व वालों के लिए यह सौभाग्य की बात है कि कम परिपक्व लोगों की अधिक से अधिक मसीह की समानता में बढ़ने में सहायता करें।

मसीह के अधिक परिपक्व अनुयायियों के लिए यह आदर और सौभाग्य की बात है और यह उनका कर्तव्य बनता है कि जो कम परिपक्व हैं उनकी मसीह की समझ में बढ़ने और मसीह तथा दूसरों के साथ चलने में सहायता करें (मत्ती 28:20; प्रेरित. 2:42)। मसीह के अधिक परिपक्व अनुयायियों को समस्त देह की बढ़ने में सहायता करने को सामूहिक आराधना, विशिष्ट शिष्यता कक्षाओं, नियमित लघु समूह सभाओं, बाइबल अध्ययनों, और सक्रिय सेवकाई के सही समयों के लिए नियमित समय देना चाहिए। यदि परिपक्व सदस्य नये शिष्य नहीं बनाते और न ही उनका विकास करते हैं जिसमें उनके अपने बच्चे भी शामिल हैं तो परमेश्वर को कौन जानेगा, और हमारी भावी पीढ़ी में कौन यीशु के पीछे चलेगा और अपनी पीढ़ी के भटके हुए लोगों को परमेश्वर के अनवरत प्रेम और छुटकारे के कार्य के बारे में बताएगा।

परमेश्वर के वचन को सही ढंग से पढ़ना

यीशु के सभी अनुयायियों का परमेश्वर के प्रेरक आधिकारिक वचन, बाइबल, को पढ़ते हुए और उसके अनुसार जीवन बिताते हुए उस पर बने रहना महत्वपूर्ण है (यूहन्ना 8:31ब-32; रोमि. 12:1-2)। यदि वे ऐसा नहीं करते तो शैतान धीरे-धीरे परन्तु निश्चित रूप से उनके मनों को उसके झूठ और छल को स्वीकार करने की ओर लगाएगा (यूहन्ना 8:43-44; 2 कुरि. 11:13-15)। यह जानना कि मसीह अपने सभी अनुयायियों को अधिक से अधिक अपनी समानता में बनाना चाहता है, प्रत्येक को एक ऐसे स्थान पर लानेवाला होना चाहिए जहां वे वचन का नियमित अध्ययन करें और निरन्तर की जानेवाली प्रार्थनाओं के द्वारा उसके स्पर्श में रहें। प्रार्थना सभी समयों का दो तरफा मार्ग होना चाहिए, जिसमें सुनना और बोलना दोनों आते हैं (2 थिस्स. 5:17)। मसीह के सभी अनुयायियों की

सफलता के लिए परमेश्वर के वचन में बने रहना, निरन्तर प्रार्थना करते रहना और परमेश्वर की अगुआई के प्रति एक खुला व आज्ञाकारी मन रखना अनिवार्य है।

मसीह के अनुयायी परमेश्वर के आधिकारिक वचन को पढ़ने और विश्वास में कदम बढ़ाने तथा पवित्र आत्मा की अगुआई में उस पर व्यवहार करने के द्वारा जो वह कहता है, परमेश्वर की इच्छा को पूर्णता से जान पाएंगे। परमेश्वर के वचन का अध्ययन करते समय यह ध्यान रखना महत्वपूर्ण है कि जो आपको दूसरों ने सिखाया है या जो आपको सही लगता है उससे मेल करने को वचन का गलत अध्ययन न करें। वे सभी जो परमेश्वर के वचन को समझना चाहते हैं उनके लिये यह आवश्यक है कि अपनी प्रेरणा से लिखे वचन के द्वारा जो वह कह रहा है हम उसे उससे सिखाने की अनुमति दें। एक सामान्य गलती जो प्रायः हम से होती है वह
यह कि हम वचन में वही पढ़ते हैं जो हम पढ़ना चाहते हैं बजाय इसके कि हम परमेश्वर को हमें सही ढंग से वह सिखाने दें जो वह अपने वचन में वास्तव में कह रहा है।

परमेश्वर के वचन का अध्ययन करते समय, आप संभवतः एक या दो अच्छे शाब्दिक अनुवाद (शिष्टाचार के अनुकूल) को पढ़ना चाहते हैंजैसे न्यू अमेरिकन स्टैण्डर्ड बाइबल (एन.ए.एस.बी.) और/या इंगलिश स्टैण्डर्ड वर्ज़न (ई.एस.वी.) और भाषा विज्ञान संबन्धी पुनर्निर्मित अनुवाद (व्यवहार के अनुकूल) जैसे एन.आई.वी. का, जो मूल
विषय-वस्तु को अलग ढंग से उन शब्दों में व्यक्त करता है जिसका आज सामान्यता
अधिक उपयोग किया जाता है। इस पर ध्यान दें कि भाषा विज्ञान संबन्धी पुनर्निर्मित
अनुवादों जैसे
एन.आई.वी. के लिए अनुवाद समितियों ने अपने पाठकों हेतु पहले ही विचारनीय अनुवाद निर्णय लिये हैं इससे पूर्व कि वे मूल भाषा से आपके लिए अनुवाद करने का कार्य करें। जहां तक मेरी बात है मैं टी.एन.आई.वी. (टुडेज़ न्यू इंटरनेशनल वर्ज़न) की उसके लैंगिक स्तर के कारण उपेक्षा करता हूं क्योंकि इसने कई शब्दों के अर्थ को बिगाड़ा है। जीवंत (लीविंग) अनुवादों को कई बार अलग ढंग से व्यक्त करनेवाले अनुवाद कहा जाता है, जो समस्त दृष्टिकोण को पाने में तो लाभकारी है, परन्तु गहन समझ पाने के लिए मैं उनका समर्थन नहीं करता क्योंकि परमेश्वर की मूल शब्दावली से वे विस्तार रूप से नहीं देते। स्मरण रखें कि जब आप अपने चुनाव के अनुवाद को पढ़ते और सत्य को जानना चाहते हैं तो उचित समझ पाने में सहायता करने को पवित्र आत्मा ही अन्तिम मार्गदर्शक है (1 यूहन्ना 2:27; तु.क. 2 तीमु. 3:16-17; यूहन्ना 8:31ब-32)।

कई अच्छे अनुवादों के साथ-साथ बाइबल अध्ययन की बहुत सी अच्छी सामग्री भी उपलब्ध हैं जैसे बाइबल शब्दकोश, शब्दानुक्रमणिका, टीका-टिप्पणियां; ये ऐतिहासिक, सांस्कृतिक और धार्मिक संदर्भों के साथ-साथ उन अन्य अवधारणाओं को समझने में सहायक हैं जो हज़ारों वर्षों से प्राचीन बाइबल समयों से फैले हैं। अन्य और भी सहायक सामग्री है जो लोगों के विविध साहित्यिक रूपों (शैली) के साथ-साथ ऐतिहासिक और

साहित्यिक मूल सिद्धान्तों को भी समझने में सहायक हो सकते हैं। गोर्डन की और डगलस स्टुअर्ट की ऐसी ही एक पुस्तक 'बाइबल को उसकी समस्त विशेषताओं सहित कैसे पढ़ें' है।[45] यह सामान्य बाइबल संबन्धी व्याख्यात्मक सिद्धान्तों की व्यावहारिक लघु-मार्गदर्शिका है, परन्तु इसके कुछ सांस्कृतिक पक्ष भी हैं जो पवित्रशास्त्र को विकृत करते हैंजब आप पढ़ते हैं तो पवित्र आत्मा को आपकी सहायता करने दें। यदि हम परमेश्वर की सुनें, तो वह सत्य को जानने में हमारी सहायता करेगा (1 यूहन्ना 2:27)। यीशु के मिशन का एक हिस्सा सत्य का गवाह बनना था (यूहन्ना 18:37; तु.क. 8:31ब-32)।

सभी समयों में, परमेश्वर के वचन को सुनते, पढ़ते और जीते रहें। परमेश्वर अपनी प्रत्येक संतान से अपने वचन और अपनी अनवरत अगुआई के द्वारा प्रभावी रूप से बोलता है और उनकी वास्तविकता तथा हममें से प्रत्येक के जीवनों के लिए उसकी इच्छा को जानने में सहायता करता है (इब्रा. 4:12)। अपने प्रचारक (कों) की सुनें, स्थानीय कलीसियाई बाइबल सहभागिता-अध्ययन समूह से जुड़ें, पवित्र आत्मा की अगुआई में अन्य बाइबल अध्ययनों पर विचार करें, और सबसे महत्वपूर्णवही करें जो परमेश्वर आपसे अपने वचन और प्रत्यक्ष अगुआई के माध्यम से कहता है। अधिकांश परमेश्वर के साथ अपनी यात्रा में उसकी शिक्षा पर व्यवहार न कर पाने के कारण बढ़ नहीं पाते (इब्रा. 5:14)।

समापन विचार

हममें से अधिकांश को ऐसा लगता है कि इस पृथ्वी पर मृत्यु से पहले जीवन एक अस्थायी समय से कुछ अधिक है। इसी कारण जीवन अनन्त है। अनन्तकालीन सृष्टिकर्ता परमेश्वर ने स्वर्गदूतों और मनुष्यों दोनों को संभवतः पवित्रशास्त्र में वर्णित अन्य स्वर्गीय प्राणियों से स्वतंत्र-इच्छावाला बनाया। पवित्रशास्त्र से यह स्पष्ट हो जाता है कि मनुष्यों और स्वर्गदूतों को स्वतंत्र इच्छा दी गई है। प्रत्येक को यह निर्धारित करना है कि वह परमेश्वर के प्रेम व प्रभुत्व के अधीन रहना चाहता है या नहीं, या फिर उससे सर्वदा के लिए अलग रहना चाहता है।

बड़े चित्र पर विचार करने पर, परमेश्वर के पवित्र स्वभाव और हमें उसके अनन्तकालीन जीवन का घनिष्ठ भाग बनाने के लिए हम उसका धन्यवाद करना चाहते हैं। पिता, पुत्र और पवित्र आत्मा एक जीवंत "एकात्मकता" ईश्वरीय एकता को बनाते हैं, जो सिद्ध प्रेम में एक दूसरे के साथ हैं, जहां पाप नहीं है। उनके घनिष्ठ पवित्र संबन्ध में कोई बंटवारा या विभाजन नहीं है। हमें परमेश्वर के स्वरूप में उसकी समानता के अनुसार बनाया गया था कि उनके घनिष्ठ पवित्र परिवार का हिस्सा बनें। स्वतंत्र-इच्छा के कारण प्रत्येक का जीवन दागदार और उनका स्वभाव स्व-केन्द्रियता से संघर्षरत् रहा है, परन्तु परमेश्वर उनकी सहायता करते हुए कार्य करता है जो उसकी सुनते हैं कि अपने स्व-केन्द्रित जीवन

के स्वार्थी मार्गों से उसके जीवन के मार्ग की ओर फिरें जो सभी के लिए पारस्परिक समान प्रेम पर आधारित है। परमेश्वर प्रत्येक पीढ़ी के प्रत्येक व्यक्ति से स्व-केन्द्रियता से फिरने और उसके साथ अनन्त जीवन का चयन करने को कहता है।

परमेश्वर चाहता है कि सभी बुराई को छोड़ अच्छाई का चुनाव करें। यदि एक भाव में कहा जाए तो जीवन हमारी कल्पना से कहीं अधिक सरल है, क्योंकि प्रत्येक व्यक्ति का स्वयं या समुदाय के लिए जीवन जीने का ढंग उसके अनन्त भाग को निर्धारित करता है। जो लोग परमेश्वर को प्रभु और उद्धारकर्ता के रूप में ग्रहण करने का चुनाव करते हैं, वे बुराई पर से अच्छाई को चुन रहे होते हैं। वह उसका चयन कर रहे होते हैं जो स्वयं उनके व दूसरों के लिए अच्छा है। जो दूसरों की अपेक्षा स्वार्थ का चयन करते हैं, वे एक ऐसे रिक्त जीवन को चुन रहे होते हैं जो दुःख और अपमान के अनन्त जीवन की ओर लेकर जाता है।

जबकि हममें से प्रत्येक अनन्तकाल के इस भाग से होकर यात्रा करता है, परमेश्वर स्वयं को कई तरह से प्रगट करता है ताकि सभी उसे जानें (आत्मिक जागरुकता)। परमेश्वर को व्यक्तिगत रूप से जानने में सहायता करने को वह एक व्यक्ति की उसकी इच्छा के प्रति समर्पित होने और दृढ़ता के साथ उसका अनुसरण करने में अगुआई करता है। जब तक कोई परमेश्वर और सभी के लिए उसके सच्चे प्रेम को नहीं जाना जाता, उसके लिए परमेश्वर को समर्पण किये बिना स्व-केन्द्रीयता के मार्ग पर चलना आसान होता है। परन्तु जब एक बार व्यक्ति परमेश्वर द्वारा संसार और वचन का प्रकाशन किये जाने पर ध्यान देने लगता है, शैतान की बहुत सी युक्तियां, और उसकी अपनी व्यक्तिगत स्व-केन्द्रित इच्छाएं स्पष्ट होतीं और परमेश्वर के प्रति समर्पण करना सरल होता है। वह प्रेमी पिता और संभालनेवाला है, जो आदर और सम्मान पाने के योग्य है।

क्या आप परमेश्वर और उसके अनन्त घनिष्ठ पवित्र परिवार से अधिक महिमामयी किसी और चीज़ पर विचार कर सकते हैं? मैं नहीं कर सकता। परमेश्वर के पवित्र परिवार में स्वर्गीय पिता द्वारा हमें उतना ही प्रेम किये जाने का निमंत्रण पाना जितना कि वह यीशु से करता है, कितने सौभाग्य की बात है। लोगों को शैतान के छल से हटाकर परमेश्वर की अद्वितीय उपस्थिति और ज्योति में लाने के कार्य में सहायता कर परमेश्वर के महान बचाव मिशन से जुड़ना कितने बड़े सौभाग्य की बात है।

विनाश के चौड़े मार्ग पर बने रहने पर, हम उन सभी बड़े सुअवसरों को खो देंगे जो परमेश्वर ने हमारे अभी के और सदा के जीवन के लिए रखे हैं। परन्तु यदि हम परमेश्वर की सुनकर उसकी ओर फिरें, हम उसकी समानता में अधिक से अधिक रूपान्तरित होने लगेंगे। हमारे पास यीशु मसीह, परम प्रधान के पुत्र, का अनुसरण करने और रूपान्तरित जीवनों को देखने का सम्मान व सौभाग्य होगा।

यीशु के अनुयायी केवल एक ही तरीके से उस भरपूर आनन्द का अनुभव कर सकते हैं जिसका अनुभव यीशु ने क्रूस पर किया और अभी भी अपनी कलीसिया की

अगुआई करने में करता है कि निरन्तर चलते रहनेवाले आत्मिक युद्ध में आगे बढ़ें और परमेश्वर के महान बचाव मिशन से जुड़ें। दूसरों के प्रति सच्चे प्रेम में बढ़ने पर, मसीह के अनुयायी परमेश्वर के परिवार का हिस्सा बनकर और उनकी बचने में सहायता करते हुए जिनसे वे प्रेम करते हैं महान ईश्वरीय आनन्द का अनुभव करते हैं। इससे बड़ा आनन्द और किसी भी चीज़ में नहीं मिलता कि दूसरों की वर्तमान अशुद्ध जीवन और परमेश्वर से अनन्त अलगाव के अन्तिम विनाश से बचाने में अगुआई करें।

मेरी व्यक्तिगत प्रार्थना यही है कि इस पुस्तक को पढ़ने पर आपमें परमेश्वर के वृद्धिगत अनन्तकालीन घनिष्ठ पवित्र परिवार के सदस्य के रूप में उसके साथ घनिष्ठ संबन्ध रखने की इच्छा उत्पन्न हो। यदि आपने अब तक ऐसा नहीं किया है, तो अभी समय है कि परमेश्वर के अनन्तकालीन परिवार को बनाने में अपनी भूमिका को करने और परमेश्वर की इच्छा को जानने की खोज करें। मसीह की अगुआई और उसके नियुक्त कलीसिया अगुवों के प्रति पूर्ण समर्पण किये जाने पर आपकी भीतरी शांति और आनन्द का स्तर बढ़ता रहेगा। जब आप दूसरों को उनके उस आत्मिक अंधकार से जो स्व-केन्द्रीयता, स्वार्थ और शैतान के छल से बना थाघ्परमेश्वर की अद्वितीय ज्योति में लेकर आते हैं, आपका आनन्द अधिक से अधिक मसीह के समान होता चला जाएगा। अपनी आँखें यीशु, हमारे विश्वास के रचयिता और सिद्धकर्ता पर केन्द्रित रखें, जो उसके पीछे चलनेवाले सभी लोगों को हमारे अनन्तकालीन पिता और स्वर्गीय परिवार की आनन्ददायी उपस्थिति में लेकर जाता है।

यदि मैं आपसे अनन्तकाल के इस ओर न मिल पाऊं, तो मैं आपको यह बताना चाहता हूँ कि मेरी यही प्रार्थना है कि आपका ''मसीह में'' एक रोमांचक और संपन्न जीवन हो। हम सभी अपने स्वर्गीय पिता को सुनते रहें जबकि वह दूसरों को यह बताने में हमारी सहायता व मार्गदर्शन करता है कि वे उसके देखभाल करने की प्रवृत्ति और सभी के लिए उसकी इस इच्छा को जानें कि वे उसके और मसीह के साथ उस महान फसह भोज में जुड़ें जो सृष्टि की पूर्ति पर होगा जब परमेश्वर का समस्त घनिष्ठ पवित्र अनन्तकालीन परिवार एक साथ मिलकर परमेश्वर के प्रेम को बांटेगा। हम सभी यह स्मरण रखें कि जब परमेश्वर के लोग आज्ञाकारिता के साथ उसकी सुनते और अपने आस-पास के संसार पर अपने कार्यों और शब्दों से परमेश्वर के अद्‌भुत स्वभाव को प्रगट करते हैं, कुछ लोग अपने वर्तमान और अनन्तकालीन दुःखों और अपमान से बचते हैं और हमारे देश आशीषित होते हैं।

यीशु के लिए परमेश्वर का धन्यवाद!

परिशिष्ट : यीशु के अनुयायी घोषणा करते हैं कि यीशु ही एकमात्र मार्ग है (यूहन्ना 14:6)!

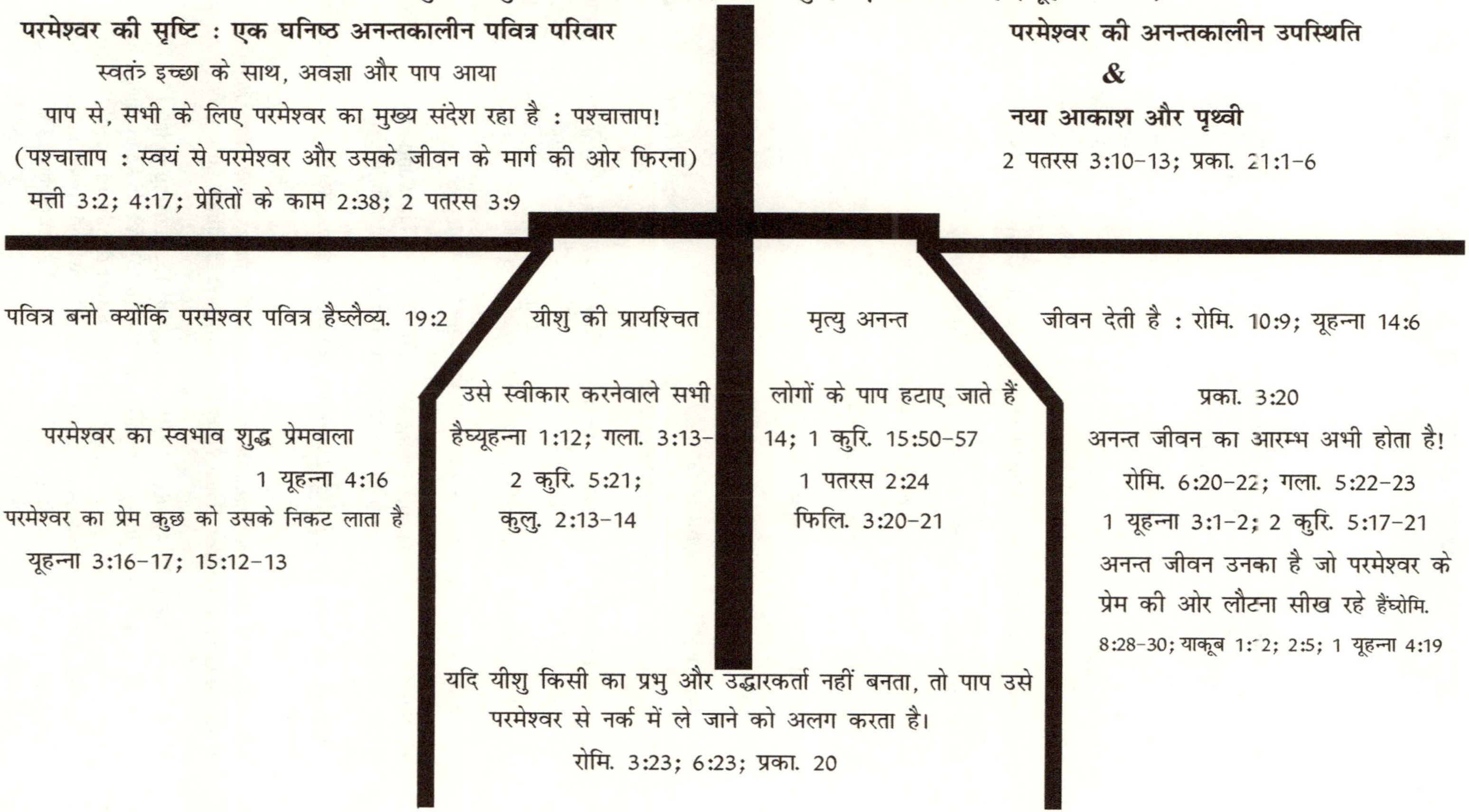

परमेश्वर की सृष्टि : एक घनिष्ठ अनन्तकालीन पवित्र परिवार

स्वतंत्र इच्छा के साथ, अवज्ञा और पाप आया

पाप से, सभी के लिए परमेश्वर का मुख्य संदेश रहा है : पश्चात्ताप!

(पश्चात्ताप : स्वयं से परमेश्वर और उसके जीवन के मार्ग की ओर फिरना)

मत्ती 3:2; 4:17; प्रेरितों के काम 2:38; 2 पतरस 3:9

परमेश्वर की अनन्तकालीन उपस्थिति

&

नया आकाश और पृथ्वी

2 पतरस 3:10–13; प्रका. 21:1–6

पवित्र बनो क्योंकि परमेश्वर पवित्र हैघ्लैव्य. 19:2

परमेश्वर का स्वभाव शुद्ध प्रेमवाला

1 यूहन्ना 4:16

परमेश्वर का प्रेम कुछ को उसके निकट लाता है

यूहन्ना 3:16–17; 15:12–13

यीशु की प्रायश्चित मृत्यु अनन्त जीवन देती है : रोमि. 10:9; यूहन्ना 14:6

उसे स्वीकार करनेवाले सभी लोगों के पाप हटाए जाते हैं

हैघ्यूहन्ना 1:12; गला. 3:13–14; 1 कुरि. 15:50–57

2 कुरि. 5:21; 1 पतरस 2:24

कुलु. 2:13–14 फिलि. 3:20–21

प्रका. 3:20

अनन्त जीवन का आरम्भ अभी होता है!

रोमि. 6:20–22; गला. 5:22–23

1 यूहन्ना 3:1–2; 2 कुरि. 5:17–21

अनन्त जीवन उनका है जो परमेश्वर के प्रेम की ओर लौटना सीख रहे हैंघ्रोमि. 8:28–30; याकूब 1:12; 2:5; 1 यूहन्ना 4:19

यदि यीशु किसी का प्रभु और उद्धारकर्ता नहीं बनता, तो पाप उसे परमेश्वर से नर्क में ले जाने को अलग करता है।

रोमि. 3:23; 6:23; प्रका. 20

Notes

1. For more detail here or for other important ideas taught in this book, see James B. Joseph, *Experiencing Jesus' Joy* (Lynchburg: Liberty University Press, 2013). See regular text and endnotes.

2. For additional reading regarding the sharing of Jesus' glory with all who learn to trust and obey God, see James B. Joseph, *Unity and Obedient Discipleship in John 17* (Saarbrücken: LAMBERT Academic Publishing, 2016) and *Victory in Jesus: Being a Child of God* (Kings Mountain: Drawbridge Publishing, 1997).

3. Constantine Scouteris, "The People of God–Its Unity and Its Glory: A Discussion of John 17:17–24 in the Light of Patristic Thought," *The Greek Orthodox Theological Review* 30, no. 4 (Winter 1985): 399–414.

4. Scouteris, "The People of God," 401–01.

5. Scouteris, "The People of God," 403.

6. Scouteris, "The People of God," 405-06.

7. Scouteris, "The People of God," 407.

8. Scouteris, "The People of God," 411.

9. Scouteris, "The People of God," 414.

10. C. H. Dodd, *The Interpretation of the Fourth Gospel* (New York: Cambridge University Press, 1953, reprint 1958), 187–200; cf. John 14:20.

11. Dodd, *Interpretation of the Fourth Gospel,* 196

12. Dodd, *Interpretations of the Fourth Gospel*, 197

13. See Gary Chapman and Arlene Pellican, "Screen Time and Shyness; Screen Time and the Brain," *growing up social* (Chicago: Northfield, 2014).

14. Josh McDowell, *A Ready Defense* (San Bernardino: Here's Life, 1990, reprint 1991).

15. C. Mark Corts, *The Truth about Spiritual Warfare: Your Place in the Battle Between God and Satan* (Nashville: Broadman & Holman, 2006).

16. Compare Matt 25:41; Rev 19:20; 20:10, 14–15. Starting in Isa 14:11, we see a "worm," (in the singular) being used as a covering for those in Sheol. From other Scripture, this would take place in the lower depths of Sheol for the unfaithful. The same words are used in the Hebrew and Greek in Isaiah 66:24 to represent the worm that shall not die for those being tormented forever. God uses

the same imagery and wording in Mark 9:43–48 to help all who are listening understand the disgrace and pain of living in Gehenna, in the Kingdom of Hell.

17. Acts 2:27 is a good Scripture to compare to Ps 16:10 in the Greek version of the Old Testament (Septuagint) and the Hebrew version of the Old Testament. Peter is quoting David here and so when we look at Greek and Hebrew versions, we see that those reading the Greek Bible in the first century would have seen the same Greek word that Peter used, *haidēs*, "Hades," and those reading from the Hebrew Bible would have seen, *Sheol*, which shows the equivalency of the two words.

18. Ignatius of Antioch, "To the Trallians," Long Version, Book 2, 2.9.4. This matches Scripture such as Acts 2:27, 31 and Eph 4:8–10.

19. One website shows some of our worlds tallest buildings with the highest in Dubai, UAE (United Arab Emirates) with a height of 2717 ft. finished in 2010, that is a little over one half mile tall (5280 ft./mi.) and the second tallest in Taipei, Taiwan with a height of 1670 ft. finished in 2004, accessed June 26, 2015, URL: http://architecture.about.com/od/skyscrapers/a/Worlds-Tallest-Buildings.htm.

20. Billy Graham, *The Journey: How To Live by Faith in an Uncertain World* (Nashville: W Publishing, 2006), has a thought provoking chapter, "Can We Start Over?" Many people have been deceived by Satan into thinking that they cannot start over, but this is one of his many lies. God desires all to turn to Him and be saved (John 3:16; 2 Peter 3:9).

21. Billy Graham, *How To Be Born Again* (Waco: Word Books, 1977), 152–53.

22. Billy Graham, *Just As I Am: the Autobiography of Billy Graham* (New York: Harper Collins, 1997), 26–27.

23. Graham, *Just As I Am*, 28.

24. Graham, *Just As I Am,* 29-30.

25. Graham, *Just As I Am,* 30.

26. Bush, *Decision Points*, 31.

27. Bush, *Decision Points*, 30.

28. James M. Boice, *Christ's Call to Discipleship* (Minneapolis: Grason, 1986), 139.

29. Boice, *Christ's Call to Discipleship*, 35.

30. Kyle Idleman, *Not a Fan: Becoming a Completely Committed Follower of Jesus* (Grand Rapids: Zondervan, 2011), 11–13.

31. Kyle, *Not a Fan*, 14-15.

32. Kyle, *Not a Fan*, 158-61.

33. James B. Joseph, *No More Walls! Creation of One New Man in Christ: Ephesians 2:11–22* (Saarbrücken: LAMBERT Academic Publishing, 2015), 25–62.

34. Billy Graham, *The Journey*, 62.

35. Josh McDowell and Bob Hostetler, *Beyond Belief to Convictions* (Carol Stream: Tyndale House, 2002), 296.

36. Dietrich Bonhoeffer, *Letters & Papers from Prison*, rev. ed., ed. Eberhard Bethge (New York: Simon & Schuster, 1997), 411.

37. Dietrich Bonhoeffer, *The Cost of Discipleship* (New York: Touchstone, 1995).

38. Bonhoeffer, *Letters and Papers from Prison*, 369–70.

39. Max Lucado, *Out Live Your Life* (Nashville: Thomas Nelson, 2010).

40. Bill Hybels and Mark Mittleburg, *Becoming a Contagious Christian* (Grand Rapids: Zondervan, 1994), 67ff.

41. Hybels and Mittleburg, *Becoming a Contagious Christian*, 135ff.

42. Bill Hybels, *Just Walk Across the Room: Simple Steps Pointing People to Faith* (Grand Rapids: Zondervan, 2006);

Dick Innes, *I Hate Witnessing: A Handbook for Effective Christian Communications.* rev. ed. (San Clemente: Acts Communications, 2003).

43. Graham, *The Journey*, 74–76.

44. Graham, *The Journey*, 77–78. For a practical introduction to discipleship, consider working through Henry Blackaby's 13 week course, *Experiencing God*, rev. ed. (Nashville: Broadman and Holman, 2008).

45. Gordon D. Fee and Douglas Stuart, *How To Read the Bible for All Its Worth*, 4th ed. (Grand Rapids: Zondervan, 2014).

References: Bibliography: ग्रन्थसूची

Blackaby, Henry. *Experiencing God.* Rev. ed. Nashville: Broadman and Holman, 2008.
ब्लेकबाई, हेनरी, एक्सपियरियसिंग गॉड। संशोधित संस्करण नेशविले : ब्रॉडमैन एण्ड हॉलमैन, 2008.

Boice, James M. *Christ's Call to Discipleship.* Minneapolis: Grason, 1986.
बॉयस, जेम्स एम. क्राईस्टस् काल टु डिसाइपलशिप मिन्नेपोलिस : ग्रेसोन, 1986.

Bonhoeffer, Dietrich. *The Cost of Discipleship.* New York: Touchstone, 1995.
बॉन हॉयफर, डायट्रिच। द कॉस्ट ऑफ डिसाइपलशिप। न्यूयॉर्क : टचस्टोन, 1995.

________. *Letters & Papers from Prison.* Rev. ed. New York: Simon & Schuster, 1997.
लैटर्स एण्ड पेपर्स फ्रॉम प्रिज़न। संशोधित संस्करण न्यूयॉर्क : साईमन एण्ड सशस्टर, 1997.

Bush, George W. *Decision Points.* New York: Crown, 2010.
बुश जॉर्ज डब्ल्यू. डिसिजन पाइंट। न्यूयॉर्क : क्राऊन 2010

Chan, Francis and Preston Sprinkle. *Erasing Hell: What God Said about Eternity, and the Things That We Have Made Up.* Colorado Springs: David C Cook, 2011.
चेन, फ्रांसिस एण्ड प्रेस्टन रिप्रंकल। इरेज़िंग हेल : व्हाट गॉड सेड अबाऊट एटरनिटी, एण्ड द थिंग्स देट वी हेव मेड अप। कोलेराडो स्प्रिंग्स : डेविड सी. कुक, 2011.

Chapman, Gary and Arlene Pellican. *growing up social.* Chicago: Northfield, 2014.
चेपमैन, गेरी एण्ड एरलिन पेलिकल। ग्रोइंग अप सोशल। शिकागो : नॉर्थफील्ड, 2014.

Corts, Mark C. *The Truth about Spiritual Warfare: Your Place in the Battle between God and Satan.* Nashville: Broadman & Holman, 2006.
कॉर्टस, मार्क्स सी. द ट्रुथ अबाऊट स्प्रिचुअल वारफेयर : योर प्लेस इन द बेटल बिटविन गॉड एण्ड सेटन। नेशविले : ब्रॉडमैन एण्ड हॉलमैन, 2006.

Dodd, C. H. *The Interpretation of the Fourth Gospel.* New York: Cambridge University Press, 1953. Reprint, 1958.
डॉड, सी.एच. द इंटर प्रीटेशन ऑफ द फोर्थ गोस्पल। न्यूयॉर्क : केम्ब्रिज यूनिवर्सिटी प्रेस, 1953. पुनः प्रकाशित, 1958.

Fee, Gordon D. and Douglas Stuart. *How To Read the Bible for All Its Worth.* 4th ed. Grand Rapids: Zondervan, 2014.
फी. गोर्डन डी. और डगलस स्टुअर्ट। हाऊ टु रीड द बाइबल फॉर आल इट्स वर्थ। चौथा संस्करण, ग्रेंड रेपिड्स : ज़ोंडरवन, 2014.

Graham, Billy. *How To Be Born Again.* Waco: Word Books, 1977.
ग्राहम, बिली, हाऊ टु बी बोर्न अगेन। वाको : वर्ड बुक्स, 1997.

________. *The Journey: How To Live by Faith in an Uncertain World.* Nashville: W Publishing, 2006.
द जर्नी : हाऊ टु लिव बाय फैथ इन एन अनसर्टेन वर्ल्ड. नेशविले : डब्ल्यू. प्रकाशन, 2006.

________. *Just as I Am: The Autobiography of Billy Graham.* New York: Harper Collins, 1997.
जस्ट एज़ आई एम : द ऑटोबायग्राफी ऑफ बिली ग्राहम। न्यूयॉर्क : हार्पर कोलिन्स, 1997.

Hybels, Bill. *Just Walk Across the Room: Simple Steps Pointing People to Faith.* Grand Rapids: Zondervan, 2004.
हायबल्स, बिल। जस्ट वॉक अकरोस द रूम : सिम्पल स्टेटस पोइंटिंग पिपल टु फैथ। ग्रेंड रेपिड्स : ज़ोंडरवन, 2004.

Hybels, Bill, Lee Strobel, and Mark Mittleburg. *Becoming a Contagious Christian.* Grand Rapids: Zondervan, 1994.
हायबल्स, बिल, ली स्ट्रोबेल, और मार्क मिट्टलबर्ग। संक्रामक मसीही बनना। ग्रेंड रिपड्स : ज़ोंडरवन, 1994.

Idleman, Kyle. *Not a Fan: Becoming a Completely Committed Follower of Jesus.* Grand Rapids: Zondervan, 2011.
आइडलमैन, कायल। नॉट अ फैन : बिकमिंग अ कंपलिटली कमिट्ड फोलोअर ऑफ जीज़स। ग्रेंड रेपिड्स : ज़ोडरवन, 2011.

Innes, Dick. *I Hate Witnessing: A Handbook for Effective Christian Communications.* Rev. ed. San Clemente: Acts Communications, 2003.
आइनेस, डिक। आई हेट विटनसिंग : अ हैंडबुक फॉर अफेक्टिव क्रिश्चियन कम्युनिकेशन्स। संशोधित संस्करण, सेन क्लेमेन्ट : एक्ट्स कम्युनिकेशन्स, 2003.

Joseph, James B. *Experiencing Jesus' Joy.* Lynchburg: Liberty University Press, 2013.
जोज़फ, जेम्स बी. एक्सपीरियन्सिग जीज़स जॉय। लायन्सबर्ग : लिबर्टी युनिवर्सिटी प्रेस, 2013.

________. *No More Walls! Creation of One New Man in Christ: Ephesians 2:11–22.* Saarbrücken: LAMBERT Academic Publishing, 2015.
नो मोर वॉल्स! क्रिएशन ऑफ वन न्यू मैन इन क्राइस्ट : इफिसियों 2:11-22. सारब्रुकेन : लेम्बर्ट अकेडमिक प्रकाशन, 2015.

________. *Unity and Obedient Discipleship in John 17.* Saarbrücken: LAMBERT Academic Publishing, 2016.

________. *Victory in Jesus: Being a Child of God.* Kings Mountain: Drawbridge Publishing, 1997.
विक्टरी इन जीज़स : बींग अ चाइल्ड ऑफ गॉड। किंग्स माऊन्टेन : ड्राब्रिज प्रकाशन, 1997.

Lucado, Max. *Out Live Your Life: You Were Made To Make a Difference.* Nashville: Thomas Nelson, 2010.
लुकाडो, मेक्स। आऊट लिव योर लाईफ : यू वर मेड टु मेक अ डिफरेन्स। नेशविले : थॉमस नेल्सन, 2010.

McDowell, Josh. *A Ready Defense.* San Bernardino: Here's Life, 1990. Reprint, 1991.
मेकडॉवल, जोश। अ रेडी डिफेन्स। सेन बरनारडिनो : हेथरस लाईफ, 1990. पुनः मुद्रित, 1991.

McDowell, Josh and Bob Hostetler. *Beyond Belief to Conversion.* Carol Stream: Tyndale House, 2002.
मेकडॉवल, जोश और बोब होसटेटलर। बियोंड बिलीफ टु कन्वर्जन। केरोल स्ट्रीम : टिंडेल हाऊस, 2002.

Metzger, Bruce M. *The Canon of the New Testament: Its Origin, Development, and Significance.* New York: Oxford University Press, 1997.
मेटज़िगर, ब्रुस एम. द केनन ऑफ द न्यू टेस्टामेंट : इट्स ओरिजन, डवलपमेन्ट, एण्ड सिगनिफिकेन्स। न्यूयॉर्क : ऑक्सफोर्ड युनिवर्सिटी प्रेस, 1997.

Milne, Bruce. *The Message of John.* Downers Grove: InterVarsity, 1993.
आज्ञाकारी शिष्यता के द्वारा यीशु के आनन्द को अनुभव करना
मिलन, ब्रूस। द मैसेज ऑफ जॉन। डाऊनर्स ग्रोव : इंटरवर्सिटी, 1993.

Piper, John. *What Jesus Demands from the World.* Wheaton: Crossway, 2006.
पाइपर, जौन। व्हाट जीज़स डिमान्ड्स फ्रॉम द वर्ल्ड। व्हीटन : क्रॉसवे, 2006.

Scouteris, Constantine. "The People of God– Its Unity and Its Glory: A Discussion of John 17:17–24 in Light of Patristic Thought." *The Greek Orthodox Theological Review* 30, no. 4 (Winter 1985): 399–414.
स्काऊटेरिस, कांस्टेनटाइन। ''द पिपल ऑफ गॉड-इट्स युनिटी एण्ड इट्स ग्लोरी : अ डिस्कशन ऑफ जौन 17:17-24 इन लाईट ऑफ पेटरिस्टिक थॉट।'' द ग्रीक ऑर्थोडॉक्स थियोलोजिकल रिव्यू 30, न. 4 (विन्टर 1985) : 399-414.

Stott, John. *Basic Christianity.* 2nd ed. London: InterVarsity, 1971.
स्कॉट जौन। बेसिक क्रिश्चियनिटी। 2रा संस्करण, लंदन : इंटरवर्सिटी, 1971.